걸그룹
경제학

우리 일상을 지배하는 생활밀착형 경제학 레시피

걸그룹 경제학

유성운 · 김주영 지음

21세기북스

걸그룹을 분석할 때 주로 활용한 데이터는 블로그다. 최근 소셜 빅데이터 분석은 트위터 등 SNS나 인스타그램까지 그 영역이 넓어지는 추세다. 그러나 이 책에서는 소녀시대와 원더걸스 등 2세대 걸그룹부터 최근 데뷔한 트와이스와 여자친구까지 10여 년의 기간을 다루었으며, 이를 일관되게 망라하기 위해 블로그 데이터를 선택했다(트위터가 우리나라에서 활성화된 것은 소녀시대가 인기를 얻고 나서 몇 년 지난 뒤다). 그리고 필요에 따라 트위터나 뉴스데이터, 구글 트렌드 등을 추가로 활용했다.

자연어 처리(Natural Language Processing)와 통계치 추출은 다음소프트의 텍스트 마이닝 엔진을 활용했다. 소셜 빅데이터 분석은 온라인에서 생성된 많은 수의 텍스트를 처리해 대중의 관심과 선호를 확인하기 위해 사용하는 최신 조사 방법론이다. 그래서 성격상 대중이 많은 관심을 갖고, 온라인에 적극적으로 표현하는 영역일수록 데이터가 풍부하다. 걸그룹, 아이돌 등 대중문화는 소셜 빅데이터를 활용하기에 가장 좋은 분야 중 하나라고 할 수 있다.

음원 차트를 분석하는 데 있어 우선 고려되었던 것은 '가온 차트'다. 가온 차트는 여러 음원 사이트와 음반 판매를 통합적으로 집계하는 장점이 있는데 아쉽게도 2010년 이전 데이터가 제공되지 않아서 이를 활용할 수 없었다. 또한 공중파나 음악 전문 채널의 가요 순위 프로그램에서도 일관성을 갖춘 정리된 순위 데이터를 찾을 수 없었다. 이 책에서 음원 차트를 분석한 표와 그래프는 모두 국내 1위 음원 사이트 멜론에서 집계한 '주간 가요 TOP 100' 차트를 재가공한 것이다. 따라서 아티스트별 차트 성적은 발표된 곡 가운데 주간 가요 TOP 100 차트에 올라간 곡만을 대상으로 했다. 음원을 내고 데뷔한 걸그룹이라도 이 차트에 곡을 올리지 못한 그룹은 분석에서 제외되었다.

음원 차트를 분석하면서 다음과 같이 '걸그룹'을 정의했다. 2007년 이후 데뷔한 '여성-그룹(멜론의 아티스트 분류 기준)' 가운데 차트 진입곡 장르에서 '댄스'가 많은 아티스트다. CF 통계는 한국광고총연합회 광고정보센터에 나온 데이터 가운데 TV 광고로 한정했다.

이 모든 것은
한 장의 지도에서 시작되었다

모든 것은 한 장의 지도에서 시작됐습니다. 인터넷에서 쉽게 찾아볼 수 있는 소위 '걸그룹 세력도'라는 지도입니다. 누구나 그렇듯 처음에는 단순한 호기심으로 지도를 살펴보았는데, 얼마 지나지 않아 몇 가지 의문이 들었습니다.

'도대체 이 지도는 무엇을 근거로 제작된 것일까?'

'혹시 어떤 기획사에서 의도를 갖고 만든 것은 아닐까?'

솔직히 소녀시대의 팬으로서 생각보다 소녀시대의 영토가 작다는 불만이 없었던 건 아닙니다. 결국 지도를 직접 만들어 보기로 했습니다. 빅데이터를 분석한 통계를 바탕으로 누구나 납득할 수 있는 지도를 말입니다.

그런데 걸그룹 세력도는 단순하게 인기의 척도를 말하는 것이 아니었습니다. 그 안에는 수많은 경제 이론과 고도의 심리전이 담겨있었습니다. 단순한 물건이 아닌 가치 소비를 지향하고 텍스트보다 이미지나 동영상을 선호하는 스트리밍 쇼퍼(Streaming Shopper)를 잡기 위한 쇼비즈니스의 세계는 그야말로 총성 없는 전쟁터 같습니다. 그래서 걸그룹을 둘러싼 각종 사회문화 현상을 경제학으로 풀어 보고 싶다는 생각을 갖게 되었습니다.

걸그룹의 흥망성쇠를 통해 보는 경제 기초상식

처음에는 지도만 만들고 일상으로 돌아가려고 했지만 자료들을 분석하는 동안 보다 근본적이고 철학적인 질문과 마주하게 됐습니다. 원초적이지만 팬에게는 너무나 중요한 의문, 예를 들어 소녀시대와 트와이스 중 누가 더 정상 가까이에 서 있는지, 광고에 왜 설현을 자주 등장시키는지, 걸그룹은 왜 주야장천 댄스곡을 부르는지, 좀처럼 인기를 끌지 못함에도 해체하지 않는 이유가 무엇인지, 왜 보이그룹보다 걸그룹 노래가 더 대중적으로 성공하는 것인지 등등 질문은 꼬리에 꼬리를 물고 이어졌습니다.

이런 궁금증을 풀기 위해 빅데이터라는 현미경을 작동시키고 기획사를 찾아갔습니다. 가요계 관계자를 만나는 횟수가 증가하면서 앞서 언급한 의문이 하나하나 풀리기 시작했습니다.

모든 현상에는 이유가 있다

일본 추리작가 히가시노 게이고가 쓴 '갈릴레오' 시리즈에 나오는 천재 물리학자 유카와 마나부 교수는 미궁에 빠진 사건을 마주칠 때마다 이렇게 말합니다.

"모든 현상에는 이유가 있다(全ての事象には必ず理由がある)."

사회적 이슈를 관찰하고 이를 글로 풀어내는 직업적 특성 때문인지 유카와 교수의 말에 절로 고개가 끄덕여집니다. 그의 말대로 모든 현상에는 이유가 있습니다.

이 책은 2007년 소위 2세대 걸그룹(1세대 걸그룹 S.E.S, 핑클, 베이비복스 등)의 시초라 불리는 소녀시대와 원더걸스가 등장한 뒤 마음 한구석에 궁금증으로 남아 있던 의문을 각종 사회경제학적 이론의 틀을 빌려 풀어 나간 31개의 꾸러미입니다.

이 책을 보다 보면 빅맥 지수에 숨어 있는 걸그룹 7년 차 징크스는 물론 걸그룹에도 8020의 파레토 법칙이 적용되고, 레임덕이 있다는 사실을 알 수 있을 것입니다. 걸그룹 멤버 수와 활동 기간의 상관관계, 〈프로듀스 101〉이 성공할 수밖에 없었던 이유, 걸그룹이 시청률 3퍼센트의 가요 프로그램을 포기하지 못하는 이유에 대한 사회경제학적 '해답'을 발견할 수 있을 것입니다. 더불어 각 기획사들의 노련하고도 치밀한 전략을 따라가다 보면 우리의 일상이 얼마나 많은 경제학 법칙과 연관되어 있는지 자연스럽게 깨달을 수 있을 것입니다.

문화 콘텐츠와 개인의 취향이 만나면 소비로 이어지고 새로운 문화가 탄생합니다. 여러분의 취향이 새로운 문화를 형성하는 데 어떤 식으로 일조하고 있는지 살펴보는 것도 재미있는 과정이 될 것입니다.

취향을 공유한다는 것

이 책이 나오기까지 많은 사람의 도움이 있었습니다. 어쩌면 '덕후의 넋두리'로 마무리될 수도 있는 이야기를 책으로 묶을 수 있게 소중한 기회를 제공해주신 21세기북스와 여기까지 이끌어주신 김수연 팀장님과 아낌없는 도움을 주신 이혜연 팀장님께 진심으로 감사드립니다.

걸그룹을 둘러싼 각종 현상을 경제학을 통해 풀어 보고자 계획했을 때 이 이야기를 진지하게 들어준 사람은 다섯 손가락으로 꼽을 정도였는데, 지금 생각해 보면 두 분을 만날 수 있어 참으로 운이 좋았던 것 같습니다.

프로젝트에 관심과 지원을 아끼지 않으셨던 다음소프트 송길영 부사장님, 권미경 이사님, 박현영 이사님께 감사드립니다. 기술적 조언과 도움을 주셨던 분석팀의 이기황 박사님, 김승희 대리님께도 감사드립니다. 회사일인 듯 회사일 아닌 작업을 하는 동안 끊임없는 호기심과 응원을 아끼지 않은 다음소프트 더마이닝컴퍼니 동료들과 부족한 재주를 품어준 중앙일보 동료들에게도 감사의 말씀을 전합니다.

수화기 너머에서 "중앙일보 사회부(또는 정치부) 기자인데요…"라는 소개말에 대부분 의심쩍은 반응과 별다른 응답이 없었지만, 그런 와중에도 기꺼이 취재에 응해주신 기획사 관계자 여러분께도 감사를 전하고 싶습니다.

MBK엔터테인먼트 계서윤 실장님, FNC엔터테인먼트 유순호 팀장님, M&H 이주섭 이사님, 빅히트엔터테인먼트 홍주원 님 그리고 "절대로 소속사나 이름이 나가면 안 된다"고 신신당부한 관계자 여러분께도 에둘러 감사를 전합니다. '약속대로' 책 본문에는 모두 '관계자'로만 등장합니다.

낯선 세계였던 엔터테인먼트 세계에 첫발을 내디딜 수 있도록 징검다리를 놓아주신 김일겸 앤트웍스커뮤니케이션 대표님과 김지윤 작가님께도 고마움을 전합니다. 걸그룹 세력도를 만드는 데 멋진 센스로 도와주신 정이슬 님에게도 감사를 드립니다.

사실 출판된 결과물을 받아든 지금도 이 책에 대한 정의를 뭐라고 내려야 할지 모르겠습니다. 걸그룹에 대해 관심은 많지만 잘 모르는 사람에게는 썩 괜찮은 걸그룹 입문서, 저처럼 걸그룹 마니아에게는 지금까지와 차별화된 걸그룹 분석기가 될 수 있을 것입니다. 또한 책 제목에 걸맞게 가벼운 경제학 맛보기라고 해도 좋을 것 같습니다. 저처럼 10년 내로 10억 원을 모아 걸그룹을 론칭하겠다는 목표를 세운 사람이 있다면 창업 가이드 역할을 할 수도 있지 않을까 합니다.

이 책에 대한 정의는 독자의 몫으로 남겨두고 싶습니다. 이 책의 저자로서 아무쪼록 가볍고 경쾌한 기분으로 책장이 쭉 넘어갈 수 있으면 더 바랄 것이 없을 것 같습니다.

마지막으로 취향을 공유한다는 것은 참으로 행복한 일입니다.

소녀시대를 아끼는 유성운과
트와이스를 좋아하는 김주영

본격적으로 글을 시작하기에 앞서, 우리가 작업한 걸그룹 세력도를 펼쳐놓겠습니다. 때는 바야흐로 2008년으로 거슬러 올라가는데, 2세대 걸그룹이 나오고 일 년 뒤입니다.

2008년 걸그룹 세력도

원더걸스

소녀시대

카라

브라운아이드걸스

차례

Girl group economics

왜 모든 기획사는 청담동에 있을까, 선점 효과와 빅3 법칙

설날을 일주일 정도 앞둔 2006년 1월 어느 날 밤, 처음으로 연예기획사를 찾아갔다. 신문사에서 명절 특집 면을 제작하며 가장 많이 신경 쓴 것은 특급 연예인을 섭외해 한복을 입혀 등장시키는 지면이다. 당시 톱스타였던 비를 섭외한 문화부 K선배를 따라 청담동 JYP엔터테인먼트를 찾아갔다.

인터뷰를 마치고 K선배는 근처에서 맥주 한잔 마시자고 하면서 "여기는 SM엔터테인먼트, 저기는 DSP엔터테인먼트다"라며 청담동을 중심으로 논현동과 서초동 등지에 터를 잡고 있는 인근 기획사들의 위치를 다소 으스대며 설명해줬다. 대학 때부터 걸그룹을 좋아했던 나는 넋 나간 표정으로 선배를 우러러봤다. 그러면서도 '아! 이 지역이 예전 충무로 같은 곳이 됐구나'라는 생각에 연신 고개를 끄덕였는데, 10년 후 청담동 일대는 K-POP 특구로 지정됐다.

왜 모두 청담동에 있을까

얼마 전 10년 만에 JYP를 다시 찾아갈 일이 있었다. 회사가 있는 서소문 앞에서 택시를 탔다. 교통체증까지 겹쳐서 1시간 남짓 걸려 택시비도 1만 원 넘게 나왔다. 시간과 비용이 많이 드는 '길'이라면서 투덜거리다 보니, 기획사의 입장에서도 마찬가지일 거라는 생각이 들었다.

광화문 인근에 모여 있는 신문사는 논외로 치더라도 10년 전만 해도 여의도와 목동에 있는 KBS, MBC, SBS 등 방송사와의 이동거리가 꽤 멀었을 테니 말이다.

이뿐인가! 청담동은 땅값도 우리나라 최고 수준이다. 그러니 사옥을 사든 임대를 하든 공간에 들어가는 비용이 당연히 높을 수밖에 없다. 차라리 방송사 인근으로 이주한다면 시간과 비용 모두 절약하는 일석이조의 효과가 있을 거라는 생각이 들었다.

[그래픽 1] 청담동 일대 연예기획사 지도(네이버지도에서 '연예기획사'를 검색한 결과)

　참고로 청담동은 2017년 5월 21일 현재 아파트 매매 시 1제곱미터당 1,266만 원인 반면 상암동은 같은 조건임에도 749만 원으로 60%가량 더 싸다. KBS가 있는 여의도동은 서울에서도 비교적 비싼 동네 축에 속하지만, 1제곱미터당 877만 원으로 청담동에 비하면 '저렴한' 편이다.

　기획사 관계자들에게 왜 청담동에 기획사가 많은지 그 이유를 물었을 때 대답은 크게 세 가지였다.

　첫 번째, 캐스팅이다. 과거 강남역이나 가로수길 등에서 소위 '얼짱' 등 유망주를 픽업하는 경우가 많았다는 것이다. 정우성, 이정재, 전지현을 비롯해 1세대 걸그룹의 핑클 멤버 등이 이런 사례였다고 한다.

두 번째, 1990년대 가요계에서 가장 큰 파워를 가졌다고 해도 과언이 아닌 Mnet이 청담동에 있었다는 것이다.

세 번째, 함께 작업하는 작곡가나 프로듀서 등이 강남에 거주하고, 스튜디오 등 각종 시설이 주로 인근 신사동 일대에 분포해 있었다는 것이다.

마지막 이유를 제외하면 지금은 굳이 청담동에 있을 이유가 없을 것 같았다. 그러니 기획사들의 청담동 선호는 일종의 관성이 아닐까 하는 생각마저 들었다.

청담동에서 발견한 수확체증의 법칙

스탠퍼드대학교 경제학과 브라이언 아서(W. Brian Arthur) 교수가 주창한 '수확체증의 법칙(Increasing Returns of Scale)'은 도입 초반 시장에서 차지한 작은 우위가 뒤집기 어려운 결과로 자리 잡는 과정을 설명해주는 이론이다.

이 이론에서 가장 많이 거론되는 것이 키보드 배열 방식이다. 지금 우리가 사용하는 이른바 쿼티(Qwerty, 키보드 맨 위 영문 줄에 배열된 6개의 알파벳을 딴 이름) 키보드 배열 방식은 '비효율적'인 것으로 악명이 높다. 단어 구성에서 거의 연결되지 않는 방식으로 자모음을 배치해 빠르게 글자를 정리하기가 어렵다.

도무지 이해가 되지 않는 이런 '엉터리' 배열에는 나름의 이유가 있었다.

당시는 자판을 치면 글쇠가 리본을 때리고 원래 자리로 되돌아가는 구조였는데, 너무 빨리 치면 엉키는 문제가 발생했다. 그래서 1873년 공학자 크리스토퍼 숄스(Christopher Sholes)는 많이 쓰이는 모음(a, e, i, o, u)을 멀리 떨어뜨려 놓은 자판을 만들어 타이피스트들이 빠르게 타이핑할 때 발생하는 '문제'를 해결했다.

이후 1932년 오거스트 드보락(August Dvorak)은 타자기 제조 기술이 발전했음에도 왜 쿼티 자판을 써야 하는지 이해하기 어렵다면서 모음 등을 가운데 집중적으로 배열한 새로운 드보락 키보드를 내놓았다. 드보락 키보드로 타이핑 속도가 혁신적으로 빨라졌지만, 아직까지 살아남은 것은 불편하기 짝이 없는 쿼티 키보드다. 도대체 왜 이런 일이 벌어졌을까?

브라이언 아서 교수에 따르면 이유는 단순했다. 타이피스트들이 드보락 키보드를 수용하는 데 인색해 결국 지금까지 쿼티 키보드가 살아남게 되었다는 것이다.

비디오 녹화 재생도 마찬가지다. 1970년대 중반까지만 해도 비디오 녹화와 재생 방식에는 VHS 방식과 베타 방식이 모두 사용됐다. 기술적으로는 뒤늦게 나온 베타 방식이 VHS 방식보다 우수하다고 평가를 받았지만 시간이 지나면서 시장에서 살아남은 건 VHS 방식이었다. 이미 시장을 선점하고 있었기 때문이었다. 시장을 더 많이 확보하고 있어 기술적인 열세에도 불구하고 막대한 이익을 취할 수 있었다.

우리가 현재 사용하는 달력 그레고리우스력은 중세기 교황 그레고리우스 7세 때 고안된 것으로 월에 따라 날짜가 28일, 30일, 31일 등 고르지 않아서 불편하다. 이런 이유를 들어 1793년 프랑스혁명이 일어난 뒤 혁명정부는 매월 날짜가 30일로 같은 이른바 '프랑스 혁명력(French revolutionary calendar)'을 발표했다. 일주일이 10일이고 한 달은 3주로 구성되었는데, 1805년까지 사용되다가 결국 사라지고 말았다.

참고로 혁명력은 각 달[月]의 이름에 그에 걸맞는 자연현상이나 역사적 사건을 부여했다. 1794년 7월 혁명정부를 무너뜨린 사건이 벌어졌는데, 역사는 '테르미도르의 반동'이라고 부른다. 테르미도르(Thermidor)는 11번째 달인데 '열(熱)'을 뜻한다. 현재 달력으로는 7월 20일~8월 17일이다. 혁명력의 첫 번째 달은 방데미에르(Vendémiaire, 9월 22~10월 22일)로 '포도 달'이라는 뜻을 가지고 있다. 역시 와인국답다!!

기획사들의 청담동 선호 역시 비용을 넘어선 선점 효과가 작용하고 있다.

청담동에 기획사가 모이고, 이와 관련된 직종인 작곡가나 프로듀서가 주변에 거주하고, 스튜디오 등 작업실이 들어서면서 '익숙한' 환경이 조성되자 다른 곳으로 이동할 '엄두'가 나지 않는 것도 어찌 보면 당연한 일이다. 최근 성수동, 합정동 등이 더 싸고 편리한 교통 여건으로 기획사들을 유혹하고 있지만 1990년대부터 자리를 잡은 선점 효과 때문에 청담동 대세는 여전히 지속되고 있다. 세운상가나 서울 장충동의 족발거리도 그곳이 딱히 엄청나게 좋은 입지 조건을 가져 계획적으로 발전한 것은 아니다. 그저 조금 빨랐을 뿐이라는 말이다.

'빅3'시대는 언제까지 갈까

2007년 처음 청담동에 위치한 기획사를 찾아갔을 때만 해도 이미 가요계는 '빅3'로 재편된 상태였다. 1990년대 후반 젝스키스와 핑클 등으로 한때 SM과 가요계를 양분했던 대성기획(현 DSP)이 주춤한 사이 JYP와 YG가 치고 올라왔다.

그런데 산업계의 질서가 어느 정도 안정화 단계에 들어서면 '3'이라는 체제로 재편된다고 한다. 예를 들면 대형 마트는 이마트-홈플러스-롯데마트, 이동통신사는 SK텔레콤-KT-LG유플러스, 영화상영관은 CGV-메가박스-롯데시네마, 백화점은 롯데-현대-신세계(그리고 신문은 중앙-동아-조선).

괜한 개드립이 아니다. 산업계의 질서 체계가 숫자 3에 맞춰지는 것은 나름 학술적 근거가 있다. 1990년대 초 미국 에모리 대학교 잭디시 세스(Jagdish Sheth) 교수와 경영학자 라젠드라 시소디어(Rajendra Sisodia)는 '빅3 법칙(the Rule of Three)'을 발표했다.

미국 산업계를 관찰한 이들은 나이키-아디다스-리복(운동화), 맥도날드-버거킹-웬디스(햄버거), 제너럴모터스-포드-다임러크라이슬러(자동차) 등을 예로 들면서 시장이 성숙기로 접어들면 상위권 3개 회사가 시장의 70% 이상을 점유하는 구도로 압축된다는 결론을 도출했다.

이들에 따르면 3개 기업이 주도할 때 시장은 합리적 평형 상태를 유지할 수 있다고 한다. 빅3가 주도하는 시장은 기업들이 적당하게 경쟁의 긴장감을 유지할 수 있고 소비자가 선택을 강요당하지 않을 수 있기 때문에 시장의 효율성을 가져오는 이른바 '황금률'이라는 것이다.

또한 빅3 기업은 제너럴리스트(전체 시장을 대상으로 광범위한 고객을 목표로 하는 기업)가 될 수 있지만, 빅3을 제외한 나머지는 이들의 틈새를 노리는 스페셜리스트(특정 지역이나 고객을 목표로 하는 기업)가 되어야 성공 가능성이 높다고 한다.

실제로 S.E.S와 소녀시대, f(x), 레드벨벳(이상 SM), 원더걸스와 miss A, 트와이스(이상 JYP), 2NE1과 블랙핑크(YG) 중 2NE1을 제외하면 대부분 대중이 기대하는 걸그룹 콘셉트에서 크게 벗어나지 않았다. 제너럴리스트 전략을 유지한 셈이다.

반면 엽기 콘셉트로 화제가 된 크레용팝이나 멤버 전원이 모델 출신으로 본격 성인 취향 저격용으로 등장한 나인뮤지스는 중소 기획사의 고충이 반영된 스페셜리스트인 셈이다.

다시 청담동 이야기로 돌아오면 최근 신생 기획사들은 홍대와 합정동 일대(에이큐브), 성수동 일대(바나나컬쳐엔터테인먼트) 등 탈(脫) 청담동 현상을 보여주고 있다. JYP 역시 강동구 성내동으로 이주

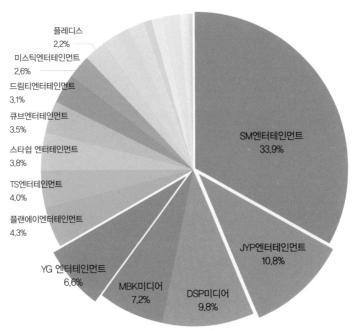

[그래픽 2] 빅3 기획사 걸그룹의 소셜 점유율(2008~2016년)

할 예정이고, YG는 일찌감치 홍대에 자리를 잡았다. 앞서 언급한 세 가지 이유 가운데 두 가지가 어느 정도 해소됐기 때문이다.

과거와 달리 굳이 가로수길이나 강남역에 나가지 않아도 페이스북이나 카카오톡 등 SNS를 통한 캐스팅이 가능해졌다. 오히려 전국적으로 '보석'을 더 편하게 찾을 수 있게 됐다. 또한 청담동 입지 조건에 큰 장점이었던 Mnet도 상암동으로 이사했다.

그러니 기획사를 차릴 때 자금이 넉넉지 않다면 일단 청담동을 접고 딴 지역을 알아보는 것도 나쁘지 않은 방법이다.

★

CHAPTER

02

걸그룹도 상위 20%가 지배한다,
파레토 법칙

매년 명절 고향에 가면 오랜만에 친구들과 재회하는 자리가 마련되곤 한다. 얼마 전에도 다가오는 추석에 고교 동창회가 있으니 참석 여부를 알려 달라는 네이버 밴드 공지가 돌기도 했다.

나는 대개 점심 약속을 잡고 저녁 자리는 불참해 왔는데, 그건 MBC 〈아육대〉를 시청하기 위해서였다(프로그램 〈아육대〉는 '아이돌스타육상대회'를 시작으로 종목이 점차 늘어났는데 2017년 설 특집 때 정식 명칭은 '아이돌스타 육상·양궁·리듬·체조·에어로빅 선수권대회'였다). 〈아육대〉는 내가 '본방 사수'를 하는 거의 유일한 TV 프로그램으로, '체육돌'이라는 신조어가 만들어졌을 정도로 대중적 인기도 높다.

〈아육대〉를 볼 때마다 새삼 느끼는 건 우리나라에 걸그룹이 정말 많다는 것이다. 매년 난생 처음 들어보는 걸그룹이 등장할 정도이니 말이다.

소녀시대처럼 인기 걸그룹은 대개 불참하기 때문에 신인 걸그룹이나 이제 막 이름이 알려지기 시작한 걸그룹이 스포트라이트를 받을 수 있는 절호의 기회이기도 하다. 그래서인지 다들 경기에서 이기기 위해 필사적이다.

씨스타 보라나 포미닛 소현 등이 〈아육대〉를 통해 스타로 발돋움한 사례인데, 참가한 걸그룹 가운데 보라는 무려 14관왕이라는 레전드급 기록을 갖고 있다.

이토록 많은 걸그룹이 나오는 이유는 직설적으로 말하면 돈이 되기 때문이다. 걸그룹 한 팀만 잘 성공하면 로또 못지않은 대박을 칠 수 있다는 말이다.

'경알못(경제를 알지 못하는)' 기자지만 걸스데이 소속사인 드림티엔터테인먼트의 경영공시 보고서를 봐도 대충 감이 온다. 2013년 매니지먼트 매출이 31억 9,900만 원, 당기 순이익이 8억 7,600만 원이었던 드림티는 〈진짜 사나이〉로 혜리가 대박을 친 2014년에 매출액이 60억 1,700만 원, 당기순이익이 19억 800만 원으로 2배가량 늘었다.

여기서 드림티를 예시로 든 것은 당시 걸스데이 외에 유명한 연예인이 없는 회사여서 '회사 매출액=걸스데이 수입'이라는 등식이 가능했기 때문이다. 그런데 대부분의 연예기획사는 소속 연예인이 얼마를 벌어들였는지에 대해 꼭꼭 감춘다.

청운의 품을 안고 매년 10~20개의 걸그룹이 나오는데 2014년에는 절정을 이루어 무려 37개의 걸그룹이 데뷔했다. 그야말로 '걸드러시(걸그룹+골드러시)' 시대였다.

2007	2008	2009	2010	2011	2012	2013	2014	2015	2016	2017
원더걸스	다비치	애프터스쿨	씨스타	에이핑크	EXID	레이디스 코드	마마무	트와이스	우주소녀	보너스 베이비
소녀시대	미스에스	2NE1	miss A	달샤벳	AOA	비비팝	레드벨벳	여자친구	LOJ	드림캐쳐
카라	쎈	티아라	걸스데이	비비안	피에스타	하트래릿걸스	러블리즈	에이프릴	구구단	H.U.B
스완	H7 마인	f(x)	지피 베이직	라니아	크레용팝	파클레이	이일라	소나무	블랙핑크	프리스틴
스톰	윙크	시크릿	나인뮤지스	브레이브걸스	스피카	다소니	써니힐	루루즈	비바	비사이드
가비퀸즈		레인보우	비돌스	피기돌스	헬로비너스	파스칼	풍뎅이	러버소울	마틸다	힌트
태사비애		포미닛	에바스	쇼콜라	쉬즈	딜라잇	립서비스	써스포	사이다	시크엔젤
캣츠		브라운데이	초콜릿	블레이디	써니데이즈	지자기	비밥	CLC	머큐리	S.E.T
베이비복스 리브		HAM	비비 미뇽	스텔라	비키니	투아이즈	모아	디아크	코코소리	엘리스
블랙펄		레이디 컬렉션	VNT	씨리얼	플래쉬	베스티	원미스	오마이걸	블루미	그레이시
		JQT	걸스토리	클라나	레이티	러쉬	멜로디데이	키위밴드	믹스	마르멜로
		에이비 에바뉴	프리스타	파이브돌스	타히티	와썹	7학년반	큐피트	솔티	이달의소녀
		더블유	핏걸즈	코인잭스	디유닛	퀸비즈	윙스	베이비부	아이시어	페어릿
		토파즈	지피 베이직	벨라	주비스	투란	스칼렛	어썸베이비	오투원	리브하이
		텐	송크라이걸즈	치치	식스밤	앤화이트	빌리언	야야	ADe	라임소다
		트우니	오로라	스파넬	투엑스	옐로우	비드키즈	플레이백	베리어스	
		허니셔		스윙클	Evol	트랜디	베이비	애조원	언니쓰	
		빅퀸즈		에이프릴키스	스카프	벨로체	베라굿	러브어스	CIVA	
		플라잉 걸스		메이퀸	비비드	듀오블로	스마일지	워너비	LBJ	
		고고걸스		뉴에프오	엔이피	오드아이	예아	텐텐	하이틴	
				리더스	가드시	피처럴	에이코어	마이비	오블리스	
				비비드걸		리브하이	타픽	유니콘	불독	
				에이몰리		케이걸즈	라붐	짜리몽땅	모모랜드	
				피프틴앤드		별스토리	포텐	다이아	헤이미스	
				블랙퀸		틴트	포엘	에이스		
				이투알이			아는동생	핫티즈		
				퓨리타			밍스	다이아걸스		
				갱키즈			딸기우유	아이스		
				글램			퍼펄즈	여자여자		
				타이니지			디홀릭	헤쎄		
				티너즈			에이데일리	포켓걸스		
				더 씨야			베리피치	밤비노		
							소녀시절	비비디바		
							리틀뮤즈	하디		
							키스 앤 크라이	에이티티		
							프리츠	피피엘		
							단발머리			

[그래픽 1] 2007~2017년에 데뷔한 걸그룹

상위 20%가 지배하는 걸그룹 생태계

걸그룹 론칭만 하면 과연 걸스데이처럼 성공을 거둘 수 있을까? 내친김에 소녀시대와 원더걸스가 등장한 2007년부터 트와이스가 데뷔한 2016년까지 2세대 걸그룹을 전부 찾아보니 그 숫자가 212개에 달했다. 한 걸그룹당 평균 멤버 수를 5명이라고 잡았을 때 현재 우리나라에 1,000명 정도의 전·현직 걸그룹 멤버가 있는 셈이다.

이 명단에서 한 번쯤 들어 본 적이 있는 걸그룹이 과연 몇이나 될까? 개인적으로 누군가 물어봤다면 'TGIF'에서 새로 내놓은 스테이크 메뉴 또는 위스키 바에서 내놓은 칵테일이 분명하다고 말했을 것 같은 JQT나 베베 미뇽 같은 그룹을 제외하고 "아!"라는 감탄사를 내뱉으며 들어 봤다고 척할 수 있는 그룹을 다시 추려 보니 30개 정도로 줄어들었다.

2007	2008	2009	2010	2011	2012	2013	2014	2015	2016	2017
원더걸스	다비치	애프터스쿨	씨스타	에이핑크	EXID	레이디스 코드	마마무	트와이스	우주소녀	프리스틴
소녀시대		2NE1	miss A	달샤벳	AOA		레드벨벳	여자친구	I.O.I	
카라		티아라	걸스데이		피에스타		러블리즈	에이프릴	구구단	
		f(x)	나인뮤지스		크레용팝			다이아	블랙핑크	
		시크릿			스피카					
		레인보우								
		포미닛								

[그래픽 2] 2007~2017년에 데뷔한 걸그룹 가운데 인지도 있는 그룹

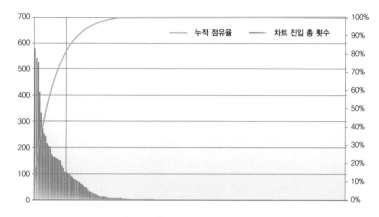

[그래픽 3] 걸그룹 차트의 파레토 법칙(2007년 이후 데뷔한 걸그룹 전수)

20:80의 법칙이라 불리는 '파레토 법칙(Pareto's Law)'이 걸그룹에게도 적용된 셈이다.

이탈리아 경제학자 빌프레도 파레토(Vilfredo Pareto)가 이탈리아 인구의 20%가 국가 전체 부(富)의 80%를 보유하고 있다는 점에 착안해 불평등한 경제 구조를 설명하기 위해 도입한 이 개념은 일반 사회현상에서도 꽤 유용하게 쓰이곤 한다.

예를 들어 프로야구 선수들이 받는 전체 연봉의 80%는 상위 20%의 선수들이 가져간다든가, 스마트폰에 저장된 연락처 중 실제로 연락을 주고받는 사람은 20%에 불과하다는 식이다.

심지어 다양한 판촉 행사를 벌이는 유통업체들은 파레토 법칙을 정말 유용하게 응용해 왔다. 백화점의 VIP 고객 마케팅이 그 대표적인 예라고 할 수 있다. '상위 20%의 우수 고객이 80%에 해당하는 일반 고객이 쓴 돈보다 더 많은 소비를 한다'는 파레토 법칙의 원리를 이용한 것이다.

> 길어지는 불황으로 롯데백화점은 주요 타깃층을 '전체 연령대'에서 '연매출 2,000만 원' 이상 VIP 고객으로 좁히고 VIP 집중 마케팅을 실시하기로 했다. … 백화점 업계에서 VIP 고객은 10~15% 안팎에 불과하다. 하지만 이들이 전체 매출에서 차지하는 비중은 70~80%에 달한다."
>
> _《뉴스웨이》, 2016년 9월 9일

앞서 나온 그래프를 보면 걸그룹의 파레토 법칙이 보다 분명하게 드러난다. 멜론 차트에 진입한 누적 횟수를 보면 다비치(1위)는 577회, 소녀시대(2위)는 542회 진입했다. 총 212개의 그룹이 발표한 곡들 가운데 트와이스(22위), 달샤벳(23위)까지 상위에 속한 23개 그룹이 80%를 차지할 정도다.

더 정확히 말하면 10.8%(23/212)의 그룹이 80%의 비중을 차지하고 있으니, 파레토 법칙보다 더 극심한 부익부 빈익빈 현상을 보여주고 있다.

신분 이동의 '사다리'

　모든 구성원이 평등하게 살 수 없다는 것은 자본주의, 아니 인류 역사가 보여준 만고의 법칙이기도 하다. 따라서 논의의 초점은 20%가 80%를 소유하는 것이 아니라 20%가 얼마나 자주 바뀌느냐로 전환해야 하지 않을까 싶다. 시장의 건강성은 누가 얼마나 독점하느냐에 대한 여부보다 얼마나 자주 바뀔 수 있느냐 하는 것이다.

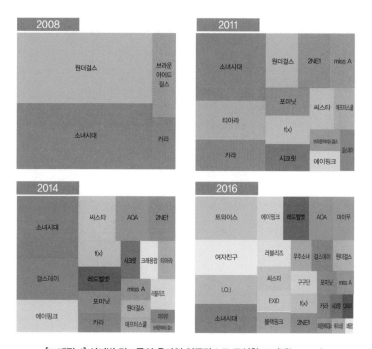

[그래픽 4] 시기별 걸그룹의 온라인 언급량으로 구성한 트리맵(treemap)

앞서 나온 [그래픽 4]는 걸그룹의 온라인 언급량을 시기별로 비교한 표다.

2세대 걸그룹이 나타나고 2년 동안 원더걸스와 소녀시대로 양분된 걸그룹은 이후 카라-티아라-2NE1(2010~2011년), 에이핑크-걸스데이-씨스타-AOA(2014~2015년) 등 지속적으로 바뀌었다. 소녀시대를 제외하고 상위 5위 안에 들어간 걸그룹이 2년 이상 자리를 유지한 사례는 찾아보기 어려울 정도다.

걸그룹 시장은 진입하기에 좋은 시장일까, 나쁜 시장일까

한두 푼도 아니고 최소 10억 원은 각오해야 하는 걸그룹 시장에 겁 없이 들어가도 되는 것일까? 과연 빅3을 비롯해 기존 기획사의 장벽을 뛰어넘을 수 있을까?

시장에서의 독과점 여부를 따져볼 수 있는 대표적 방법인 허핀달-허쉬만 지수(HHI, Herfindhal-Hirschman Index)를 이용해 살펴보자. HHI 지수는 특정 분야에 있는 기업들의 시장점유율을 제곱한 합으로 계산한다. 수치가 높을수록 시장집중도가 높아서 진입이 어렵다는 뜻이다. 반대로 수치가 낮으면 경쟁이 치열해서 진입해볼 만한 시장이라는 의미가 된다.

예를 들어 A와 B사의 시장점유율이 각각 25%와 10%라면 제곱의 합은 725가 된다. 또한 어떤 경우든 점유율의 총합은 100%이기 때문에 HHI 지수의 최대값도 1만이다.

일반적으로 100 이하이면 경쟁이 심하지 않은 시장, 100~1,500은 덜 집중화된 시장, 1,500~2,500은 조금 집중화된 시장, 2,500 초과는 너무 집중화됐으니 그냥 단념하라는 뜻으로 해석할 수 있다.

그렇다면 HHI 지수를 빅3 기획사에 대입해 보자. 참고로 매출액이라든지 정확한 시장점유율 통계가 없는 관계로 온라인에서의 언급량으로 이를 따져 보려고 한다. 언급량이 바로 인기의 척도이기 때문이다.

2010년 빅3 가운데 걸그룹계에서 후발주자였던 YG가 2NE1을 데뷔시키고 일 년이 지났을 때 주요 걸그룹의 온라인 언급량은 다음과 같다.

소녀시대 26%, 카라 11%, 티아라 11%, 2NE1 8.5%, 포미닛 6.8%, f(x) 6.6%, 애프터스쿨 5.5%, miss A 4.8%, 시크릿 3.6%, 씨스타 2.9%, 레인보우 2.2%, 걸스데이 1.0%, 나인뮤지스 0.55%.

여기서 빅3 기획사 소속은 소녀시대와 f(x), miss A, 2NE1 등이다. 따라서 이들 점유율의 제곱을 모두 더하면 814.85다.

[그래픽 5] HHI 지수에 따른 시장 집중도 분류

실제로 2010년 이후 많은 걸그룹이 시장으로 진입했다. 그렇다면 지금은 어떨까? 2015년의 걸그룹 점유율은 다음과 같다.

소녀시대 13%, 에이핑크 8.2%, AOA 7.4%, EXID 6.8%, 걸스데이 6.2%, 씨스타 6.1%, 여자친구 5.4%, 레드벨벳 4.8%, 러블리즈 3.9%, f(x) 3.6%, 원더걸스 3.3%, 마마무 3.1%, 트와이스 2.9%, miss A 2.7%, 포미닛 2.7%, 카라 2.45%, 나인뮤지스 2.3%, 티아라 1.9%, 2NE1 1.8%, 레인보우 1.6%, 시크릿 1.5%, 애프터스쿨 1.2%, 달샤벳 1.2%, 헬로비너스 1.2%, 스텔라 1.1%, 크레용팝 0.96%, 피에스타 0.93%, 스피카 0.59%.

먼저 2010년과 비교할 때 수치에 잡히는 걸그룹 수가 훨씬 많아졌다. 이제는 빅3 기획사의 HHI 지수를 따져 보자.

여전히 소녀시대를 비롯해 레드벨벳, f(x), 원더걸스, 트와이스, miss A, 2NE1 등이 언급되고 있다. HHI 지수는 234.83으로 더 낮아졌다. 즉 시장 자체는 메이저 기획사가 아니더라도 얼마든지 진입하기에 좋은 환경이라는 뜻이다.

시간이 흐를수록 후발주자인 AOA(FNC엔터테인먼트), 에이핑크(플

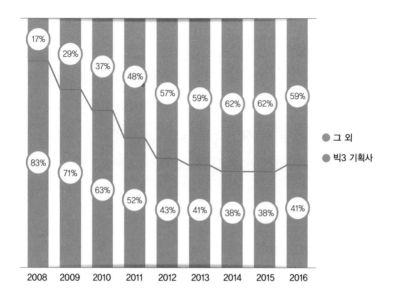

그 외
빅3 기획사

[그래픽 6] 작아지는 빅3 비중(온라인 언급량)

랜에이엔터테인먼트), 씨스타(스타쉽엔터테인먼트), 걸스데이(드림티엔터테인먼트) 등 비(非) 빅3사 출신의 걸그룹이 선전하면서 빅3사의 비중은 점차 줄어드는 추세다.

이것으로 걸그룹 시장은 여전히 기회의 땅이라고 말할 수 있다!

우리 사회의 신분 상승을 위한 사다리는?

고려대 장하성 교수는 저서《왜 분노해야 하는가》를 통해 한국

사회의 양극화 심화와 무너진 계층 이동의 사다리를 다양한 자료를 통해 보여줬다.

소득 최상위 20% 계층의 2014년 연평균 경상소득은 8,449만 원인데 소득 최하위 20% 계층의 소득은 2,058만 원이다. 4.1배의 차이가 난다. 여기까지는 크게 나쁘지 않다고 본다. 문제는 이런 소득 격차보다 재산 격차가 더 크다는 점이다. 순자산 최상위 20%는 8억 2,426만 원을 갖고 있는 반면 최하위 20% 계층의 순자산은 1,289만 원이다. 양측의 차이는 64배에 달한다.

또한 각 계층별 소득 격차는 재산소득뿐 아니라 노동소득에서도 그 차이가 점점 벌어지는 것으로 나타났다. 쉽게 말해 우리나라에서 잘사는 사람은 월세 같은 부동산 소득뿐 아니라 직업도

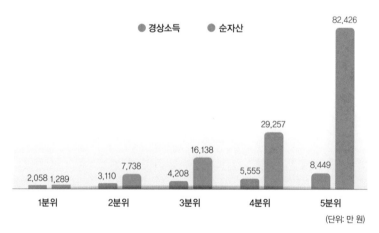

* 자료: 통계청(2014년), 장하성, 《왜 분노해야 하는가》에서 재인용

[그래픽 7] 계층별 자산과 소득액의 관계

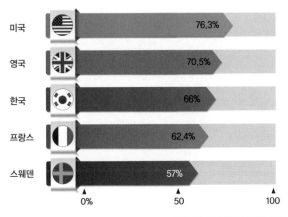

미국 76.3%

영국 70.5%

한국 66%

프랑스 62.4%

스웨덴 57%

0%　　　　50　　　　100

* 자료: 김낙년, 〈한국의 부의 불평등, 2000~2013〉

[그래픽 8] 국가별 상위 10%의 자산 비중

돈을 잘 버는 직업을 갖고 있다는 이야기다.

　많은 경제·사회학자는 이제 대한민국이 사실상 계급사회로 접어들었다는 우려를 내놓고 있다. 이런 이유로 대선 때마다 대통령 후보들이 '서민과 중산층이 튼튼해지는 경제'를 약속하고, 선거가 끝나고 새 정부가 들어설 때마다 의욕적으로 각종 해법을 내놓고 있지만 좀처럼 활로를 찾지 못하고 있으니 그저 안타까울 따름이다.

왜 헬멧을 쓰고 나왔을까,
크레용팝의 포지셔닝

"점핑! 점핑!"

헬멧을 쓴 다섯 명의 소녀가 앉았다 일어섰다 동작을 반복하는 군무는 단순하지만 중독성이 있었다. 굳이 표현한다면 엽기에 가까웠다고 말할 수 있다.

처음 봤을 때는 10년 전쯤 두 손으로 자신의 이마를 계속 쳐대는 '골목대장 마빡이'가 떠올랐다.

사람들은 그런 생소함에 열광했다. 우리나라에 이런 걸그룹이 나타날 수 있다니! 유튜브를 중심으로 영상이 확산되고, 회식 노래방에서 애창되기 시작하더니(2차 회식에서 분위기를 최고조로 끌어올렸음) 기어코 한 달 만에 차트 정상을 차지했다. 2013년 여름 '빠빠빠'로 반도를 강타했던 크레용팝의 이야기다.

크레용팝은 기존에 나왔던 걸그룹과 확연히 달랐다. 소녀시대 윤아처럼 첫사랑의 청순함으로 어필하지 않았고, 포미닛 현아처럼 패왕색의 매력을 보여준 것도 아니었다. 그렇다고 2NE1 씨엘처럼 개성이 강한 캐릭터도 아니었다.

그럼에도 크레용팝은 소녀시대, 원더걸스, 2NE1, miss A에 이어 데뷔하고 일 년 안에 1위에 오른 다섯 번째 걸그룹이 됐다. 이렇듯 어느 누구도 따라 할 수 없는 독특함을 무기로 크레용팝은 차별화를 통한 빛나는 승리를 거뒀다.

어떤 콘셉트의 걸그룹을 만들까

사실 크레용팝이 데뷔한 2012년은 걸그룹 역사상 '죽음의 조'라고 불릴 만한 대진표가 기다리고 있던 해였다. 무려 32개의 걸그룹이 데뷔해 가장 치열한 경쟁을 벌여야 했다. 그중 지금은 대세가 된 AOA와 EXID가 있었고, 아이유가 멤버로 들어갈 뻔했던 피에스타와 데뷔 당시 가장 많은 주목을 받았던 헬로비너스와 이제 걸그룹계의 대모 격인 이효리가 Mnet에서 손수 '걸그룹 되기' 비법을 시전해 유명해진 스피카도 있었다. 워낙 많은 그룹이 한 해에 데뷔하다 보니 이런저런 사연도 많았다.

그렇다면 크레용팝은 어떻게 해서 설현과 하니가 떡 버티고 있

	2012	2013	2014	2015	2016
	1 2 3 4 5 6 7 8 9 10 11 12	1 2 3 4 5 6 7 8 9 10 11 12	1 2 3 4 5 6 7 8 9 10 11 12	1 2 3 4 5 6 7 8 9 10 11 12	1 2 3 4 5 6 7 8 9 10 11 12

EXID 데뷔: 2012.2.16 → 첫 1위: 2015.1.8(Mnet M COUNTDOWN)
AOA 데뷔: 2012.7.30 첫 1위: 2014.2.9(인기가요)
피에스타 데뷔: 2012.8.31
크레용팝 데뷔: 2012.7.18 → 첫 1위: 2013.8.30(KBS 뮤직뱅크) (1위 미달성)
스피카 데뷔: 2012.1.10
헬로비너스 데뷔: 2012.5.9 (1위 미달성)
(1위 미달성)

[그래픽 1] 2012년 데뷔한 주요 걸그룹의 음악방송 첫 1위 시기

는 AOA와 EXID를 제치고 두 걸그룹보다 빨리 1위 자리에 오를
수 있었을까?

포지셔닝의 중요성

걸그룹을 론칭하기 전 가장 중요한 고민거리 중 하나는 어떤
콘셉트로 밀고 나갈까 하는 것이다. 너무 많은 걸그룹이 경쟁하
다 보니 분명한 콘셉트를 잡지 않고 덤벼들었다가는 헛물만 들이
켜기 십상이기 때문이다.

데뷔 시점을 기준으로 걸그룹의 메이저 계보는 크게 청순파
와 섹시파로 나뉘는데, 다수는 소녀시대와 에이핑크로 대표되는
청순파다. 반대편에는 씨스타와 애프터스쿨 등 섹시파가 있고,
2NE1과 포미닛 같은 소수의 걸크러시 계열도 있다.

그 어느 족보에도 연결하기 어려운 크레용팝은 분명한 콘셉트

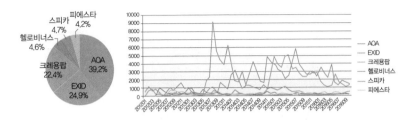

[그래픽 2] 크레용팝과 AOA, EXID 등 2012년 동기 걸그룹의 언급량

가 생존에 얼마나 큰 도움을 줬는지 보여주는 대표적 사례다.

하버드대학교의 마이클 포터(Michael E. Porter) 교수는 경영학에 '전략적 포지셔닝(Strategic Positioning)'이라는 개념을 도입한 것으로 유명하다. 그를 주축으로 한 포지셔닝파는 케이퍼빌리티파와 함께 경영 전략의 양대 산맥으로 군림해 왔다.

포터 교수의 메시지는 간단하다. "아무리 성장 가능성이 큰 산업에 뛰어든 기업이라도 경쟁자와 차별화하는 포지셔닝에 실패하면 살아남을 수 없다"는 것이다. 튀어야 산다는 이야기다. 국내에서 널리 소개된 《제로 투 원(Zero to One)》도 포지셔닝(positioning)의 중요성을 역설한 책이다. 이 책을 쓴 스탠퍼드대학교의 블레이크 매스터스(Blake Masters) 교수는 "남들이 따라 할 수 없는 독특한 포지셔닝으로 독점적 환경을 만들어야 한다"라고 강조했다.

'C-D 맵'으로 본 미국 자동차와 맥주 시장

* 출처: 하버드비즈니스리뷰(HBR) 2015년 6월호

[그래픽 3] 흔하게 쓰이는 포지셔닝맵

치열한 피자 브랜드 경쟁에서 '배달 시간 엄수'를 내세워 유명 해진 도미노 피자, 유명 뮤지션의 내한공연을 추진한 현대카드 역시 다른 포지셔닝으로 업계의 선두주자로 떠오른 사례라고 할 수 있다.

예능 프로그램에 출연해 씨름 선수도 먹기 어려운 양의 밥과 김치, 고기를 입 안으로 우겨넣거나 정글을 찾아가 수십만 년 전 지구에서 사라진 네안데르탈인의 흉내를 내며 존재감을 어필하 는 것도 예쁘고 날씬한 여성으로 꽉꽉 채워진 걸그룹계에서 살아 남기 위한 일종의 생존 방식이라고 할 수 있다.

포지셔닝의 빛과 그림자

그렇다면 포지셔닝은 마법의 약일까? 차별화된 포지셔닝만 구사하면 걸그룹계를 평정할 수 있을까? 꼭 그렇지만도 않다.

사실 크레용팝과 마찬가지로 2012년 같은 해에 데뷔한 AOA도 처음에는 '최초'라는 타이틀로 도배했던 철저한 포지셔닝파에 속했다.

당시 AOA는 걸그룹 최초로 전문 밴드 콘셉트를 들고 나왔는데, 멤버 유경은 걸그룹 최초의 드러머였다. 이것도 부족하다고 여겼는지 EBS 만화에서 나올 법한 '하늘에서 내려온 천사들'이라는 콘셉트로 스토리텔링까지 덧붙였다. 그래서 멤버마다 천사명이 따로 있었다. 예를 들어 설현은 '설현아리', 혜정은 '혜정리너스'(커피 브랜드에서 착안했던 게 분명해 보이는), 지민은 '지미넬' 등등…. (걸그룹 역사상 최고의 오글거림이라는 반응도 많았다.)

결과는 폭망이었다. 데뷔한 이듬해 크레용팝이 각종 가요 무대에서 헬멧을 쓰고 앉았다 일어섰다 반복하는 동안 AOA는 소속사인 FNC가 제작비를 댄 케이블 TV 리얼리티 드라마 〈청담동111〉에 출연했을 뿐이다(씨엔블루나 FT아일랜드 등 FNC 소속의 아이돌이 주인공으로 등장하는 프로그램이었는데, 여기서도 분량이 그리 많지 않았다).

결국 AOA는 '천사+밴드' 콘셉트를 과감히 내던지고 다른 걸 그룹과 크게 다를 것 없는 섹시 콘셉트로 전환했다. 그리고 설현을 센터로 세워 각선미를 한껏 뽐내는 군무를 추면서 〈짧은 치마〉로 1위에 올랐다. 그나마 데뷔 3년차에 변신을 시도한 게 다행이었다. 소속사인 FNC에 따르면 3년째도 뜨지 않으면 해체까지 고려해야 할 판이었다고 하니 마지막 기회를 잡은 셈이다.

이후 AOA는 자타가 공인하는 톱스타 반열에 올랐는데, 잘못되

[그래픽 4] 걸그룹의 포지셔닝

거나 시대를 앞서간 콘셉트는 평범함보다 못하다는 교훈을 남겼
다. 그 덕분(?)인지 2012년 이후 과도한 콘셉트를 들고 나온 걸그
룹은 거의 사라졌고, 트와이스나 I.O.I처럼 정통파에 가까운 걸그
룹이 다시 득세하는 시대(3세대 걸그룹)가 열렸다.

포지셔닝의 희생자(?) 안철수

지난 대선에서 자유한국당 홍준표 후보의 '막말'을 의아하게
생각하는 사람이 적지 않았다. "저래서 표를 얻을 수 있겠어"라
는 지적도 많았지만 대선 결과 그는 24.0%를 득표해 21.4%를 얻
은 안철수 후보를 누르고 2위에 올랐다. 보수와 영남이라는 포지
셔닝 전략을 확실히 구사한 덕분이었다.

그는 "선거는 표가 많이 나오는 데를 가야지 표가 안 나오는
데를 얼쩡거려 본들 안 된다. 나는 표 안 나오는 데는 안 간다"라
는 말을 공개적으로 하며 사실상 호남을 배제하고 영남권 집중
유세를 벌였다. 4월 한 달간 호남은 1번만 방문했을 정도다.

또 "부산·울산·경남, 우리는 절대 좌파 정권에 정권을 안 넘
긴다. 우리가 뭉치면 절대 안 넘어간다"" (문재인·안철수) 누굴 찍
은들 같은 당이다. 호남 1중대 3중대인데 누굴 찍든 간에 당이
하나가 된다" 등 보수층과 영남을 자극하는 발언을 서슴없이 구

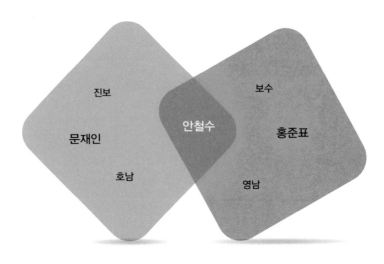

[그래픽 5] 문재인과 홍준표, 안철수 대권 후보자의 포지셔닝

사했다.

반대로 포지셔닝에 실패한 대표적 사례는 지난 대통령 선거에
출마했던 안철수 후보다.

안철수의 '새 정치'가 무엇인가를 따지기 이전에 진보와 보수,
호남과 영남 어느 쪽에서도 뚜렷한 근거지를 마련하지 못한 안철
수는 확장력에서 한계를 노출했다는 지적이 많았다. 그 결과 국민
의당 후보 경선 직후 한때 문재인과의 1대1 대결에서 우세하다는
여론조사도 나왔지만 몇몇 의혹이 제기되면서 쉽게 무너지고 말
았다.

한국 정치사에서 제3정당은 한 번도 성공한 적이 없다고 한다. 그만큼 '중도'라는 이미지를 갖고 선거에서 승부를 걸기가 만만 치 않다는 이야기다. 19대 대선은 포지셔닝의 중요성이 가장 극 대화된 선거 중 하나였다.

★

CHAPTER

04

3세대 걸그룹은 왜 9명 이상일까, 링겔만 효과

내 기억이 맞다면 2005년 가을 MBC 입사 필기시험에 동방신기와 신화의 멤버 수를 더하면 몇이 되는지 묻는 문제가 나왔다. 답은 11이었다. 고사장 곳곳에서 한숨이 터져 나왔다. 언론사 시험을 준비해 온 수험생 입장에서는 허를 찔린 문제였다. 당시만해도 엄숙하기 짝이 없던 언론사 필기 시험에 아이돌과 관련된 문제가 나올 거라고는 누구도 생각지 못했기 때문이다. 아니나 다를까. 시험 답안지를 작성한 뒤 고사장을 나오는데 황당하다는이야기가 여기저기서 들렸다.

그런데 그해 동방신기와 신화를 합친 것보다 더 많은 13인조 슈퍼주니어가 등장하더니, 얼마 뒤에는 걸그룹 사상 최다인 9인

54 ★ 걸그룹 경제학

조 소녀시대가 데뷔했다. 소녀시대를 처음 봤을 때는 어린 시절 크리스마스 때 과자와 초콜릿, 사탕 등이 골고루 들어간 종합선물세트를 받았을 때만큼이나 흥분됐다. 노트북 배경화면에 멤버 얼굴과 이름이 첨부된 사진 파일을 걸어놓고 중학교 때 영어 단어 외우듯 꾸준히 반복 학습을 했다. 멤버 한 명 한 명 완벽하게 인지하는 데까지 시간이 조금 걸렸다. 서현과 유리를 구분하는 단계에서 생각만큼 머릿속에 쏙쏙 들어오지 않아 조금 짜증이 났는데, 결국 머릿속에 의문 하나가 남게 됐다. 대체 왜 이렇게 걸그룹 멤버가 많아야 하는 걸까? 이처럼 많은 멤버를 가진 그룹은 팀을 유지할 만큼 충분히 돈은 벌 수 있을까?

걸그룹 멤버 수와 활동 기간의 상관관계

걸그룹을 만든다면 몇 명의 멤버로 구성하는 것이 좋을까? 에이핑크처럼 6명, 트와이스처럼 9명, I.O.I처럼 11명?

한 가지 확실한 건 걸그룹의 평균 멤버 수가 점점 늘어나는 추세라는 점이다. S.E.S와 핑클이 활동하던 1세대 걸그룹 시기에는 대부분 3~4명이었다. 5인조인 베이비복스의 멤버 수가 가장 많았고 S.E.S, 핑클, 슈가, 쥬얼리, 밀크, 디바(?) 등 대부분 4명을 넘지 않았다.

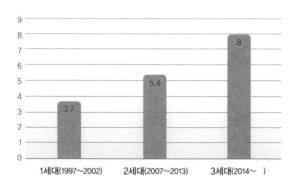

[그래픽 1] 걸그룹 평균 멤버 수의 변화

　그러나 소녀시대가 등장하며 본격적으로 막을 올린 2세대 걸그룹에서는 애프터스쿨(9명), 레인보우(7명), 티아라(7명) 등 베이비복스쯤은 '소수'로 밀어내는 '다수'로 구성된 걸그룹이 심심찮게 등장했다.

　소녀시대에서 트와이스로 패권이 이동한 3세대에서는 규모가 더 커지고 있다. 프로젝트 그룹인 I.O.I.(11명), 우주소녀(13명), 프리스틴(10명) 등 10명을 넘기는 걸그룹이 계속 등장하고 있다. 1세대 걸그룹의 평균 멤버 수는 3.7명인 데 반해 3세대 걸그룹은 8명에 육박하고 있다.

　인원만 늘어난 것이 아니다. 1세대 걸그룹의 대표격인 S.E.S와 핑클은 활동 기간이 각각 4~5년에 그친 반면 2007년에 데뷔한 소녀시대는 데뷔 10주년을 넘겼고, 같은 해에 데뷔한 원더걸스와

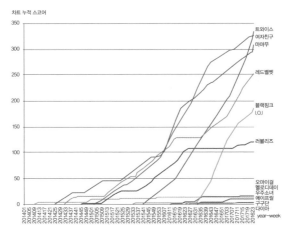

[그래픽 2] 3세대 걸그룹의 음원 누적 스코어

카라도 2016년 해체를 선언해 거의 10년을 채웠다. 또한 2세대 걸그룹 대부분이 성공하든 성공하지 못하든 7년을 채우는 추세다.

그렇다면 걸그룹의 규모는 왜 점차 증가하고 있는 것일까? 그리고 앞으로 얼마나 더 늘어날까?

포드가 선보인 '규모의 경제'와 걸그룹의 관계

1908년 미국 자동차 회사인 포드(Ford)가 내놓은 '모델T'는 순식간에 자동차 시장을 휩쓸었다. 이유는 가격경쟁력이었다. 당시 자동차 한 대 값은 2,000달러를 넘어섰는데 모델T는 3분의

1 수준인 850달러에 불과했다. 당시 미국 노동자의 평균 연봉이 600~700달러 수준이었다는 것을 감안한다면 모델T 이전까지 일반 노동자에게 자동차는 '그림의 떡' 수준이었을 것이다.

포드가 모델T를 헐값에 시장에 내놓을 수 있었던 이유는 컨베이어 벨트를 이용한 조립 공정 시스템을 도입해 노동 시간을 10분의 1 수준으로 단축시켰기 때문이다. 경제학에서는 이를 '규모의 경제(Economy of Scale)'라는 개념으로 설명한다.

규모의 경제는 생산 개수를 늘릴 때마다 1개당 생산비가 감소하는 현상을 말한다. 예를 들어 보겠다. 만약 이수만 SM엔터테인먼트 프로듀서가 자동차 공장을 세우려면 일단 대규모 기계 설비가 필요할 것이다. 비싼 비용이 들기는 하지만 일단 대규모 설비를 설치하고 나면 기계를 돌리는 데 들어가는 비용은 크게 차이가 나지 않는다.

즉 5개를 만들기 위해 기계를 돌리든, 10개를 만들기 위해 기계를 돌리든 전기세를 비롯해 생산 비용은 비슷하다는 이야기다. 고속버스에 5명을 태우든 10명을 태우든 기름 값과 고속도로 통행료에 큰 차이가 없는 것과 마찬가지다.

공장 입장에서는 10대를 생산할 때보다 100대를 생산할 때 오히려 1대당 평균 생산비가 더 적은 셈이다.

걸그룹에 적용된 규모의 경제

걸그룹의 멤버 수가 늘어나는 추세에도 '규모의 경제' 원리가 녹아들어 있다.

가장 기본적인 질문부터 해보자. 멤버 수가 많아지면 그만큼 돈이 더 들어갈까? 물론이다. 그러나 한 명이 늘어날 때마다 1/n만큼 늘어나는 것은 아니다.

기획사의 이사가 한 말이다.

"예를 들어 4인조 걸그룹을 만들었다고 하죠. 그래서 멤버들의 숙소로 청담동에 방 2개짜리 빌라를 하나 구했어요. 그러다가 중간에 계획이 바뀌어 2명을 충원해 6인조로 바꿨는데, 갑자기 다른 숙소를 구하기 어려워 2층 침대를 들여놓고 방을 3명씩 쓰게 했어요. 전기세, 수도세가 조금 더 나오긴 하겠지만 그게 큰 차이는 아니에요."

또 다른 예를 들어 보겠다.

만약 준비 중인 걸그룹 멤버의 댄스 실력을 키우기 위해 강사를 초빙해 한 달간 200만 원씩 지급했다고 치자. 그러면 4인조일 때와 6인조일 때 멤버 한 명당 투입 비용은 1/4에서 1/6으로 줄어들 것이다. 멤버 한 명당 가르치는 비용이 50만 원에서 33만

4,000원으로 17만 원가량 절감되는 셈이다.

그렇다면 멤버가 늘어나도 추가로 들어가는 비용이 전혀 없는 걸까? 물론 있다.

일단 멤버가 늘어나는 만큼 로드매니저와 스타일리스트 등 스태프 인원이 더 필요하다(이 또한 기획사의 규모에 따라 천차만별로 달라질 수 있다. 예산이 부족한 소규모 소속사는 멤버 수가 늘어나도 해당 스태프의 수를 크게 늘리지 못한다). 여기에 입이 더 늘어난 만큼 식비가 늘어날 것이다. 그러나 지구상에서 가장 적은 칼로리를 섭취할 가능성이 높은 걸그룹의 식사량은 기획사의 예산을 위협하는 요소로 작용하지 않을 것이다.

"소녀시대가 나왔을 때 가장 먼저 들었던 생각이 뭐였는지 아세요? '이동하려면 차 2대가 필요하겠네' 정도였어요."

반면 비용에 비해 멤버 수가 한 명 늘어날 때마다 기대할 수 있는 수익은 커진다. 먼저 팬덤의 증가를 생각해 볼 수 있다. 각각의 멤버를 좋아하는 팬들로 말미암아 그룹 전체의 팬덤 크기가 커진다는 이야기다.

소녀시대가 멤버 수 9명으로 누렸던 장점을 살펴보자.

데뷔 초기 윤아는 드라마, 태연은 라디오, 티파니는 음악방송 MC 등 각 분야에서 활동하면서 각각의 팬덤을 생성했는데, 심지어 데뷔 초기에는 태연 팬카페의 회원 수가 소녀시대 전체 팬카페 회원 수보다 많아서 화제가 되기도 했다. 다음은 기획사 이사의 말이다.

"만약 한 명당 1,000명의 팬을 확보한다고 생각해 보세요. 그럼 그룹 하나에서 1만 명의 열렬한 지지 그룹이 만들어지는 거잖아요."

이런 맥락에서 나왔던 이야기가 '소녀시대 2호선' 이론인데, 멤버 한 명 한 명에 빠져들다 보면 계속 순환되면서 빠져나올 수 없는 소녀시대 팬덤의 무한 루트 속에서 버둥거리다가 머리가 하얗게 세고 만다는 것이다.

이런 식이라면 걸그룹 멤버를 100명으로 해도 상관없는 게 아닐까? 한 명이 1,000명의 팬을 만들 수 있다면 무려 10만 명의 열렬한 지지층을 만들 수 있을 테니 말이다.

100명의 걸그룹이 현명하지 못한 이유, 링겔만 지수

수학에서 '1+1=2'는 가장 기초적인 셈법이다.

그러나 막상 사회생활을 하면 이 법칙이 지켜지지 않는 경우를 종종 목격한다. 혼자서 하던 일에 1명이 더 투입됐는데 2가 아닌

1.5에 그칠 때도 있다.

일찍이 이 점을 간파한 니콜로 마키아벨리(Niccolò Machiavelli)는 저서 《군주론》에서 "원정대의 지휘권을 평범한 능력을 가진 한 사람에게 맡기는 것이 능력이 출중한 두 사람에게 나누어 맡기는 것보다 낫다"고 말하기도 했다. 실제로 세계 최강으로 불리던 로마군은 지휘권을 두 명의 집정관에게 나눠 맡겼다가 대패한 경험이 적지 않다. 기원전 107년 게르만족 침입 때 카이피오와 말리우스라는 두 집정관의 알력 다툼으로 8만 명의 병사가 전멸한 사례도 있다.

프랑스의 농공학(農工學) 교수 막시밀리앙 링겔만(Maximilien Ringelmann)은 수레를 끄는 말 두 마리의 능력이 한 마리가 끌 때 보여준 것의 2배에 미치지 못한다는 사실을 발견하고 흥미를 느꼈다고 한다. 이를 입증하고 싶었던 그는 사람들을 모아놓고 줄다리기 실험을 했다. 3명, 5명, 8명… 밧줄을 잡아당겨 인원 수에 따라 그 힘을 측정했더니 1명이 잡아당겼을 때 발휘한 힘을 100%라고 가정해 기준으로 잡았다면 2명일 때 93%, 3명일 때 83%, 8명일 때 49%로 점점 낮아졌다.

이 결과에 대해 링겔만은 집단에 소속된 개인은 자신의 힘을 최대로 발휘하지 않으며, 구성원이 늘어날수록 이런 경향이

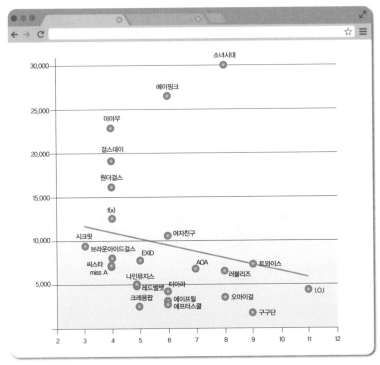

* 가로 축은 걸그룹 팬카페 회원 수, 세로 축은 멤버 1인당 평균 회원 수

[그래픽 3] 걸그룹의 링겔만 효과

더 뚜렷해진다는 결론을 얻고 자신의 이름을 붙여 '링겔만 효과 (Ringelmann Effect)'라고 명명했다.

그렇다면 걸그룹에 링겔만 지수의 개념을 도입해 보면 어떨까? 각 그룹의 팬카페 회원 수를 멤버 수로 나눠 봤다. 그 결과

흥미롭게도 걸그룹 멤버 수와 비례하여 회원 수가 늘어나지는 않았다. 오히려 멤버 1인당 회원 수는 줄어드는 추세임을 확인할 수 있었다. 시크릿, 걸스데이, f(x) 등 5인조 이하 걸그룹이 트와이스, AOA, 러블리즈, I.O.I 등 7인조 이상 걸그룹 보다 1인당 평균 회원 수가 많았다.

앞에 나온 그래프의 세로축은 걸그룹 팬카페의 회원 수를 멤버 수로 나눈 수치다. 추세선에서 위로 멀어질수록 평균보다 멤버 1인당 회원 수가 많다. 그만큼 많은 덕력을 끌어당긴 셈이다. (소녀시대, 에이핑크, 마마무는 이 수치가 예외적으로 높다. 세 그룹의 파워가 얼마나 대단한지 새삼 실감할 수 있다.)

링겔만 효과는 크게 두 가지 원인 때문이라고 한다. 첫 번째 원인은 구성원 개인의 '동기부여 문제(motivation problem)'다. 구성원이 많을수록 목표에 대한 의식도 희미해지고 동기부여가 떨어져 성취도 역시 감소한다. 쉽게 말해 '나 하나쯤이야…'라는 생각이 문제라는 것이다.

이런 이유로 많은 기업이 기여도에 따라 보상을 차등화하는 (대부분의 근로자는 싫어하는) 성과연봉제를 도입해 이를 보완하고자 한다.

심지어 인터넷 쇼핑몰 아마존(Amazon)은 '피자 2판의 규칙 (Two-pizza Team Rule)'을 적용한다고 한다. 라지(Large) 사이즈 피자 2판으로 한 끼 식사를 해결할 수 있는 6~10명이 최적의 팀 크기라는 뜻이다. 아마존의 최고경영자 제프 베저스(Jeff Bezos)는 "프로젝트 팀이 한 끼 식사에 피자 2판 이상이 필요하다면 너무 큰 팀이다"라고 했는데, 조직이 커지면 관료화되고 혁신이 나올 수 없다는 철학을 갖고 있다고 한다.

두 번째 원인은 역할에 대한 '조율 문제(coordination problem)'다. 어린 시절 축구를 하면서 싸우는 이유와 비슷하다. 너도나도 주목 받는 공격수를 하려고 하다 보니 골대를 누가 지키느냐로 신경전이 대단하다(군대에서는 정반대 현상이 벌어지는데, 골키퍼는 많이 뛰지 않기 때문이다). 더 인정받고 주목 받는 일을 하고 싶어 하는 건 인지상정인데, 역할 분담이 제대로 조율되지 않으면 의욕 상실로 이어질 가능성이 높다.

축구 강국인 잉글랜드는 2000년대 소위 '골든 제너레이션(황금 세대)'이라고 불렸는데 월드컵에서는 8강 이상을 간 적이 없다. 중원 사령탑인 스티븐 제라드와 프랭크 램파드의 역할 배분 문제가 10년 가까이 골칫거리였다. 결국 이들은 국제대회에서 어떤 우승컵도 들지 못하고 은퇴했다.

많은 걸그룹은 유닛을 만들어 이를 극복하기도 한다. 첫째, 그룹 활동에서 소외된 멤버의 주목도를 높일 수 있다. 둘째, 전체 그룹으로 활동할 때 해보지 못한 역할(예를 들어 센터라든지…)을 맡을 수 있다. 셋째, 멤버의 책임감과 성취도를 높일 수 있다.

다른 멤버에 비해 스포트라이트를 받지 못해 불만이 쌓인 멤버에 대한 관리도 되고, 멤버별 가치도 높일 수 있으니 1석 4~5조는 되는 것 같다.

그나저나 링겔만 지수를 떠나 100명의 걸그룹은 정말 불가능할까?

얼마 전 한 예능 PD에게 "100명의 걸그룹이 나온다면 어떨까"라고 물었더니 "말도 안 되는 소리"라며 펄쩍 뛰었다. 바람직한 상상이지만 현실상 무리가 따른다는 것이다.

일단은 무대 크기가 문제다. 댄스 음악을 기본으로 하는 걸그룹 특성상 100명이 펄쩍펄쩍 뛰는 무대를 감당할 수 있는 음악 프로그램은 아마 없을 거라고 했다.

〈프로듀스 101〉에서는 무려 101명이 무대에 섰지만 어디까지나 이 프로그램만을 위한 특수 무대였다는 사실을 감안해야 할 것 같다. 생각해 보니 이들도 결국 11명으로 줄었다.

101명 소녀들의 경쟁, 메기 효과

"노래도 랩도 잘 못했는데…."

지난해 〈프로듀스 101〉 직후 만났던 A기획사의 B실장은 프로그램에 참여했던 연습생의 변화에 매우 만족스러워했다. Mnet의 인기 프로그램 〈프로듀스 101〉에 출연시켰던 J양에 대해 이야기하던 참이었다. J양은 빼어난 외모와 매력 덕분에 뭇 남성 팬의 열렬한 지지를 얻었고, 온라인 투표에서도 여유 있게 11위 안에 들어 I.O.I로도 활동했다.

그러나 프로그램 출연 전까지만 해도 해당 소속사에서는 좀처럼 실력이 늘지 않아 고민이었다고 한다. 그런 J양이 프로그램 기간에 다른 출연자들과 경쟁하며 일취월장했다는 것이다.

결과에 만족스러워하던 B실장은 〈프로듀스 101〉 시즌 2가 나온다면 또 다른 연습생을 내보내겠다고 했다. "아무래도 회사에서는 자기들끼리 연습하며 느슨해져 있다가 실력이 출중한 다른 출연자들과 경쟁하면서 자극을 받은 것 같아요. 매 라운드마다 순위 발표를 하는데, 떨어지면 부끄럽기도 하고 살아남으려면 실력 있는 출연자들 틈에서 주목받기 위해 노력해야 하니까 잠재력을 끌어냈다고 할까요."

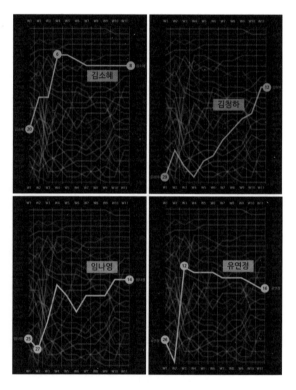

[그래픽 1] 〈프로듀스 101〉 순위가 급상승한 출연자들(트위터 관심도 기준)

인류의 역사는 도전과 응전의 과정이다

정어리는 유럽 북해에서 많이 잡히는 차가운 바다에 사는 물고기다. 우리나라에서는 겨울에 남해 인근에서 월동하다가 봄이 되면 오호츠크해로 돌아간다.

예전에 노르웨이에서는 어부들이 정어리를 잡아 수조에 넣어 항구로 가져왔는데, 먼 바다에서 돌아오는 도중에 죽는 경우가 많았다고 한다. 싱싱한 상태로 가져오면 값을 더 받을 수 있어 어부들은 오랫동안 배 안에서 청어를 싱싱하게 유지할 수 있는 방법을 찾고자 애썼다. 그러던 중 한 어부가 그 방법을 찾아냈는데, 의외로 간단했다.

바로 청어가 있는 수조 속에 메기를 집어넣는 것이었다. 위협을 느낀 청어들은 메기에게 잡아먹히지 않으려고 계속 도망을 다녔고, 결국 몇 마리는 메기에게 잡아먹히기는 했지만 생존에 성공한 다른 청어들은 육지에 도착할 때까지 살아남아 싱싱한 상태를 유지할 수 있었다고 한다.

여기서 유래된 '메기 효과(Catfish Effect)'는 자본주의 사회에서 극대화된 경쟁의 긍정적 효과를 설명하기 위해 종종 사용되는 용어다.

제러드 다이아몬드(Jared Diamond)는 《총, 균, 쇠》에서 신대륙보다 유라시아 대륙에서 더 높은 수준의 문명이 발전할 수 있었던 이유를 여러 민족의 '부딪힘'으로 해석했다. 비슷한 위도대(날씨와 식생도 비슷한)에 거주하던 서로 다른 인종과 민족 사이에서는 접촉과 충돌이 빈번했고, 이로 말미암아 살아남기 위한 노력이 수천 년 가까이 쌓여 가면서 신대륙과 비교해 넘사벽 수준으로 올라섰다는 것이다. 반면 남북으로 길쭉한 신대륙은 위도의 차이로 환경이 너무 다르다 보니 이 같은 충돌과 접촉이 동서로 길쭉한 유라시아 대륙보다 적었을 것으로 추측했다.

즉 경쟁 없는 환경보다 적절한 경쟁과 긴장감이 흐르는 환경에서 발전을 꾀할 수 있다는 이야기다.

인류 역사를 "도전과 응전의 과정이다"라고 설파했던 인류학자 아널드 토인비(Arnold J. Toynbee) 역시 메기 효과를 즐겨 썼다고 한다.

'메기'가 된 일본 영화와 스크린 쿼터제

대학에 입학하고 얼마 지나지 않은 1998년 4월 한국외국어대학에 이와이 슌지 감독의 〈4월 이야기〉를 보러 간 적이 있다. 영화를 보러 대학으로 간 데는 이유가 있었다. 당시만 해도 일본 영화는 수입이 금지되어 극장에서 상영되지 않았다. 하지만 〈러브레터〉나 〈감각의 제국〉 등 호평을 받은 일본 영화에 대한 입소문이 나고 호기심이 발동해 당시만 해도 각 대학마다 영화 동아리들이 캠퍼스에서 일본 영화를 상영하곤 했다. 그러다 보니 객석은 꽉꽉 들어찼다.

그런데 바로 그해 김대중 정부가 일본 영화를 개방하기로 결정했고, 한국 영화계에서는 극렬한 반대운동이 벌어졌다(개인적으로는 태어나 처음으로 정부의 손을 들어주고 싶었다). 당시에는 한국 영화보다 한수 위로 평가되던 일본 영화가 들어오면 한국 영화 시장을 잠식할 거라는 우려가 컸던 것이다.

그러나 막상 뚜껑을 열어 보니 역대급 반전이 벌어졌다. 〈하나비〉〈카게무샤〉〈우나기〉 등 해외 유명 영화제에서 각종 상을 휩쓸었던 일본 영화의 대표작들이 7만, 9만, 5만 명 관객 동원에 그치며 B급 오락영화만도 못한 성적을 남긴 것이다. 오히려 삭발 투쟁까지 불사했던 충무로 측이 겸연쩍어 했을 정도였다.

반면 한국 영화는 〈쉬리〉〈8월의 크리스마스〉 등 수작이 쏟아져 나오면서 첫 100만 관객 시대를 열었다. 영화의 작품성이 뛰어나고 배우들의 호연도 있었지만 무엇보다 CJ 등을 중심으로 한 거대 자본이 투입되면서 할리우드 영화가 아쉽지 않은 대규모 영화 세트장과 CG 등이 눈길을 사로잡은 요인도 작용했다.

일본 영화와 교류하는 과정에서 영화의 장르도 풍성해지고 한국 배우와 영화의 일본 진출도 활발해졌다. 일본 영화가 개방된 1998년은 일본 영화의 침략이 아니라 한국 영화의 르네상스가 열리는 서막이었다.

이런 사례는 뒷날 영화인들이 총궐기했던 스크린 쿼터제 축소 논란 때도 다시 한 번 재연됐다.

	한국 영화 관객 수	외국 영화 관객 수	한국 영화 시장점유율
2002~2006년	1억 3,174만 명	1억 1,375만 명	53%
2007~2011년	1억 5,468만 명	1억 9,402만 명	44%

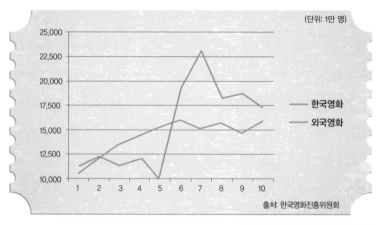

출처: 한국영화진흥위원회

* 2012년 9월 한국경제연구원에서 발표한
경북대 오정일 행정학과 교수의 논문 〈스크린쿼터의 추억〉에서 인용

[그래픽 2] 스크린쿼터 축소 이전과 이후 한국 영화의 점유율과 관객 수(2002~2011년) 비교

가구업계의 '글로벌 공룡' 이케아(IKEA)의 국내 진출도 마찬가지였다. 이케아가 국내에 진출하면 국내 가구업계가 큰 타격을 입을 거라는 우려가 많았지만, 2년이 지난 현재 국내 가구회사들의 경쟁력은 더욱 강화된 것으로 평가받고 있다.

국내 가구회사들은 매장 대형화, 제품군 다양화, 소비자 접점 확대, 원가 절감 등을 통해 이케아의 파고(波高)를 넘어서고 있는 모습이다. 한샘은 올해 매출이 1조 9,000억 원에 육박하고 내년에는 2조 원을 훌쩍 넘어설 전망이다. 이케아가 국내에 진출하기 직전인 2014년 당시만 해도 한샘의 매출은 1조 3,250억 원이었다. 하지만 공격적인 행보를 펼치며 지난해에 1조 7,105억 원으로 일 년 동안 4,000억 원 가깝게 매출이 늘었다. 업계 관계자는 "이케아에 대응하기 위해 가구회사들이 다양한 전략을 펴며 경쟁력을 기른 것이 주효했고…(메트로 2016년 10월 5일)"라는 자체 평가를 내놓았다.

최근에는 카카오뱅크의 출현으로 위기를 느낀 시중 공룡 은행들이 금리 인하와 수수료 인하를 잇달아 내놓으면서 '메기 효과'가 또 한 번 입증되기도 했다.

극대화된 경쟁 시스템이 만들어낸 '소진 증후군'

물론 메기 효과에 대한 반론도 만만치 않다.

미국의 한 연구소가 낸 보고서에 따르면 잠자리 애벌레를 포식 물고기인 블루길 옆에 키웠더니 칸막이가 가로막혀 있어 실제 위험이 없는데도 애벌레의 사망률이 4배나 높아졌다고 한다. 연구진은 스트레스로 말미암아 애벌레의 체내 면역력이 약화된 것이 이런 결과로 이어졌다고 결론을 내렸다.

메기 효과만 강조하다 보면 생존을 위한 가혹한 경쟁 환경이 지속되면서 결국 정신적 건강과 육체적 에너지를 소진시켜 활력을 잃게 되는 경우도 고려해야 한다는 것이다.

요즘 우리 사회 일각에서 회자되는 '번아웃 증후군(Burnout Syndrome)'도 이와 무관치 않을 것이다.

번아웃 증후군은 업무에 지나치게 몰두한 나머지 극렬한 피로감이 쌓여 결국에는 무기력해지는 증상이다. '불타서 없어진다(burn out)'라고 해서 이런 명칭이 붙은 것이다.

일본 만화 〈허리케인 죠〉의 "하얗게 불태웠어"라든가 "이미 아무것도 안 하고 있지만 더 안 하고 싶다"는 광고 카피가 유행했던 것도 우리 사회가 이 증후군에 광범위하게 노출되어 있기 때문이라는 우려가 나온다.

나도 일주일에 한 번쯤 마시는 레드불이나 핫식스 같은 고카페인 에너지 음료 시장이 최근 급성장한 것도 번아웃 증후군 때문이라고 본다.

어떤 사람은 걸그룹의 화려한 겉모습만 보고 부러워하지만, 주변에서 관찰해 본 바로는 걸그룹 역시 번아웃 증후군에 시달리는 청춘의 자화상이긴 마찬가지였다. 아무도 책임져 주지 않는 내일, 언제 해고될지 모르는 비정규직이 되기 위해 자신의 모든 것을 내던졌기 때문이다.

보통 걸그룹이 되기까지는 크게 세 차례에 걸쳐 '도전과 응전'의 과정을 거쳐야 한다. 일단 수십 대 일 많게는 수백 대 일의 경쟁률을 뚫고 기획사의 연습생으로 들어가야 하고, 데뷔 때까지 기획사 안에서 연습생 간의 경쟁이 이어진다.

SM엔터테인먼트나 JYP엔터테인먼트 같은 대형 기획사에서는 데뷔한 후보다 데뷔하기 전 경쟁이 더 치열하다는 말이 나올 정도다. 소녀시대의 효연은 무려 7년간 연습생 생활을 했고, 트와이스의 지효는 10년 가까이 연습생으로 있었다.

그러나 꿈꾸던 데뷔를 한 뒤에도 상황은 크게 달라지지 않는다. 매년 쏟아지는 신생 걸그룹은 이미 확고한 팬덤을 구축한 선배 걸그룹과의 경쟁에서도 살아남아야 하는 것이다.

여기에 한창 감성이 풍부하고 호기심이 왕성한 10~20대 나이에 몸매 유지를 위한 식단 조절, 스캔들 방지를 위한 연애 금지,

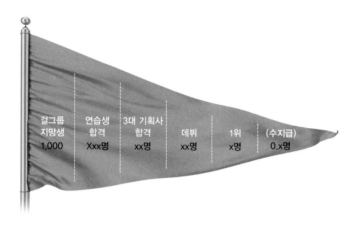

[그래픽 3] 걸그룹 경쟁

쥐꼬리만 한 수면 시간, 찐따 같은 남성 팬에게도 함박미소를 지어줘야 하는 극한의 인내 등 그야말로 '보살'이 되어가는 과정이나 다름없는 고행의 시간이 이어진다.

그래서 걸그룹 멤버 가운데는 극심한 정신적 스트레스를 호소하다가 갑자기 쓰러져 병원 응급실에 실려 가거나, 공황장애를 앓거나, 심지어는 금지약물에 손을 대는 경우도 간혹 있다고 한다.

경쟁은 인류의 축복

인류학자들이 전해주는 인류의 발달 과정은 자못 흥미롭다. 아프리카에 나타난 초기 인류는 다른 유인원처럼 숲에서 살아가고 있었는데 10만 년 전 기후 변화가 찾아오면서 숲이 사라지자 초원에 덩그러니 남게 됐다고 한다.

초원은 맹수들로부터 자연적 보호막이 되어주던 숲과 달랐다. 자신들을 지키려면 외부 침입자를 경계하기 위해 멀리 봐야 했고, 멀리 보기 위해서는 일어서야 했다. 이로 말미암아 직립보행이 시작됐다.

직립보행만으로는 부족했다. 인류는 사자처럼 날카로운 발톱과 이빨을 갖지 못했고, 말처럼 빠르지도 않았으며, 새처럼 날 수도 없었다. 다른 동물들에 비하면 약점투성이였고, 거대한 육식동물이 먹다가 배가 불러 남겨놓은 사체를 통해 겨우 단백질을 보충하는 그런 보잘것없는 존재였다고 한다.

그래서 다른 동물들과의 경쟁에서 살아남기 위해 인류는 서로 협력할 수밖에 없었다. 무리를 이루어 살면서 누군가는 망을 보고, 누군가는 농사를 지었다. 오랜 세월이 흘러 이런 협력은 체계적인 교육과 학습으로 발달하면서 인류가 그 어떤 동물보다 위대해질 수 있도록 이끌었다는 것이다.

이처럼 인류 역사와 함께 시작된 경쟁을 완전히 피할 수 있는 방법은 없다. 그렇다면 적당한 위기와 긴장감을 즐기면서 이를 협력과 발전으로 이끌어내는 현명한 사고의 전환과 여유를 가져보는 것은 어떨까.

★

태연이 후렴구를 도맡는 이유,
비교우위의 원칙

걸그룹 멤버를 몇 명으로 할지 계산을 마쳤다면 이제 멤버별 파트와 역할을 나눠야 한다.

멤버의 특성과 능력에 따라 보컬, 래퍼, 댄서의 구분도 필요하고 팀 내의 역할에 따라 리더, 센터도 정해야 한다. 모든 걸그룹 멤버가 노래를 잘하는 것은 아니기 때문이다. 또한 그럴 필요도 없다.

소녀시대를 예로 들어보자. 8명의 멤버 가운데 가창력을 갖춘 멤버는 태연, 티파니, 서현 등 3명 정도다. 괜히 이들을 따로 모아 유닛 그룹 태티서를 만든 게 아니다. 적어도 가창력에서는 구멍이 없기 때문이다.

그렇다면 나머지 멤버는 무엇을 할까? 물론 이들도 노래를 하긴 하지만 그 외 중요한 역할을 맡고 있다. 효연은 댄스, 유리는 랩, 수영과 써니는 예능 프로그램에 출연했을 때 분위기 메이커, 윤아는 (사실상 가장 중요하다고도 할 수 있는) 이른바 '센터(비주얼)'를 담당한다.

소녀시대뿐 아니라 대부분의 걸그룹은 대개 이런 식으로 역할 분담이 이루어진다. 또한 이런 식으로 역할 분담이 잘 되어 있을 수록 좋은 팀이다.

축구팀을 떠올리면 이해하기가 한결 수월할 것이다. 공격수인 손흥민만으로는 경기에서 이길 수가 없다. 중앙에서 경기를 조율하는 플레이메이커도 중요하고, 박지성처럼 그라운드 전체를 미친 듯이 뛰어다니며 상대편의 공격을 차단하고 자기 팀의 공격 흐름을 이어주는 박스-투-박스형 미드필더도 필요하다. 또한 철벽 방어의 두 축인 센터백도 있어야 하고, 측면에서 수비뿐 아니라 공격 지원을 해주는 윙백도 있어야 한다. 11명의 선수가 골을 넣기 위해 그라운드를 열심히 뛰어다니지만 이처럼 부여된 역할은 저마다 다르다.

경제학적으로 따져 봐도 걸그룹의 구성 방식은 매우 합리적일 뿐 아니라 효율적이다. 도대체 무슨 이야기인가? 지금부터 차근차근 들여다보자.

비교우위의 원칙

1817년 영국의 경제학자 데이비드 리카도(David Ricardo)가《정치경제학 및 과세의 원칙 연구(On the Principles of Political Economy and Taxation)》에서 설명한 '비교우위의 원칙(Theory of Comparative Advantage)'은 경제학의 고전으로 통한다. 국가나 기업이 모든 상품을 생산하기보다 잘할 수 있는 분야에 집중하는 것이 사회 전체에 가장 큰 이익을 가져다준다는 것이 골자다.

예를 들어 한국과 태국에서 핸드폰과 인형을 생산한다고 가정해 보자.

우리나라에서는 한 명의 노동자가 하루 동안 핸드폰만 만들면 10개, 인형만 만들면 5개를 만들 수 있다. 반면 태국에서는 노동자가 핸드폰만 만들면 2개, 인형만 만들면 10개를 생산할 수 있다. 이때 태국은 인형에 대해(opportunity cost) 비교우위를, 한국은 핸드폰에 대해 비교우위를 갖게 된다.

	한국	태국
핸드폰	10개	2개
인형	5개	10개

[그래픽 1] 노동자 한 명당 생산성

양쪽에 각각 20명씩 투입해 보자. 만약 두 나라가 핸드폰과 인형을 만드는 공장에 각각 10명씩 투입했다고 하면 한국은 1시간 동안 핸드폰 100개와 인형 50개를 생산한다. 반대로 태국은 인형 100개와 핸드폰 20개를 생산한다. 두 나라가 한 시간 동안 만든 건 인형은 150개, 핸드폰은 120개다.

	한국	태국
핸드폰	100개	20개
인형	50개	100개

[그래픽 2] 한국과 태국이 핸드폰과 인형 생산에 각각 10명씩 투입했을 때

그런데 한국과 태국이 각각 비교우위를 가진 물품에만 올인 한다면 어떻게 될까? 즉 한국은 핸드폰만, 태국은 인형만 생산하는 것이다.

	한국	태국
핸드폰	200개	0개
인형	0개	200개

[그래픽 3] 한국과 태국이 각각 비교우위 품목에 20명씩 투입했을 때

이렇게 되면 [그래픽 3]에서 보듯 한국은 핸드폰 200개, 태국은 인형 200개를 생산할 수 있다. 두 나라가 핸드폰과 인형에 모두 노동력을 투입할 때보다 핸드폰 80개, 인형 50개를 더 만들 수 있는 것이다. 사회 전체적으로 봤을 때도 이득이다.

현대 사회에서는 각종 기술이 발달하면서 이런 비교우위 관계가 조금씩 허물어지고 있는 추세지만 꽤 오랫동안 이런 흐름 속에 각국의 산업이 발전해 왔다. 그래서 여전히 프랑스에 가면 와인을, 스위스에 가면 시계를, 영국에 가면 캐시미어 목도리나 스웨터를 구입하는 것이 해외 쇼핑의 정석처럼 여겨지고 있다.

걸그룹의 비교경제학, 모두 노래를 잘해야 할까

걸그룹에서 모든 멤버가 노래를 잘하지 못하는 이유도, 아니 더 정확히 말하면 10여 명이나 되는 멤버가 모두 노래를 잘할 필요가 없는 이유도 마찬가지다(만약 노래를 잘하는 10명 이상의 그룹을 보고 싶다면 할인도 많이 해주는 국립합창단이나 서울시합창단의 공연을 보길 권한다).

예를 들어 소녀시대에서 태연은 가창력이 뛰어나지만 그룹 내에서는 '몸치'에 속해 댄스에서는 경쟁력이 떨어진다. 따라서 태연이 가창력을 레벨 업 하는 데 10일이면 충분하지만 댄스를 레벨 업 하는 데 20일이 걸린다고 가정해 보자.

반대로 중학교 때부터 각종 댄스경연대회를 휩쓸었던 효연은 댄스를 레벨 업 하는 데 10일이 걸리지만, 노래는 20일이 걸린다고 가정해 보자.

이때 소녀시대 멤버에게 신곡을 연습할 시간이 40일 정도 주어졌다고 하자. 이런 경우 당신이 기획사 대표라면 어떻게 연습을 시키겠는가?

비교우위의 원칙에 적용해 보면 태연에게는 노래, 효연에게는 댄스를 계속 연습시키는 게 이득이다. 왜냐하면 40일 동안 태연은 노래에서 4단계의 레벨을 올릴 수 있고, 효연은 댄스에 올인하면 역시 4단계를 올릴 수 있다.

	태연	효연
가창력	4	0
댄스	0	4

[그래픽 4] 태연과 효연이 40일 동안 각각 댄스와 가창력만 연습할 때

그런데 이들이 20일씩 나눠 노래와 댄스를 연습한다면 어떻게 될까? 한국과 태국의 핸드폰-인형 관계와 비슷한 결과가 나온다. 태연은 노래 2단계, 댄스 1단계, 효연은 댄스 2단계, 노래 1단계를 습득할 것이다.

그저 그런 적당한 실력의 멤버 2명보다는 각 영역에 특화된 멤버 2명을 얻는 게 훨씬 매력적이지 않을까.

	태연	효연
가창력	2	1
댄스	1	2

[그래픽 5] 태연과 효연이 40일 동안 댄스와 가창력 모두 연습할 때

PC 게임 '삼국지'나 온라인 게임을 해본 사람이라면 지금 무슨 이야기를 하고 있는지 쉽게 이해될 것이다.

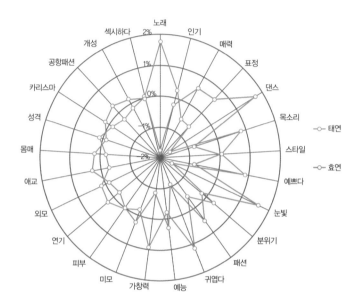

[그래픽 6] 태연과 효연의 비교우위(상대적으로 많이 연관되는 키워드)

북한이 계속 핵과 미사일 도발을 하는 이유

북한이 경제개발을 뒷전으로 미뤄둔 채 핵과 미사일 개발에만 열을 올리는 것도 어찌 보면 비교우위에 따른 전략을 구사한 것 이라고 할 수 있다.

북한은 한국과의 국력에서 격차가 벌어지면서 기존 육해공의 전력에 투자하는 것으로는 도저히 경쟁력을 갖추기 어렵다는 점을 간파하고 핵과 미사일에 매달렸다. 언론과 전문가들이 소위 '비대칭 전력'이라고 부르는 개념이다. 여기서 비대칭 전력의 사전적 정의는 상대방이 갖지 못한 전력이면서 그와 동시에 전력 균형을 무너뜨리는 압도적인 무기를 뜻한다.

흔히 요즘에는 생화학무기나 핵무기, 현지 게릴라 등에 대해 이런 표현을 많이 쓴다. 우리가 일반적으로 상상하는 총, 탱크, 전함 등으로 맞불을 붙이기 어려운 대상이다.

그러므로 두 세력이 전투를 벌일 때 한쪽이 비대칭 전력을 지니고 있다면 전투의 승패가 쉽게 넘어갈 수밖에 없다.

예를 들어 아즈텍이나 마야 등 고도화된 문명을 자랑했던 중남미 국가들이 적은 수의 스페인 군대에 정복당했던 배경에도 말, 총이라는 비대칭 전력이 큰 영향을 미쳤다. 전력의 균형을 뒤집은 것이다.

외국에 항복한 역사가 없는 러시아도 강력한 비대칭 전력을 가졌는데, 그건 바로 날씨였다. 1812년 전 유럽 대륙을 제압한 나폴레옹이 기세등등하게 러시아로 쳐들어갔을 때 러시아 군대는 속수무책으로 도망갈 수밖에 없었다. 그러나 결국 전투에서 패배하고 철수한 것은 나폴레옹이었다. 러시아의 매서운 겨울을 견디기 어려웠던 것이 그 이유였다. 그래서 유래된 말이 동장군(冬

將軍, General Frost)이다. 2차 세계대전 때도 히틀러는 유럽 대륙을 손 안에 넣었지만 러시아를 굴복시키지 못한 채 나폴레옹의 전철을 밟아 결국 패전의 쓴 잔을 마셔야 했다.

수십 년간 핵과 미사일에 투자한 북한은 이제 확실한 비교우위를 갖게 됐고, 주변국을 위협할 수준에 이르렀다. 또한 이를 기반으로 미국과 세계 강대국의 관심을 끄는 데도 성공했다.

앞으로 북한의 핵을 폐기하거나 동결하려면 막대한 경제적 지원을 감당해야 한다는 예측이 나오고 있다. 우리로서는 분통 터질 노릇이지만 북한으로서는 영악한 판단을 한 셈이다.

걸그룹이 시청률 3%의 가요 프로그램을 포기하지 못하는 이유, 버핏 효과

"아, 물론 출연하는 게 좋긴 하죠. 그런데 비용이 만만치가 않아서요. 그렇다고 안 나갈 수도 없고⋯."

걸그룹 기획사 사람들을 만나기 전까지는 다들 TV 가요 프로그램 출연을 마냥 좋아하는 줄로만 알았다. 그런데 막상 만나 보니 웬걸! 그리 간단치가 않았다.

여러 가지 이유가 있었는데, 가장 큰 문제는 비용이었다. 지상파의 방송 무대에 한 번 오르려면 회당 1,000만 원 정도의 돈이 든다고 한다. 식사비와 무대의상 제작비, 스타일리스트 비용에다 움직이는 데 따른 차량 유류비 등을 감안하면 많은 비용이 들어갈 수밖에 없다.

특히 무대의상 비용이 만만치 않다고 한다. "방송국마다 다른 의상을 입어야 하니 의상비가 많이 들어요. MBC 가요 프로그램에 입고 나간 옷을 SBS에도 입고 가면 PD들이 싫어하거든요." 이런 이유로 한 벌에 수십에서 수백 만 원이 드는 의상을 한 멤버당 4벌씩은 갖춰야 한다. 그러니 트와이스처럼 9인조로 활동하는 경우 이게 만만히 볼 문제가 아니다. 그에 비해 받는 돈은 20~50만 원 수준으로, 거의 교통비라고 보면 된다.

그러나 정작 돈은 큰 문제가 아니다. 가요 프로그램 방송 출연을 망설이게 만드는 결정적 요인은 바로 시청률이다. 대표적인 지상파 방송국인 KBS의 간판 음악 프로그램 〈뮤직뱅크〉의 평균 시청률이 1%도 넘지 못한 지 오래 됐다. 2017년 5월 26일 〈뮤직뱅크〉의 시청률은 0.9%. 소위 애국가 시청률 수준이다. 과거 20~30%를 넘나들던 시기와 비교해 보면 터무니없이 낮은 수치다.

시청률은 1/20 토막이 났는데 방송에 출연하기 위해 들어가는 돈은 줄지 않고 출연료는 20년 전이나 다를 바가 없고…. 소속사 입장에서는 정말 비명이라도 지르고 싶은 심정일 것이다. A기획사의 이사는 "수입으로 따지면 TV보다 차라리 지방 행사를 뛰는 게 낫지요"라고 말했다. 그럼에도 이들이 지상파 가요 프로그램을 끊을 수 없는 이유가 분명 존재한다.

그가 입을 열기만 하면 뜨는 버핏 효과

신문 경제면 기사에 간간이 등장하는 '버핏 효과(Buffet Effect)'라는 용어가 있다.

'오마하의 현인(賢人)' '투자의 귀재' 등으로 불리는 미국의 투자가 워렌 버핏이 투자 대상에 대해 낙관적인 발언을 하거나 실제로 투자하면 주식 가치가 급등하는 현상 때문에 붙여진 법칙이다. 최근에 예전 같지 않다는 평가를 들었던 애플도 버핏 효과로 기사회생한 적이 있다.

"애플 주가는 지난달 중순 이후 19%나 떨어졌다. 아이폰 판매 부진으로 지난 분기 매출이 13년 만에 처음으로 감소한데다 지난달 28일에는 '행동주의 투자자' 칼 아이칸이 애플 주식을 모두 처분했다고 밝히는 등 악재가 많았다. 이런 가운데 워런 버핏의 주식 매입이라는 새로운 호재가 등장하면서 애플 주가는 증시 개장 직후부터 상승하기 시작했다. 애플은 16일(현지 시간) 버핏 회장의 버크셔해서웨이(BERKSHIRE HATHAWAY INC)가 투자했다는 소식에 전날 대비 3.71% 오르며 93.88달러에 마감했다. 지난 3월 1일 이후 2개월 15일 만에 일일 최대 상승 폭을 기록했다." _《중앙일보》, 2016년 5월 17일

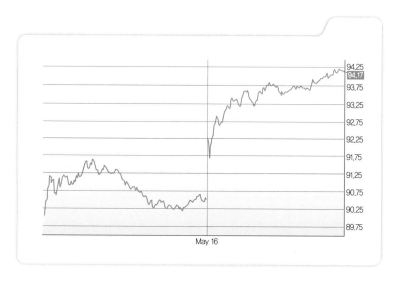

94.25
94.17
93.75
93.25
92.75
92.25
91.75
91.25
90.75
90.25
89.75

May 16

[그래픽 1] '버핏 효과'를 본 애플

이런 인물이다 보니 2000년부터는 심지어 자신과 함께하는 점심식사를 경매에 붙이는 기막힌 짓을 했는데, 이게 또 히트를 쳤다.

경매 낙찰자는 미국 뉴욕에 있는 스테이크 하우스 스미스 앤드 월런스키(Smith & Wollensky)에서 버핏과 세 시간 동안 점심식사를 하는데, 이 자리에 동반자 7명까지 데려갈 수 있다고 한다.

첫 해 2만 5,000달러로 시작한 이 점심은 매년 가격이 상승하더니 올해는 익명을 요구한 낙찰자가 267만 9,001달러를 내고 기회를 잡았다. 버핏은 이 수익금을 모두 홈리스를 위한 자선단체인 글라이드파운데이션에 전달했는데, 지금까지 기부한 액수가 2,000만 달러 정도 된다고 한다.

사실 제아무리 물가가 높은 뉴욕이라지만 스테이크 가격은 기껏해야 100~200달러 수준일 테니 이 식사의 가격은 거품이 잔뜩 낀 셈이다. 그럼에도 사람들이 원래 가격의 수만 배를 지불하면서까지 버핏과 식사하려고 하는 데는 이유가 있다. 바로 이 식사를 통해 그 이상의 가치를 얻을 수 있기 때문이다.

2008년 중국인 자오단양(趙丹陽)은 211만 달러라는 당시로서는 역대 최고 금액을 써낸 뒤 버핏과 점심식사를 하게 되었다. 그러면서 자신이 소유한 슈퍼마켓 체인점 '우메이상업'에 대한 조언을 구하겠다고 공언했는데, 이 소식이 매스컴을 통해 투자자들에게 알려지면서 주가가 급등하기 시작했다. 결국 2008년 말 자오단양은 우메이상업의 지분을 매각했는데 1,600만 달러 가량의 이득을 얻었다고 한다. 버핏과의 식사비(211만 달러)를 제하고도 1,400만 달러의 차익을 거둔 셈이니 진정한 버핏 효과를 누린 셈이다.

걸그룹의 버핏, TV 가요 프로그램

걸그룹이 '울며 겨자 먹기'로 지상파 TV의 가요 프로그램에 출연하는 것도 버핏과 밥 한 끼를 먹고자 하는 이유와 다르지 않다.

가요계 관계자에 따르면 가요 프로그램에 한 번 출연하고 나면 행사 출연료가 3~4배씩 뛴다고 한다. 실제로 5인조 걸그룹 소속사의 한 관계자는 "행사당 200~300만 원을 받다가 가요 프로그램에 출연한 뒤 1,000만 원까지 올랐다"라고 했다.

(물론 케이블 TV와 인터넷이 제대로 보급되지 않았던 시절 지상파 가요 프로그램 1위의 위력은 더 말할 나위가 없었다. "1위에 오른 다음 날 음반사에서 돈을 회수해 가라는 전화를 받고 갔다가 1만 원이 가득 든 쌀자루를 트렁크에 담고 돌아왔다"라는 무용담은 이제 더 이상 없지만 말이다.)

여기서 궁금한 점 하나가 생긴다. 가요 프로그램 1위와 〈1박2일〉 같은 예능 프로그램에 출연하는 것 가운데 어느 쪽의 버핏 효과가 더 높을까? 몇몇 기획사에 물어보니 열이면 열 "가요 프

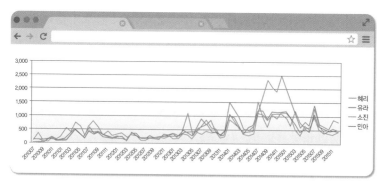

[그래픽 2] 걸스데이의 언급량 추이(2010~2016년)

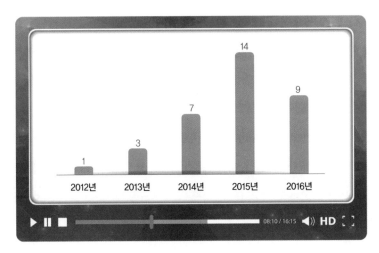

[그래픽 3] 걸스데이의 CF 출연

로그램 1위가 훨씬 파급력이 크다"라고 했다. 한 기획사의 이사
는 "지상파에서 1위를 하면 행사비가 10배는 올라요"라며 가요
프로그램이 가진 파워를 수치로 말해주었다.

자, 그렇다면 TV 가요 프로그램의 버핏 효과를 살펴보자.

2014년 KBS 〈뮤직뱅크〉에서 데뷔 3년 만에 처음 1위에 오른
걸스데이는 이전까지 4편밖에 되지 않았던 TV 광고가 이후 20여
편까지 늘었다.

앞서 언급했듯이 2013년 걸스데이 소속사인 드림티엔터테인
먼트는 2013년에 매니지먼트 매출이 31억 9,900만 원이었는데
2014년에는 60억 1,700만 원으로 껑충 뛰었다.

지상파 가요프로그램 1위 영예는 금전적 이유뿐 아니라 가수로서의 '존엄'이 더해지면서 이후 롱런하는 데도 결정적 도움이 된다고 한다. "아무리 예능에 많이 출연한다고 해도 가요 프로그램에서 성적이 좋지 않으면 한계가 있어 오래 가지 못해요."

기획사 관계자 10여 명에게 "방송사 간판 예능인 〈1박2일〉〈무한도전〉에 출연하는 것과 〈뮤직뱅크〉에서 1위 하는 것 중 어느 것을 택하겠느냐"라고 물었을 때 모두 〈뮤직뱅크〉 1위를 골라 솔직히 조금 놀랐다.

참고로 우리나라 경제계에서는 아직 이런 버핏 효과가 없다. 대신 4년마다 돌아오는 '대선 테마주'라는 것이 있어 유력 대선 후보 측과 가깝다는 중소기업 관련주가 급등했다가 급락하며 롤러코스터를 타는 경향이 있다.

이런 분위기가 고조됐던 2012년 대선 때는 안랩의 주가 동향

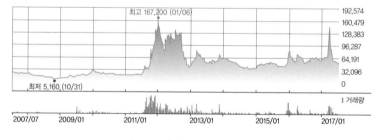

[그래픽 4] '안랩'의 주가 변동

이 최고 화제였다. 언론사에서는 경제부뿐 아니라 정치부에서도 안랩의 주가를 소재로 기사를 쓸 정도였다. 이때 많은 개미투자자들이 안랩에 뛰어들었다가 안철수가 철수해 손해를 입으면서 '안티' 안철수로 돌변했다는 '설'도 돌았다.

문재인 대통령이 집권한 뒤에는 한동안 '이니 효과'가 화제가 되기도 했다. 문 대통령이 즐겨 마셨다는 커피, 착용하는 안경, 산에 오르며 입은 등산복 등이 불티나게 팔린 현상을 두고 한 말이다.

특히 문 대통령이 휴가 때 읽었다고 소개된《명견만리》는 몇 주간 베스트셀러 1위에 오르기도 했다. 그래서 문 대통령이 겨울 휴가 때는《걸그룹 경제학》도 읽었으면 좋겠다. 이 책에는 정치적으로 알찬 내용도 적지 않다.

걸그룹과 K-POP에 날개를 달아준 역설, 반공유지의 비극

"근래에는 언덕과 산기슭의 도처가 벌거숭이가 되어 있어서 열흘만 가물면 시냇물이 즉시 마르고 며칠만 비가 내려도 하천변이 잘 무너져서 논밭이 모두 손실된다."

_《정조실록》, 22년 11월 30일

산림의 황폐화는 18세기 조선에 불어닥친 커다란 골칫거리였다. TV나 영화를 통해 보는 사극에서는 늘 나무가 빽빽이 들어찬 숲이 등장하지만 타임머신을 타고 조선 후기로 돌아갈 수 있다면 싸구려 팸플릿을 보고 간 중국의 여행지처럼 '앗, 속았다'라는 생각이 들 것이다.

그로부터 100년 뒤 조선을 방문한 영국 여행작가 이사벨라 버드 비숍은《조선과 그 이웃나라들》에서 서울에 대한 첫인상을 서

술하며 "산으로 둘러싸여 있고 여기저기에 소나무 그늘이 있으나 거의 벌거벗었다"라며 실망감을 감추지 않았다.

정조의 한탄처럼 숲에 나무 한 그루 찾아보기 어려운 상황이었던 것이다. 300년 전 조선에서 왜 이런 일이 벌어졌던 것일까?

조선시대의 산림은 대부분 국가 소유로, 그 당시 나무는 대단히 중요한 핵심 자원이었다. 그래서 조선은 '금송정책(禁松政策)'을 시행했는데, 산의 나무를 함부로 베지 못하게 막는 것이었다. 하지만 전 국토의 70% 가량이 삼림이다 보니 이를 철저히 감시한다는 것은 애초부터 불가능한 일이었다. 사람들은 슬금슬금 한 그루씩 베어 가기 시작했고, 그것이 100년 200년 누적되면서 결국 전국 각지의 숲이 벌거숭이가 된 것이다.

공유지의 비극

이처럼 나무와 금, 석탄 등 지하자원을 함부로 벌목하거나 채굴하고 바다에 있는 물고기 등 식량자원을 마구잡이로 잡아들여 고갈 위험에 처하는 상황을 경제학에서는 '공유지의 비극 (Tragedy of the Commons)'이라는 개념으로 설명한다.

공유지의 비극은 미국의 생태환경학자 가렛 하딘(Garrett Hardin)이 1968년 과학 잡지인 《사이언스》에 발표한 논문에서 처음으로 등장했다.

주인 없는 목초지가 있으면 목동은 저마다 많은 소를 데려와 먹이려고 경쟁을 벌일 것이고, 머지않아 이 목초지는 황폐해진다는 것이 주요 내용이다.

딱히 새로운 내용은 아니었다. 이미 18세기 영국에서 진행된 '인클로저 운동(enclosure movement)'의 사례가 있었기 때문이다.

영국에서 산업혁명이 시작되면서 방적공장이 생기고 대규모로 모직 제조가 가능해지자 지주들은 농사를 짓는 대신 양털을 얻을 수 있는 양을 키우기 시작했다. 그리고 각자의 목초지에 울타리를 치고 '공유지의 비극'을 막았다.

하딘은 "공유 자원에서 보장되는 자유는 모두를 파멸의 길로 이끈다"라고 하면서 자신의 논문을 끝맺었다.

그런데 후기산업사회에 접어들자 이에 대한 반론이 생겨났다. 1998년 폴란드 출신의 수학자 마이클 헬러(Michael Heller)는 그간의 상식을 뒤집고 '반(反) 공유지의 비극(Tragedy of the Anticommons)'이라는 새로운 개념을 제시했다. 엄격한 지적재산권제도와 특허만능주의가 오히려 사회적·과학적으로 가치 있는 지적 자원의 적절한 활용을 막고 방치한다는 것이다.

살만 칸(Salman Khan)은 미국의 비영리 교육 동영상 사이트 '칸 아카데미(Khan Academy)'의 설립자다. 칸 아카데미의 누적 조회 수는 무려 2억 4,200만여 회로 수학과 과학, 역사 등 교육 동영상 4,000개를 세계 23개 언어로 무료 서비스한다.

시작은 간단했다. 매사추세츠공과대학(MIT)에 진학해 수학·전기공학·컴퓨터과학 학사 학위를 받은 그는 2004년 열두 살 먹은 사촌 여동생의 수학 공부를 봐주기로 했다. 그는 보스턴에서 직장에 다녔고 사촌 여동생은 뉴올리언스에 살고 있어 강의 동영상을 제작해 유튜브에 올렸는데, 이게 대박이 난 것이다. 살만 칸이 사촌 여동생만 볼 수 있도록 동영상을 만들었다면 한 차례 '과외'로 끝났을 강의가 전 세계의 학생에게 양질의 교육 콘텐츠를 제공해주는 서비스로 자리 잡았다.

걸그룹, 공짜 동영상을 타고 뻗어 나가다

실은 소녀시대 등 걸그룹이 세계로 뻗어 나가는 데 결정적 역할을 한 것도 유튜브와 SNS 등 무료 접속 통로가 결정적 역할을 했다. 전 세계의 팬들이 무료로 소녀시대와 트와이스의 신곡 뮤직비디오를 한국 팬과 동시에 시청하고 열광하면서 글로벌 아이돌이 됐던 것이다. 만약 뮤직비디오를 보기 위해 일일이 비용을

Gee   I Got a Boy

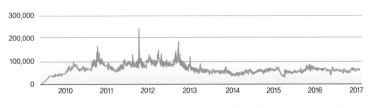

[그래픽 1] 소녀시대 뮤직비디오 〈Gee〉의 유튜브 조회 수 추이

지불해야 하거나 회원 인증 같은 폐쇄적 시스템으로 관리했다면 어땠을까? 국내에서 열렬한 팬덤은 유지됐을지 몰라도 지금과 같은 전 세계적 팬덤을 거느리지 못했을 것이다. '반공유지의 비극'의 역설인 셈이다.

이렇게 걸그룹이 뮤직비디오를 유튜브에 무료 공개하는 등의 행위는 '자물쇠 효과(Lock-in Effect)'로도 설명할 수 있다.

자물쇠 효과는 기존의 제품과 서비스보다 더 뛰어난 것이 나와도 이미 투자된 비용이나 기회비용, 복잡함이나 귀찮음 등으로 말미암아 다른 제품과 서비스로 쉽게 옮겨 가지 못하는 현상이다.

삼성이나 LG 등 휴대용 전화기 제작업체가 전화기 자체는 공짜나 저가로 제공하지만 이후 통신비와 각종 서비스 요금으로 수익을 내는 경우가 대표적인 예다.

그 무엇보다 강력한 '자물쇠 효과'가 발휘되는 분야는 온라인 게임이다. 게임 시작은 일단 무료로 할 수 있지만 캐릭터를 키우려면 결국 아이템을 모아야 하고 '현질'을 할 수밖에 없게 만드는 것이다.

걸그룹도 뮤직비디오나 각종 소개 동영상 등을 유튜브에 무료 공개하면서 팬덤 확보에 나선다. 일단 팬덤만 형성되면 자물쇠 효과가 시작되기 때문이다.

다이어리 같은 '굿즈'나 CF에 등장한 제품을 구입하고, 드라마의 시청률을 올리고, 뮤지컬의 객석을 채우는 데 어찌나 단단하게 채워지는지 이런 자물쇠를 부술 수 있는 건 오직 열애설뿐이다.

'공유지의 비극'은 20세기 후반에 들어서면서 신자유주의를 옹호하는 논리로 재해석되기도 했다. 즉 공공성에 너무 초점을 맞추면 경제성과 효율성이 떨어져 국가 재정을 좀먹는다는 것이었다. 많은 경제학자가 '공유지의 비극'을 피하려면 개인에게 소유권을 부여하는 방식 등 인센티브를 적용하라고 조언했다. 지하철 1호선 화장실보다 우리 집 화장실이 깨끗한 것과 똑같은 이치다.

그래서 영국의 대처리즘이나 미국의 레이거노믹스 등을 들고 나온 1980년대 신자유주의자들은 공기업을 대거 민영화시키는 데 이를 활용했고, 한국도 1997년 IMF 사태 때 이를 따라 했다.

실제로 그간 적자를 기록하던 공기업이 대거 흑자로 돌아서면서 '공유지의 비극'이 개선되기도 했다. 하지만 비정규직 양산을 통한 인건비 절감과 복지비용 축소 등 이에 따른 어두운 그림자도 만만치 않아서 이 문제는 여전히 논쟁 중이다.

공유지의 비극과 기후 변화

향후 인류를 위협할 큰 문제로 걱정을 사고 있는 기후 변화(climate change)는 대표적인 공유지의 비극 사례다.

지구의 표면 온도는 지난 100년 동안(1906~2005년) 0.8℃ 가량 상승한 것으로 추정되는데, 이런 지구온난화의 가장 큰 요인으로 산업혁명 이래 급증한 석탄이나 석유 등 화석 연료의 사용에 따른 탄소 배출을 손꼽는다.

이로 말미암아 세계 각국은 1988년 기후 변화로 말미암아 기상재해가 빈발하고 피해 규모가 대형화되면서 지구 차원의 체계

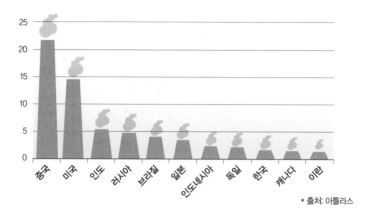

[그래픽 2] 수위권에 드는 국가의 탄소 배출량

* 출처: 아틀라스

적인 대응이 필요해 IPCC를 조직하여 30여 년간 5차에 걸쳐 기후 변화의 심각성을 지적하는 공동 보고서를 작성했다. 이처럼 향후 대책을 모색하고 있지만 뚜렷하게 건설적인 행동으로 이어지지는 않고 있다.

이것은 지구의 대기, 해류 등이 계속 이동하다 보니 어느 곳에서 영향을 받아 변화가 일어났는지 정확히 측정하기가 어렵기 때문이다. 세계의 어디선가 가뭄이나 온난화, 바다 산성화 등이 일어났다고 해도 범인을 잡는 일은 불가능에 가깝다.

예를 들어 우리나라에서 자동차 2부제를 실시하고 5,000만 국민이 에어컨 대신 부채질로 여름을 보내며 탄소 배출을 줄인다고 해도 지구 어딘가에서 탄소 배출을 늘린다면 그에 따른 지구온난

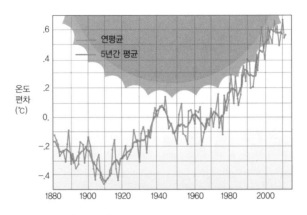

.6
.4
.2
0.
-.2
-.4

연평균
5년간 평균

온도
편차
(℃)

1880 1900 1920 1940 1960 1980 2000

[그래픽 3] 1880년 이후 온도 상승의 추이

화 등의 피해는 모든 사람이 입을 수밖에 없다는 얘기다. 이런 이유로 어느 누군가 나서서 탄소 배출량을 줄이려고 앞장서기가 쉽지 않은 상황이다.

그런데 함정은 우리나라도 탄소 배출이 세계 수위권(9위)이라는 점이다. 특히 인구가 1억 명이 넘지 않는데 10위 안에 들어간 나라는 우리나라와 캐나다뿐이다.

〈Pick me〉 같은 노랫말을 써볼까,
지프의 법칙

걸그룹 구성이 완성됐으면 이제 노래를 만들 차례다.

물론 전문 작사가와 작곡가의 영역이고, 나는 이와 관련된 교육을 받거나 공부를 해본 적이 없다. 유명 작사가 김이나는 한 인터뷰에서 "가요에 대한 팬심이 죽지 않는다는 것이 저의 가장 큰 무기다"라고 말했다고 한다. 그런 요건이라면 아침 출근길을 소녀시대의 노래로 시작하는 나도 뒤지지 않을 것이다.

게다가 10여 년 넘게 글쓰는 직업으로 밥을 먹고 살았으니 우리가 갖고 있는 빅데이터를 적절히 활용한다면 '작사만큼은 어떻게 도전해 볼 수 있지 않을까'라는 야무진 생각을 해봤던 것이다. 왜 빅데이터인가 하면 내심 믿는 구석이 하나 있다.

지프의 법칙

25년 전쯤 라디오 DJ 배철수 아저씨가 재밌는 이야기를 해준 적이 있다. 셰익스피어가 타임슬립을 해서 현대로 온다면 소설 쓰기가 쉽지 않을 거라는 이야기였다. 그 이유는 이렇다.

영어학자들에 따르면 셰익스피어가 사용한 영어 단어는 2만 5,000개 정도였는데, 이는 현대인이 사용하는 수준의 절반 정도에 불과하다고 한다. 그런데 셰익스피어의 작품에서 1만 2,000개의 단어가 딱 한 번만 쓰였다고 하니 실제로는 1만 3,000개 정도의 단어를 구사해 전 세계적으로 유명한 작품의 이야기를 이끌어 간 셈이다.

사실 이런 관계는 셰익스피어에게만 해당되는 이야기가 아니다. 실제로 책 한 권에서 자주 사용되는 단어는 생각보다 적다. 실제로 이를 연구한 법칙이 있다.

미국의 언어학자이자 문헌학자 조지 킹슬리 지프(George Kingsley Zipf)는 가장 자주 쓰이는 단어에 비해 두 번째로 자주 쓰이는 단어의 사용 빈도수는 절반에 불과하고, 세 번째로 자주 쓰이는 단어의 사용 빈도수는 1/3…로 이어지는 식의 규칙이 나타난다는 사실을 밝혀냈다. 그리고 잽싸게 자신의 이름을 붙여 '지프의 법칙(Zipf's Law)'이라고 발표했다.

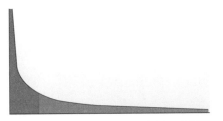

* 왼쪽 끝에는 정관사 the가 위치함

[그래픽 1] 지프의 법칙 구성

이런 식으로 접근하면 평소 많이 쓰이는 어휘는 실제 사전에 수록된 단어의 5% 정도밖에 되지 않고, 이 정도의 단어만 알아도 일상생활에 필요한 대화의 80%를 해결할 수 있다. 또한 서점에 가보면 이를 이용한 영단어 공부법 책이 실제로 많이 나와 있다.

걸그룹 노래에서 가장 많이 등장한 단어는 '너'와 '나'

지프의 법칙에서 착안해 실제로 2007년 이후 발표된 걸그룹 노래에서 주로 등장하는 단어들을 추려 봤더니 다음과 같은 결과가 나왔다.

순위	단어	빈도
1	너	5,353
2	나	2,778
3	내	2,465
4	OH	2,455
5	YOU	2,101
6	사랑	2,060
7	말	1,567
8	없다	1,433
9	ME	1,408
10	날	1,338
11	IT	1,241
12	맘	1,223
13	MY	1,014
14	LOVE	994
15	니	946
16	BABY	912
17	그대	901
18	우리	855
19	같다	763
20	THE	685

[그래픽 2] 걸그룹 노랫말에 자주 등장하는 단어 20개

단어를 추려 보니 대명사가 압도적으로 많았다. 어느 정도 예상된 결과였는데, 지프의 법칙에서도 그의 연구에 따르면 가장 많이 쓰인 단어는 관사였다. 'the'가 7%가 등장했고, 그다음으로는 'of'로 3.5% 정도 사용됐다고 한다.

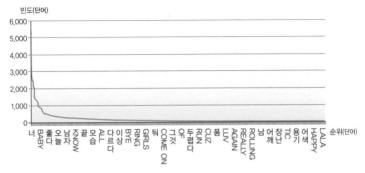

[그래픽 3] 걸그룹의 노래 가사로 만든 지프 곡선

지프의 법칙이 100% 맞아떨어지지 않았지만, 활용 빈도에 있어 2위 단어가 1위 단어의 딱 절반이라는 점은 흥미로웠다. 전체적인 구성도 지프의 법칙이 보여준 멱함수(power-law) 형태를 크게 벗어나지는 않았다. 자주 쓰이는 단어가 분명 존재했던 셈이다.

[그래픽 4] 걸그룹과 전체 가요에서 많이 나오는 단어 비교

참고로 '너'와 '나'라는 단어가 가장 많이 등장하는 노래는 뭘까? 결과를 보고 나서 머릿속에 딱 떠오르는 노래는 아이유의 〈너랑 나〉였다. 그런데 공교롭게도 이 노래의 작사가도 김이나다.

내가 먼저 엿보고 온 시간들

너와 내가 함께였었지

나랑 놀아주는 그대가 좋아

내가 물어보면 그대도 좋아

내 이름이 뭐야

손 틈새로 비치는 내 맘 들킬까 두려워

가슴이 막 벅차 서러워

조금만 꼭 참고 날 기다려줘

너랑 나랑은 지금 안 되지

시계를 더 보채고 싶지만

네가 있던 미래에서

내 이름을 불러줘

그나저나 상위 20개 단어 중 영어 단어가 8개일 정도로 영어 비중이 높다는 건 그렇다고 해도 정말 놀랐던 건 〈오빠〉(488위, 36회)가 최하위권에 있다는 결과였다. 역시 '알파걸'의 시대인 듯하다.

이어웜 현상

노랫말을 잘 만들어 화제가 되면 좋겠지만 수험생 입장에서는 곤란한 경우도 생기나 보다. 지난해 대학수학능력시험을 앞두고 있는 상황에서 누리꾼들이 선정한 수능 금지곡 리스트가 화제가 된 적이 있다. 이 곡들의 멜로디가 하루 종일 귓가에 맴돌아 집중력을 흐트러뜨리고 중독성이 강해서 공부에 심각한 지장을 준다는 것이다. EXID의 〈위아래〉, I.O.I의 〈Pick me〉, 샤이니의 〈링딩동〉 등이 높은 순위에 올랐다.

이를 학계에서는 '이어웜(Earworm)' 현상이라고 부른다. 마치 귓속에 벌레가 돌아다녀 다른 일에 집중하기 어려운 것처럼 특정 소리가 머릿속에 각인돼 오랫동안 잊히지 않고 그 소리가 들리지 않는데도 자꾸 연상되는 현상이다.

영국 더럼대학교의 음악심리학 교수 켈리 자쿠보스키는 이런 현상을 규명하려고 3,000명의 일반 시민을 대상으로 이어웜 현상을 가장 강하게 느낀 노래를 조사해 상위 100개 곡을 선별했는데, 결과는 다음에 나오는 [그래픽 5]를 보면 된다.

이 연구에 따르면 이어웜을 유발하는 노래에는 세 가지 공통점이 있다고 한다. 첫 번째는 '템포'다. 이어웜 현상을 일으키는 곡은 대체로 빠른 템포를 가졌는데, 양치질처럼 일정한 패턴에다 반복적이고 빠른 동작이 이들 곡의 템포와 일치하기 때문에 쉽게 멜로디가 떠오른다는 것이다.

두 번째로는 '평이한 멜로디'다. 고저장단이 드라마틱한 노래보다는 〈반짝반짝 작은 별〉 같은 동요처럼 음정이 적당히 올라갔다

① Bad Romance / 레이디 가가

② Can't Get You Out Of My Head / 카일리 미노그

③ Don't Stop Believing / 저니

④ Somebody That I Used To Know / 고티에

⑤ Moves Like Jagger / 마룬 5

⑥ California Gurls / 케이티 페리

⑦ Bohemian Rhapsody / 퀸

⑧ Alejandro / 레이디 가가

⑨ Poker Face / 레이디 가가

⑩ Single Ladies / 비욘세

⑩ Rolling in the Deep / 아델

[그래픽 5] '이어웜' 상위 10위 곡

가 내려오는, 그러면서도 반복적인 경우가 머릿속에 잘 각인된다고 한다.

세 번째는 '독특한 음정 간격'이다. 불규칙한 음정 간격이 음악을 지루하지 않게 만들어준다는 것이다. 다만 너무 복잡하지 않아야 한다는 조건이 있다. 이런 공통점을 갖고 있어야 흥얼거리게 되고 자꾸 머릿속에 떠오른다는 것이다.

우리나라에도 '후크송'이라는 비슷한 개념이 있다. 네이버 국어사전을 보면 후크송에 대해 "'청자를 사로잡는 짤막한 음악 구절'을 뜻하는 대중음악 용어 'hook'와 'song'이 결합된 한국에서 만들어진 신조어"라고 설명되어 있다.

대부분의 걸그룹이 이런 후크송을 통해 국민 걸그룹 반열에 올라섰다. 원더걸스의 〈Tell me〉, 소녀시대의 〈Gee〉가 대표적이다. 그리고 한때 이들을 바짝 추격했던 티아라도 〈Bo Peep Bo Peep〉으로 떴다.

자꾸 연상되는 효과 때문에 수험생에게 고민을 안겨주지만, 같은 이유로 정치권에서는 인기 만점이다. 2000년 총선에서는 여야 정치인이 너도나도 이정현의 〈바꿔〉를 선거 송으로 쓰기 위해 400만 원의 사용료를 지불했다고 한다.

특히 I.O.I의 〈Pick me〉는 지난 20대 총선에서 주가가 한껏 치솟았다. "pick me, pick me, pick me up"이라는 반복적 후렴구는 유권자의 선택을 바라는 후보자로서는 그야말로 이보다 더 좋은 노랫말을 찾기 어려울 정도였다. 새누리당은 치열한 경쟁 끝에 〈Pick me〉를 선거 공식 로고송으로 차지할 수 있었다. 여기까지는 좋았는데 문제는 그다음이었다. 15년 전 〈바꿔〉보다 훨씬 빠른 일렉트로닉 댄스 뮤직을 따라 하기엔 국회에서 가장 고령인 새누리당 의원들에게 다소간 무리가 따랐던 모양이다(20대 총선에서 새누리당 당선자들의 평균 연령은 56.6세로 가장 높았다).

"그런데 정작 그 노래를 따라 불러야 하는 후보들은 잘 모르는 노래인데다 따라 부르기에 너무 빨라 벅차하고 있다고 한다."

_《헤럴드경제》, 2016년 3월 15일

글쎄, 선거운동에 어떤 영향을 주었는지 모르겠지만 이 선거에서 새누리당은 12년 만에 민주당에 제1당을 내주고 말았다.

★

CHAPTER

10

EXID가 '빵' 하고 터지던 날, 티핑 포인트

"어느 날 자고 일어나 보니 스타가 되어 있었어요."

진부하고 상투적인 표현이라고 해도 어쩔 수 없다. 걸그룹 EXID의 경우 정말 이 말이 아니라면 달리 표현할 방법을 모르겠다. 2014년 어느 팬이 찍었다는 '직캠' 한방에 '차트 역주행'이라는 신조어를 만들어낸 이들은 3년간의 무명 설움을 씻어내고 단숨에 톱스타 반열에 오르며, 그야말로 가요계의 신데렐라 스토리를 써내려 갔다.

그러나 세상일에 공짜란 없는 법이다. 그전까지 EXID가 아무런 노력 없이 수확을 거둔 것이냐고 묻는다면 그건 결코 아니다. '직캠' 한방으로 뜨기까지 걸린 시간은 무려 3년이나 되었다. 그간 겪은 설움과 노력을 들어 보면 손발이 오그라들 정도인데, 바나나컬처엔터테인먼트의 관계자가 말해준 사연은 이렇다.

"다른 팀보다 방송 활동을 못 하니까 온라인 마케팅에 집중했어요. 인터넷 리얼리티 '벗벗티비' 방송도 하고, 지방에서 게릴라 콘서트나 각종 프로모션도 했고요. 한강 고수부지에서 팬(이라고 해봐야) 수십 명을 모아놓고 팬클럽 행사도 열고요. 그래도 안 뜨니까 〈매일 밤〉 뮤직비디오에 아예 대놓고 '병맛' 코드를 넣었더니 '짤방'이 음지에서 돌기 시작했어요."

기획사에서는 사실 〈위아래〉에 앞서 냈던 〈매일 밤〉이 뜰 거라는 기대감을 갖고 있었다고 한다.

"한번은 벅스 뮤직에서 2위에 올랐는데 1주일 만에 내려가면서 아쉽게 활동을 마무리했죠."

생각해 보니 EXID를 몰랐던 나도 몇 년 전 어느 인터넷 커뮤니티에 '요즘 걸그룹 클라쓰'라는 제목의 글이 올라와 〈매일 밤〉 뮤직비디오를 본 적이 있다. 워낙 독특한 내용이라서 주변 사람들에게 한번 보라고 권하기까지 했는데 극과 극의 반응을 얻었다. 당시 EXID는 한 번만 '톡' 건드려주면 '빵' 하고 터질 것 같은데 기세를 이어가지 못했던 것이다. 그러다가 '직캠'이 기폭제가 됐다.

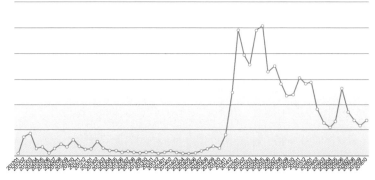

* 데뷔 후 EXID가 거쳐야 했던 '인고의 시간'이 그래프 좌측에 나타나 있음

[그래픽 1] EXID에 대한 언급량 증가 추이

결정적인 한 번의 발화점, 티핑 포인트

미국 저널리스트이자 작가인 말콤 글래드웰(Malcolm Gladwell)
은《티핑 포인트》에서 어떤 제품이나 현상이 갑자기 확산되는 현
상을 다루었다.

여기서 그가 강조한 내용 가운데 인상적이었던 건 '특별한 소
수'의 역할을 하는 '메이븐'이라는 존재다.

메이븐은 개인적 이해관계와 무관하게 주변에 유용한 정보를
알려주는 역할을 한다(예를 들어 명동이나 광화문 인근에서 종종 "잠깐만
요"라고 하면서 팔을 붙잡는 사람처럼…). 만약 이들이 폭넓은 사회관계
망까지 갖고 있어 주변과 연결해주는 '커넥터'의 역할까지 해줄

수 있다면 금상첨화일 것이다.

1996년 미국의 작가 레베카 웰스(Rebecca Wells)가 소설《야야 자매들의 신성한 비밀》을 출간했을 때 첫 독서회에 참석한 사람은 고작 7명이었다고 한다. 하지만 몇 달 후 판매 부수는 1만 5,000부, 이듬해에는 1만 8,000부로 점점 늘더니 급기야 3년 뒤인 1998년 48쇄를 찍으며 250만 부나 팔렸다. 과연 그 히트의 비결은 무엇이었을까?

웰스는 "전환점은 북부 캘리포니아였다. 페이퍼백이 나온 뒤 겨울 그곳 독서회에 700~800명이 참석했다"라고 회고했다.

그런데 글래드웰에 따르면 샌프란시스코는 미국에서 가장 강력한 독서회 집단이 자리 잡은 지역이다. 그의 가설은 이렇다. 이곳의 독서회를 중심으로 입소문이 퍼지면서 '티핑 포인트(Tipping point)'로 연결됐다는 것이다. 즉 샌프란시스코의 독서회가 메이븐의 역할을 수행한 셈이다.

그렇다면 EXID에게 티핑 포인트를 가져다준 메이븐은 누구였을까?

다음은 EXID 측 관계자의 말이다. "직캠으로 뜬 직후 감사를 표하는 버스킹 무대를 진행했어요. 명동, 대학로, 홍대 등을 직접 찾아가 〈위아래〉 무대를 선보였고요. 게다가 마침 그 시기가 데뷔 4주년과 맞물려 미니 콘서트도 개최했습니다. 당시까지만 해도 콘서트는 촬영 금지인데 EXID는 직캠으로 뜬 걸그룹이니만큼 촬영을 허용해 팬들이 사진이나 영상 콘텐츠를 여기저기 많이 올렸어요."

이 말을 듣는 순간 무릎을 탁 치지 않을 수 없었다. 그날 홍대와 대학로 그 어디선가 EXID를 찍어간 사람들이 자신의 에너지와 시간과 전력을 소모해 가며 유튜브에 '직캠' 등 각종 영상자료를 올렸던 것은 개인적 이득을 기대했다기보다는 자신이 보유한 양질의 정보를 공유하고자 하는 욕구가 더 컸을 것이다. 커넥터 역할은 직캠을 전국 방방곡곡의 잠재적 팬에게 연결해주는 유튜브가 기꺼이 맡아줬다.

나는 문화부에서 공연계를 담당할 때 이런 메이븐의 중요성을 실감한 적이 있다.

개봉 전날이나 첫날 공연 담당 기자에게 프리뷰 시사회가 열리는 게 일반적인데, 공연계에서는 파워 블로거나 뮤지컬 동호회 회원에게도 이런 시사회에 참석할 기회를 제공한다. 그들의 '입소문' 때문이다.

순수한 뮤지컬 '덕후'와 일부 배우의 '팬심'으로 똘똘 뭉친 이들은 '대포 카메라'라고 불리는 대형 카메라를 갖고 와서 배우들의 '잘 빠진' 사진뿐 아니라 공연에 대한 깨알 같은 소식을 올려 흥행을 들었다 놨다 하는 파워를 과시했다.

얼마 전 공연 10주년을 맞이한 뮤지컬 〈쓰릴 미(Thrill Me)〉가 대표적 사례인데, 두 명의 출연진과 상대적으로 빈약한 무대, 동성애와 잔혹한 살인 등 흥행과는 다소 거리가 있어 보였던 이 작품은 메이븐의 열성적 활약 덕분에 이제 우리나라에서 가장 성공한 뮤지컬 대열에 그 이름을 올릴 수 있었다.

이 같은 사례는 어떤 현상이 확산되는 데 있어 고가의 광고보다 전염성이 강한 매개체가 되는 '특별한 소수'를 공략하는 것이 효율적임을 보여준다.

EXID 측이 글래드웰로부터 영감을 받았는지 알 수 없지만 티핑 포인트의 핵심 내용을 정확히 인지하고 있었던 것으로 보인다.

'요리사'가 '셰프'로 바뀌던 때

티핑 포인트의 또 다른 비결은 '상황의 힘'이다. 특수한 상황과 환경이 티핑 포인트를 가져온다.

미국에서 청소년의 흡연이 급격히 증가한 것은 1950년대 제임스 딘의 영화 〈이유 없는 반항〉이 가져온 결과라는 설이 많다. 자

[그래픽 2] 성공한 콘텐츠의 메이븐

살도 마찬가지다. '베르테르 효과'처럼 유명인이나 유력인의 자살은 그 사회의 자살률에 영향을 미친다는 것은 학문적으로도 수차례 증명된 바 있다.

오랜 세월에 걸쳐 서서히 변할 것 같은 언어조차 때로는 티핑 포인트를 겪는다. 최근 연예인 못지않은 사회 명사로 부상한 '셰프'라는 단어가 대표적이다. 어느 때부터인가 요리사를 누르기 시작한 셰프의 강세는 신문기사의 변화에도 뚜렷하게 나타난다.

2000년대까지만 해도 단어 셰프는 해외 유학파나 클래식 악기를 다루는 일부 계층만 제한적으로 쓴다고 생각했지만 2000년대 후반부터 배우 공효진의 "예, 셉(셰프)"이라는 말이 대히트를 칠

[그래픽 3] 중앙일보 기사로 본 '요리사'와 '셰프'의 등장 빈도

정도로 사용 빈도가 높아졌다. 국민소득이 꾸준히 오르고 생활 수준이 높아지면서 요리를 하나의 문화로 보는 기반이 만들어진 데다가 때마침 요리 예능 프로그램 〈냉장고를 부탁해〉나 드라마 〈파스타〉 등의 인기가 결정적 티핑 포인트의 역할을 했던 것으로 보인다.

그러나 티핑 포인트가 늘 긍정적인 측면에서만 작용하는 것은 아니다.

기후학자들 사이에서는 인류의 가장 큰 위기로 등장한 기후 변화와 지구온난화 현상에 있어 언제 티핑 포인트가 될 것인지 우려하는 목소리가 높다.

　19세기 후반부터 이산화탄소가 급격히 증가하면서 현재 지구의 평균 온도는 0.8도가량 높아졌고, 2013년에는 학자들이 마지노선으로 잡고 있던 남극의 이산화탄소 농도가 400ppm을 넘어선 상황이다.

　그러나 기후학자들에 따르면 전 지구의 기후 시스템을 완전히 바꿀 티핑 포인트는 아직 오지 않았다. 그것은 시베리아를 비롯한 북극 주변의 영구 동토층과 바다, 호수 밑에 갇혀 있는 메탄이 급속하게 공기 중으로 방출되는 상황이라고 한다. 메탄은 대기 중에서 온실 효과가 가장 큰 기체 중 하나로 이산화탄소보다 30배 이상 강력하기 때문이다. 과학자들은 이때가 되면 기후 변화가 걷잡을 수 없는 단계로 넘어가는 순간이 올 수도 있다고 우려한다.

　최순실 사태와 촛불 시위, 박근혜 전 대통령의 탄핵 과정을 복기해 보면 분명한 티핑 포인트가 있다.

　박근혜 전 대통령의 국정 운영에 대한 불만은 이미 분명한 지표로 나와 있었다. 새누리당은 2016년 총선에서 참패했고, 박 전 대통령의 지지율은 30%대 아래로 급하락했다. 이런 와중에 9월 20일 《한겨레신문》이 최순실의 국정 농단 정황을 제기했다.

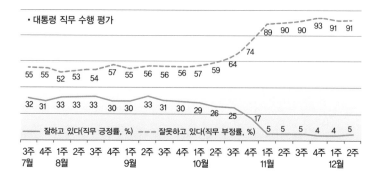

• 대통령 직무 수행 평가

89 90 90 93 91 91

74

64

55 55 52 53 54 57 55 56 56 56 57 59

32 31 33 33 33 30 30 33 31 30 29 26 25 17

—— 잘하고 있다(직무 긍정률, %) --- 잘못하고 있다(직무 부정률, %) 5 5 5 4 4 5

3주 4주 1주 2주 3주 4주 1주 2주 3주 4주 1주 2주 3주 4주 1주 2주 3주 4주 1주 2주
7월   8월   9월   10월   11월   12월

[그래픽 4] 탄핵되기까지 박근혜 대통령의 지지율 추이(7월 셋째 주~12월 둘째 주)

티핑 포인트는 10월 25일 JTBC 뉴스룸이었다. 최순실 태블릿 PC에서 대통령의 연설문과 주요 국정 자료가 발견됐다는 단독 보도를 한 순간부터 분위기는 완전히 넘어갔다.

곳곳에서 시국 선언이 터져 나왔고 급기야 정치권에서도 대통령의 2선 후퇴와 탄핵을 요구하기 시작했다. JTBC는 메이븐이자 '커넥터'가 된 셈이다.

★
CHAPTER

11

스텔라가 위문열차에 자주 오르는 까닭, 대체재와 보완재

국방TV가 매주 제작하는 〈위문열차〉라는 프로그램이 있다. 연예인들과 함께 전후방 부대를 순회 방문하는 연예오락 프로그램인데, 군인들에게는 복무 기간 중 운이 좋으면 걸그룹을 실물로 볼 수 있는 기회이기도 하다. 머리를 박박 깎은 남자들 틈에서 시간을 보내다가 걸그룹이 행차한다는 것만으로도 무척 설레어 휴가만큼이나 기다려지는 행사다.

지난해 국방TV에 문의해 보니 최근 3년간 위문열차에 출연한 걸그룹은 총 56팀인데(2015년 11월 현재), 가장 많이 출연한 걸그룹은 스텔라(32회), 타히티(22회), 베스티(20회)였다고 한다. 그런데 출연표를 보다가 두 가지 흥미로운 사실을 발견했다.

하나는 이른바 톱스타는 출연하지 않는다는 것이다. 예를 들어

소녀시대를 비롯해 에이핑크, 트와이스, miss A, f(x), 원더걸스는
한 번도 출연한 적이 없고 AOA(4회), 걸스데이(3회)가 그나마 몇
차례 출연한 정도였다. 아니, 국군 장병을 이처럼 외면하다니 말
이다!

또 하나는 EXID의 출연 횟수였다. 2012~2013년만 해도 EXID
는 출연 횟수가 가장 많은 그룹 중 하나였지만, 2014년을 기점으
로 급감했다. 왜 이런 일이 벌어졌을까?

출연할수록 손해인 군부대 공연

국방TV PD에게 물어보니 "출연료가 주요 원인이죠. 예산이 넉
넉지 않다 보니 차비 정도밖에 주지 못하니까 아무래도 몸값 높은
걸그룹은 우리 입장에서도 오라고 하기 미안하죠"라고 말했다.

쉽게 말해 2014년 차트 역주행 이전의 EXID는 부담 없이 부
를 수 있었지만 이제는 톱스타 반열에 올라 섭외하기가 어려워
상대적으로 아직 몸값이 비싸지 않은 스텔라, 타히티 등에게 계
속 섭외 요청을 하게 됐다는 이야기다. 그러나 EXID를 탓할 문
제는 아니다.

위문열차에 출연하기 위해서는 포기해야 하는 비용과 손실이
만만치 않다. 일단 이동거리가 보통이 아니다. 21사단이 있는 강

원도 양구 같은 전방까지 가는 경우 이동하는 데만 꼬박 왕복 5시간이 소요된다. 시간적으로 이만저만 손해가 아니다. 가까운 서울 지역에서 대학 행사에 출연하면 최소 1,000만 원 가까이 보장되는데, 무려 5시간 이동해 1/10 수준의 출연료를 받으면서 하루를 온전히 까먹는 셈이다. 여기에 코디네이터와 헤어디자이너 등에 들어가는 인건비와 교통비까지 감안하면 기획사 입장에서 군부대 출연은 마이너스다.

대체재와 보완재, 소녀시대와 원더걸스

경제학에서는 한 재화가 다른 재화와 유용성이 비슷해 서로 대신해 쓸 수 있는 것을 '대체재'라고 부른다. 걸그룹을 예로 들면 원더걸스와 소녀시대가 먼저 떠오른다. 〈Tell me〉로 센세이션을 일으킨 원더걸스가 2008년 미국 진출을 선언하고 떠나자 소녀시대의 인기가 치솟기 시작했다. 'Out of sight, out of mind'라고 했던가. 삼촌팬들은 이역만리 떨어져 있는 원더걸스를 오매불망 바라보느니 가까운 소녀시대에게 마음을 열기로 했던 모양이다. 원더걸스가 떠난 2008~2009년 두 그룹의 활동 시기와 언급량을 보면 갈대 같은 삼촌팬의 마음이 뚜렷하게 드러난다. 사실상 대체재에 가까운 분포다.

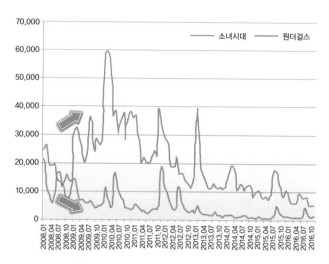

[그래픽 1] 소녀시대와 원더걸스의 대체재 관계

2010년까지 서로 대체재 관계였던 이들의 관계는 2011년부터 달라지기 시작했다. 소녀시대가 오를 때 원더걸스도 오르거나 전혀 무관한 움직임을 보인 것이다.

원더걸스 팬에게는 안타까운 팩트 폭격이겠지만, (그래프에서 확인되듯) 이때부터 양측의 관계는 사실상 라이벌이라고 부르기에 어려워졌다는 게 확연히 드러난다.

이를 경제학적 측면에서 살펴보자. 중국에서 갑자기 프랑스 와인에 대한 수요가 높아져 가격이 급등했다고 치자. 1병에 1만 5,000원 정도 하던 카베르네소비뇽 제품이 3만 원까지 상승했다고 가정했을 때 사람들은 프랑스산 카베르네소비뇽 대신 미국 캘

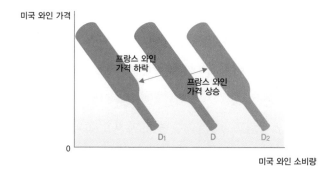

미국 와인 가격

프랑스 와인
가격 하락

프랑스 와인
가격 상승

0

D₁   D   D₂

미국 와인 소비량

[그래픽 2] 프랑스 와인과 미국 와인의 수요 관계

리포니아 나파밸리에서 생산되는 1만 원짜리 카베르네소비뇽을 구입할 것이다. 프랑스 와인의 가격 상승으로 저렴한 미국산 와인에 대한 수요가 늘었다고 보면 된다. 이 경우 미국산 와인이 프랑스산 와인의 대체재가 된다.

대체재와 함께 자주 언급되는 것이 '보완재'다.

예를 들어 고려대 앞 S치킨집은 늘 직장인과 수험생으로 가득 차는데 이곳을 찾은 사람들이 가장 많이 찾는 건 역시 후라이드 치킨과 맥주의 '치맥' 메뉴라고 한다. 치맥 메뉴가 인기가 많은 것은 서로 맛을 상승시켜 주는 관계라고 여겨지기 때문이다. 와인과 치즈, 막걸리와 파전도 마찬가지다.

사람들은 보통 술과 안주를 함께 주문해 자리를 즐기기 마련이다. 즉 치킨의 소비량은 맥주의 소비량을 늘려주기 때문에 서로 보완적 관계를 갖는다는 말이다.

주위를 둘러보면 이런 보완재 관계가 적지 않다. 신문과 펄프, 자동차와 철강 등을 비롯해 대통령 지지율도 올림픽 성적과 밀접한 보완재 관계다.

최근 10년간 올림픽 전후 대통령의 지지율을 따져 봤더니 최근 두 번의 올림픽(2012년 런던, 2008년 베이징)에서 한국은 26개 금메달을 땄는데 여론조사기관인 리얼미터 조사 결과에 따르면 대통령의 지지율은 두 번의 올림픽을 통해 19.6% 포인트(런던 올림픽 후 7% 포인트, 베이징 올림픽 후 12.6% 포인트) 올랐다. 금메달 1개마다 0.75% 포인트 상승 효과를 본 셈이다.

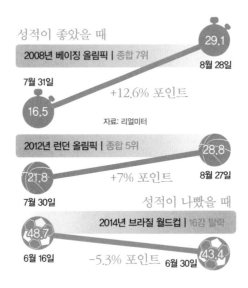

[그래픽 3] 올림픽, 월드컵 성적과 대통령의 지지율

가장 큰 특수를 누린 건 이명박 전 대통령이었다. 2008년 베이징 올림픽을 앞두고 국내에서 미국산 쇠고기 파동으로 촛불 시위가 이어졌는데, 임기 첫 해를 맞은 이 전 대통령의 지지율은 10%대까지 추락했다. 하지만 그해 8월 박태환(수영), 장미란(역도) 선수 등의 금빛 소식이 전해지면서 이 전 대통령의 지지율이 오르기 시작했다. 올림픽 전 16.5%에 불과했던 이 전 대통령의 지지율은 올림픽이 끝난 직후인 8월 28일 29.1%까지 치솟았다.

당시 청와대에서 일했던 이동관 전 홍보수석은 "촛불 시위 등으로 국정이 마비 상태였는데 올림픽에서의 선전이 이를 돌파하는 동력이 된 게 사실이다"라고 회상했다. 그리고 이 전 대통령은 2012년 런던 올림픽 때도 임기 말 레임덕 등이 겹쳐 지지율이 10%대에 머무르다가 올림픽 기간에 7% 포인트가 상승했다. 리얼미터 여론조사에 따르면 당시 7월 30일 21.8%였으나 8월 27일에는 28.8%로 올라갔다.

반면 박 전 대통령은 스포츠와는 그다지 인연이 없었다. 2014년 브라질 월드컵은 졸전 끝에 1무 2패로 예선 탈락했고, 2016년 리우 올림픽에서는 10위 밖으로 순위가 하락했던 것이다. 대신 촛불(?)과 보완재에 가까운 관계를 보였다고 하면 너무 지나친 비약일까.

아파트 가격 오르면 오피스텔 많이 찾아

대선 이후로 서울의 아파트 가격이 크게 올랐다고 한다. 이글을 쓰고 있는 5월 넷째 주 0.29%가 상승했는데 5월 첫째 주(0.09%)와 비교하면 3주 만에 상승세가 3배가량 커진 셈이다. 여러 가지 요인이 있겠지만 전문가들은 조기 대선이 치러지면서 정치적 불확실성이 해소되어 경기 활성화 등에 대한 기대심리가 커졌기 때문이라는 분석을 내놓고 있다.

이처럼 아파트 가격이 오르면 아파트를 찾는 수요는 줄어들고, 반대로 오피스텔로 향하는 수요가 늘어난다고 한다. 1~2인 가구가 많은 서울에서는 오피스텔이 바로 아파트의 대체재 역할을 하기 때문이다.

문제는 오피스텔에 대한 수요가 커지면서 오피스텔의 가격도 상승한다는 것이다. 앞서 예로 든 와인이나 치맥은 찾는 사람이 늘어난다고 해서 갑자기 가격을 올릴 수 없는 반면 주택 시장에서는 수요가 늘면 곧바로 가격 상승으로 이어진다. 주택 시장은 가격탄력성이 민감하기 때문이다. 연예계도 주식시장과 같은 원리로 생각하면 된다. 인기가 높아지면 곧바로 가격 상승으로 이어진다.

그나저나 서민 입장에서는 집을 구하기가 점점 어려워진다는 예고인 셈이니 경기에 대한 긍정적 전망 때문이라고 해도 반가워할 소식만은 아니다.

굽네치킨 CF에 왜 소녀시대가 나왔을까,
밴드왜건 효과

대학 때부터 교촌치킨만 먹었던 내가 5년 만에 굽네치킨으로 갈아탄 건 순전히 소녀시대가 등장하는 광고 때문이었다. "굽굽 굽네를 원해"라는 중독성 있는 문구가 귓속에서 맴도는데다가 당시 굽네치킨을 주문하면 소녀시대 달력을 준다고 하니 도저히 다른 치킨을 고를 재간이 없었다.

그런데 전국에 나 같은 건전한 생각을 가진 남성이 한둘이 아니었는지 '굽네치킨'은 소녀시대를 광고 모델로 쓴 이후 매출액이 껑충 뛰어올랐다고 한다. 달력을 구입하니 치킨이 첨부됐다는 말까지 나왔다. 그 결과 소녀시대가 광고에 등장한 2008년 매출액은 364억 원으로 전년도(134억 원)에 비해 무려 171% 상승하는 대박을 쳤다. 다음해에는 680억 원으로 다시 2배가량 늘었다. 가맹점 수도 2007년 295개에서 2009년에는 731개까지 늘었다.

이를 지켜본 다른 치킨 브랜드들 역시 가만있을 수가 없었다. 카라, 포미닛, 티아라, 시크릿 등 다른 걸그룹도 줄줄이 치킨 광고에 등장하기 시작했다. 얼마 지나지 않아선 치킨 광고 등장이 걸그룹의 인기 척도처럼 돼 버렸다. 바야흐로 걸그룹의 치킨 전국시대가 열린 것이다. 가장 강력한 모델을 잡은 굽네치킨은 무려 이후 4년간이나 소녀시대를 전속 모델로 등장시켰다. 즉 나도 4년간 굽네치킨만 먹었다는 얘기다.

연도	매출액 (억)	가맹점 수
2005	2	9
2006	20	106
2007	134	295
2008	364	514
2009	680	731
2010	843	836

[그래픽 1] 굽네치킨의 매출액과 가맹점 수

걸그룹이 치킨 광고에 등장한 이유

기업들은 왜 유명인을 CF에 등장시킬까? 그것은 '밴드왜건 효과(Band-wagon Effect)'라 불리는 일종의 '편승 효과'를 노리기 때문이다. 인기 연예인이나 스포츠 스타가 사용하면 '대세'라는 느낌을 주면서 구매 확산으로 이어지는 식이다. 인지도가 높은 인물을 등장시켜 해당 제품에 대한 언급이 잦아지고, 많은 사람이 호기심에 구입하게끔 유도하는 방식이다. 포털 검색어에서 전지현 가방이라든지 김연아 목걸이를 치면 찾기도 쉽다.

그러나 처음에는 걸그룹이 치킨 광고에 등장하는 것이 무척 낯설게 느껴졌던 게 사실이다. 내가 어렸을 때 치킨계의 양대산맥이었던 페리카나 치킨이나 처갓집 양념통닭을 떠올려보면 최양락과 김한국 등 개그맨이 주로 CF에 등장했다. 개그맨이 닭다리를 잡고 다소 게걸스럽게 물어뜯는 게 익숙했던 치킨 광고에 늘씬한 걸그룹이 나온다는 건 뭔가 상상하기 어려운 조합이었다. 기존 관념을 완전히 깬 광고였던 셈이다. 치킨업계와 광고업계 측에 이 같은 조합에 대한 의견을 물어보니 "걸그룹의 건강하고 즐거운 이미지를 구입한 것이다"라는 대답이 돌아왔다. "치킨을 먹을 때는 축구나 야구 경기를 본다든지, 친구들이 놀러왔을 때라든지 주로 유쾌하고 흥미진진한 시간을 보낼 때거든요. 그래서 화면에 나왔을 때 가장 기분이 좋아지는 사람들을 선택하려고 했고, 그게 바로 걸그룹이 된 거죠."

승승장구하던 굽네치킨은 2011년 위기를 맞았는데, 바로 소녀시대 달력 배포를 중단한 것이다.

(억 원)

1,600
1,400
1,200
1,000
800
600
400
200
0

소녀시대 달력 지급 중단

소녀시대 CF 계약 만료

소녀시대 CF 시작

2005 2006 2007 2008 2009 2010 2011 2012 2013 2014 2015 2016
(연도)

[그래픽 2] 굽네치킨과 소녀시대의 매출 관계

올해부터 굽네치킨 소녀시대 캘린더(이하 소시 달력)가 사라졌다. 굽네치킨 관계자는 10일 소녀시대의 소속사 SM엔터테인먼트로부터 10월 초 소시 달력을 제작할 수 없다는 통보를 받아 올해 사은품은 소녀시대의 사진이 담긴 텀블러로 대신하게 됐다고 밝혔다. 굽네치킨은 지난해에만 소시 달력을 30만 부 발행했으며, 이로 인해 지난해 12월 매출이 월평균 매출 대비 30% 이상 상승하는 효과를 거뒀다. 올해 굽네치킨은 소시 달력 제작 중단으로 매출 상승 효과가 사라질 것 우려해 텀블러를 52만 개를 준비했지만 아직까지 소시 달력만큼의 효과를 기대하기는 어려운 상황이다. 굽네치킨 관계자는 "달력 제작 중단으로 인한 영향이 크지 않길 바랄 뿐"이라고 말했다.　　　　　　　_ 《파이낸셜뉴스》, 2010년 12월 10일

불길한 예감은 왜 틀린 적이 없는지 굽네치킨은 발육을 마친 청소년처럼 그해부터 거짓말처럼 성장이 멈췄다. 그리고 그 후유증은 몇 년간 지속됐다. 실은 나도 거기 한몫했다([그래픽 2] 참고).

광고계에서 무한 확장되는 걸그룹

앞서 말한 것처럼 걸그룹이 지닌 밝고 활달하고 동시에 긍정적인 기운은 광고계에서 가장 선호하는 이미지라고 한다. 덕분에 치킨뿐 아니라 화장품, 의류, 과자, 음료수 등에 한정됐던 걸그룹의 CF 영역이 온라인 RPG 게임, 알코올 음료, 휴대전화, 카메라, 자동차 등 다소 무겁고 전문적인 영역까지 확장되고 있다.

지난 20대 총선에서는 AOA의 설현이 선거관리위원회 모델로 나섰는데, 20대 총선 투표율은 58%를 기록했다. 이는 이전 19대 총선보다 3.8% 포인트가 오른 수치였다. 262만 3,948명이 더 투표장을 찾은 것이다.

그렇다면 이 가치를 돈으로 환산한다면 얼마나 될까? 선거에 들어간 총 비용을 유권자 수로 나누면 한 표의 가치는 약 1만 4,000원이라고 한다. 그렇다면 선관위는 20대 총선에서 이전 총선보다 673억 3,527만 원의 효과를 더 본 셈이다.

그런데 선관위가 설현을 모델로 써서 '스마트폰' '화장품' '엄마의 생신' 등 3편의 동영상을 만드는 데 6억 4,648만 원의 비용이 들어갔다고 한다.

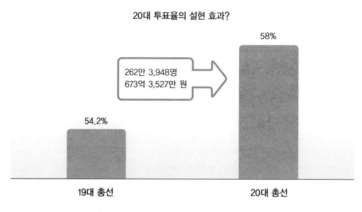

20대 투표율의 설현 효과?

58%

262만 3,948명
673억 3,527만 원

54.2%

19대 총선　　　　　　　　　　20대 총선

[그래픽 3] 총선 투표율 상승과 경제적 가치

그런데 [그래픽 3]의 가치를 이보다 더 높게 잡아야 한다고 보는 견해도 있다. 국회가 확정하는 정부 예산은 연간 약 400조 원인데 국회의원 임기 4년을 감안한다면 총 1,600조 원에 달한다. 따라서 [그래픽 3]의 가치는 선거에 들어간 돈뿐 아니라 국회가 결정하는 예산액까지 감안해 잡아야 한다는 것이다. 그렇다면 한 표의 가치, 설현의 가치는 거의 천문학적으로 치솟는다.

물론 투표율이 올라간 것을 모두 설현의 공으로 돌리는 데는 무리가 따른다. 20대 총선을 둘러싼 정치적 환경, 선거에 나선 후보, 심지어 투표일의 날씨나 연휴 여부 등 여러 요인이 작용한다. 보다 정교한 분석이 뒷받침되어야 한다는 뜻이다.

그럼에도 선관위 측 역시 "(비싼 모델료를 지불하면서까지) 설현처럼 인지도 높은 걸그룹 멤버를 모델로 쓰는 것은 젊은 층의 투표율 상승에 유의미한 영향력이 있다고 보기 때문이다"라고 밝힌 만큼 설현과 투표율의 관계가 전혀 무관하다고 말할 수만도 없을 것이다.

잘 쓰면 약이지만…

걸그룹이나 기획사 입장에서도 광고는 중요한 수입원이자 노출 수단이 된다. 괜찮은 광고에 출연하면 돈도 벌 수 있고 이미지도 좋아지는 동반 상승 효과를 누릴 수 있다.

SK텔레콤과 AOA의 설현이 대표적인 경우다. 2015년 초반만 해도 설현은 AOA 팬과 걸그룹 마니아층에서만 알고 있는 정도였다. 그러나 SK텔레콤의 '이상하자'와 '루나폰' 등에 잇달아 출연하면서 점차 톱스타 반열로 올라섰고, 수지를 잇는 차세대 CF 퀸으로 등극했다.

[그래픽 4]를 보자. 올림픽이 열리던 기간에 박태환과 김연아

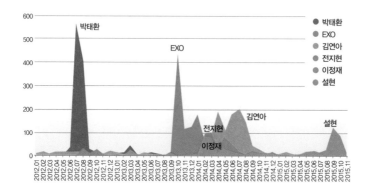

[그래픽 4] SK텔레콤 역대 모델의 언급량

는 '넘사벽'이라 치고, 드라마 〈별에서 온 그대〉로 한창 주가를 올리던 전지현보다 언급량이 많았다는 건 당시 설현이 얼마나 큰 파급력을 가졌는지 알 수 있다.

교복과 워터파크 광고라면 무조건 걸그룹

걸그룹이 CF 모델로 등장한다고 해서 모두 굽네치킨이나 SK텔레콤처럼 대박을 치는 것은 아니다. 전문가들은 "이미지에 맞지 않는 모델을 쓸 경우에는 오히려 안 쓰니만 못하다. 걸그룹 멤버의 이미지가 제품에 적절하게 맞아야 효과를 볼 수 있다"고 강조한다.

순위	브랜드/제품	걸그룹	증가%	CF 시기
1	스마트 학생복	miss A – 수지	702%	2012.12
2	크라운베이커리	카라	541%	2009.11
3	캐리비안베이	miss A – 수지	395%	2012.06
4	오션월드	씨스타	372%	2013.06
5	오션월드	애프터스쿨 – 나나	333%	2015.06
6	다음 마이피플	소녀시대	292%	2011.04
7	아이비클럽	원더걸스	283%	2008.12
8	베어파우	카라	215%	2010.11
9	비타500	소녀시대	206%	2011.03
10	모두의마블	크레용팝	205%	2013.07
11	11번가	2NE1	188%	2009.07
12	캐리비안베이	소녀시대	186%	2010.06
13	LTE-A(SK텔레콤)	AOA – 설현	178%	2015.04
14	엘리트 학생복	소녀시대	177%	2009.01
15	메타콘	포미닛	176%	2010.05
16	랜드로바	애프터스쿨	170%	2011.09
17	포키	걸스데이	167%	2013.09
18	테일즈러너	카라	151%	2009.12
19	스톤에이지	I.O.I	146%	2016.06
20	클라리 소닉	씨스타 – 보라	145%	2014.01

[그래픽 5] 걸그룹이 CF 모델로 나와 온라인 언급량이 증가한 TOP 20

조사한 바에 따르면 2007년 이후 걸그룹이 CF 모델로 나섰을 때 궁합이 잘 맞는 제품군은 따로 있었다. 워터파크와 치킨 등 외식산업, 교복, 식음료 순이었다.

언급량이 가장 많이 늘어난 것은 2012년 수지를 모델로 내세운 스마트 학생복으로, 무려 702%나 늘었다. 3위 역시 수지가 출연한 캐리비안베이 광고인데 언급량이 395% 늘었다. 이는 교복이나 워터파크가 학기 초, 여름이라는 특정 시기에 관심이 급증하는 특성과 무관치 않을 것이다.

업종	CF 개수	성공 개수	타율
레저/워터파크	6	5	0.833
외식/배달	23	18	0.783
학생복	4	3	0.750
식음료	58	43	0.741
주얼리	3	2	0.667
가전/휴대폰	17	10	0.588
게임	31	17	0.548
차량용품	2	1	0.500
의류/신발	42	20	0.476
유통	11	5	0.455
웹서비스/앱	26	11	0.423
화장품	55	21	0.382
통신	7	2	0.286
자동차	4	1	0.250
공공/기관/언론	5	1	0.200
금융	5	1	0.200
합계	299	161	0.538

* CF 개수 2건 이하 업종은 제외

[그래픽 6] 걸그룹을 CF에 출연시켜 언급량이 10% 이상 늘어난 경우

반대로 걸그룹 입장에서 꺼리는 광고도 있는데, 대표적인 것이 술 광고다. 특히 SM엔터테인먼트의 경우 걸그룹뿐 아니라 보이그룹도 '술 광고는 절대 금지'라고 한다(어쩐지 그 이유가 짐작이 간다).

걸그룹	CF 개수	성공 개수	타율
티아라	9	7	0.778
원더걸스	11	8	0.727
씨스타	18	12	0.667
소녀시대	44	29	0.659
카라	28	18	0.643
에이핑크	15	9	0.600
걸스데이	22	13	0.591
miss A	37	21	0.568

[그래픽 7] 주요 걸그룹별 CF '성공' 타율 상위권

소주 역시 이미지 궁합이 썩 좋지 않다고 보는 견해가 많다. 맥주나 막걸리에 비해 '외롭고 쓸쓸하고 서민적' 애환이 담긴 술이다 보니 밝고 명랑한 걸그룹을 출연시킬 때 이미지가 부딪힌다는 것이다. 다만 최근에는 여성을 겨냥한 저알코올 도수의 소주가 많이 등장하면서 그 벽이 다소 무너지고 있다.

주요 걸그룹의 이미지 경쟁력을 보면 소녀시대는 밸런스가 좋다. 어느 광고에도 잘 어울린다는 뜻이다. 반면 씨스타는 예쁘거나 귀엽지는 않지만 건강하고 섹시한 이미지여서 주류 광고나 워터파크, 운동 관련 용품에 제격이다.

한편 트와이스나 I.O.I는 귀엽고 깜찍하고 예쁜 여동생 같은 이미지라서 교복이나 치킨 등 먹거리 광고에 경쟁력이 있다.

한쪽에서는 걸그룹의 CF 장악으로 다른 연예인의 비중이 상대

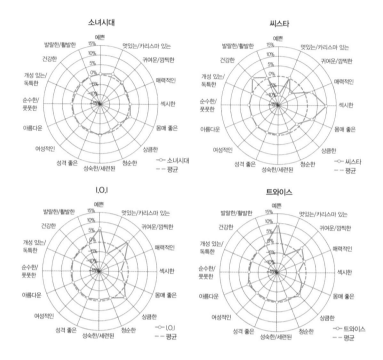

[그래픽 8] 각 걸그룹의 이미지 경쟁력

적으로 낮아진다는 하소연도 나온다. 앞서 언급한 치킨 등 각종 먹거리 광고에서 강세를 보였던 개그맨이 대표적이다. 여름철 영화계의 대목인 애니메이션 더빙에서도 걸그룹과 경쟁하면서 수입이 감소하고 있다는 것이다.

어디서나 빛이 있으면 그림자가 있는 법이다.

걸그룹의 컴백 시기와 내쉬 균형

지금도 활동하는 A 걸그룹의 관계자가 해준 말이다.

"고심 끝에 컴백 날짜를 결정했는데 얼마 후 라이벌 B그룹이 비슷한 콘셉트의 곡을 들고 같은 시기에 컴백한다는 소식을 들었어요. 컴백 시기를 조정할 것인지, 정면승부를 벌일 것인지 고민하다가 결국 접었어요."

결국 A 걸그룹 측은 컴백 무대를 연기했다. 일정에 차질이 생겼고, 금전적 손실도 봤다고 한다. 그래도 어쩔 수 없었다고 하면서 이 관계자는 이렇게 말했다. "자칫 컴백 자체가 묻힐 수 있는데 그것보다는 낫잖아요."

나중에 보니 라이벌인 B 걸그룹 측도 컴백 시기를 연기했다고 한다. 비슷한 우려를 했던 것이다. A그룹이든 B그룹이든 어느 한

쪽이 강행했다면 손해 보지 않을 수도 있었을 텐데 괜한 헛소동
을 일으켜 손해만 본 셈이다.

과연 그럴까? 경제학적 측면에서 볼 때 두 기획사는 칭찬받아
야 마땅하다. 적어도 경제학자들이 종종 이용하는 게임 이론인
'내쉬 균형(Nash's Equilibrium)'으로 설명하면 이들이야말로 합리
적 선택을 했기 때문이다.

새 음반을 준비하는 데 들인 돈이 2억 원이고 컴백에 성공해
벌어들이는 수익을 1억 원이라고 치자. 반면 컴백 시기를 뒤로
미루면서 발생하는 손해는 5,000만 원이다. 그렇다면 내쉬 균형
의 구도는 이렇게 짜여진다.

		B 그룹	
		강행	연기
A 그룹	강행	−2억, −2억	1억, −0.5억
	연기	−0.5억, 1억	−0.5억, −0.5억

[그래픽 1] 걸그룹 컴백을 앞두고 벌인 내쉬 균형

만약 둘 다 강행하면 2억 원씩 손해를 보게 되지만 A그룹만 강
행하면 1억 원을 벌고 양보한 B그룹은 5,000만 원 손해를 본다.
반대의 경우도 마찬가지다.

그렇다면 두 팀 모두 컴백 시기를 연기하면 어떻게 될까? 양쪽
모두 5,000만 원씩 손해를 보는 것으로 마무리된다. 따라서 상대

방이 어떤 선택을 할지 알 수 없는 상황에서 양쪽 모두 '연기'를 선택한 것은 합리적인 결정이었다. 시기를 조정해 다시 나온다면 1억 원을 벌어 손해 본 5,000만 원을 복구하고도 5,000만 원을 추가로 확보할 수 있기 때문이다.

다 같이 이기는 길

내쉬 균형은 영화 〈뷰티풀 마인드〉의 실제 주인공인 미국의 수학자 존 포브스 내쉬(John Forbes Nash Jr.)가 프린스턴대학원 시절인 1950년에 개발한 이론이다. 그는 이를 통해서 게임 이론의 발전과 정립에 기여한 공로를 인정받아 1994년 노벨경제학상을 수상했다.

영화에서 존 내쉬는 학교 근처 술집에서 친구들이 금발의 미녀를 둘러싸고 벌이는 신경전을 무마하는 과정에서 내쉬 균형을 선보인다.

"우리가 금발 미녀를 꼬드기기 위해 쟁탈전을 벌이면 아무도 그녀를 잡지 못해. 그 후에 꿩 대신 닭이라고 그녀의 친구들에게 대시해 봤자 이미 자존심이 상한 그녀들도 우리를 매몰차게 거절하겠지. 하지만 아무도 금발 미녀를 넘보지 않고 각자 친구에게 접근한다면 쟁탈전도 없고, 그녀의 친구들도 기분이 상하지 않겠지. 그게 다 같이 이기는 길이야."

실제로 걸그룹은 최적의 컴백 시기를 잡기 위해 늘 다른 경쟁 그룹의 동향을 체크하곤 한다. 애써 잡은 컴백 시기에 앞서 언급한 사례처럼 비슷한 콘셉트의 라이벌 걸그룹이 나온다거나 더 센 걸그룹이 나온다면 그야말로 한 해 농사를 말아먹는 꼴이기 때문이다.

기간	A(피해 걸그룹 발표곡)		B(가해 걸그룹 발표곡)	
	그룹	노래	그룹	노래
2007년 9월	소녀시대	소녀시대	원더걸스	Tell me
2009년 1월	브랜뉴데이	살만해	소녀시대	Gee
2010년 7월	걸스데이	갸우뚱	miss A	Bad girl Good Girl
2015년 9~10월	다이아	왠지	트와이스	우아하게
2016년 7월	마틸다	썸머 어게인	I.O.I	드림걸스

[그래픽 2] 시기를 잘못 선택한 곡과 당시 히트곡

이런 이유로 군소 기획사의 걸그룹은 미리 컴백 시기를 잡아 그에 맞춰 준비를 완벽하게 해놓고도 소녀시대나 트와이스 등 대형 걸그룹에 치여 날짜를 변경하는 경우가 부지기수다.

걸그룹 천하를 제패한 소녀시대도 데뷔 초에는 고전을 면치 못했는데, 원더걸스의 〈Tell me〉 열풍에 묻힐까 걱정해야 했다.

지금은 그 누구 못지않게 유명한 걸스데이도 데뷔 후 3년 가까이 눈물 젖은 빵을 먹어야 했는데, 데뷔할 때 하필 miss A를 만난 게 문제였다. miss A는 데뷔곡으로 차트 1위에 오른 어마어마한 걸그룹이었기 때문이다. 마치 제갈량을 만난 주유 같다고나 할까. 그나마 이들은 훗날 만회할 기회라도 주어졌지만 데뷔 때 소녀시대의 〈Gee〉를 만난 브랜뉴데이는 아무런 임팩트도 남기지 못한 채 조용히 사라지고 말았다.

2010년 1~2월	소녀시대	Oh
	카라	루팡
	티아라	Bo peep Bo peep

[그래픽 3] 2010년 연초 걸그룹 대전

2015년 7월	걸스데이	링마벨
	AOA	심쿵해
	에이핑크	Remember
	씨스타	Shake it

[그래픽 4] 2015년 여름 걸그룹 대전

[그래픽 3]과 [그래픽 4]는 역대급 걸그룹 대전으로 불린 대진표다. 2010년 연초에는 국내를 평정한 소녀시대와 일본에서 인기를 얻으며 역주행을 시도한 카라와 티아라 등이 맞붙었다. 2015년 7월에는 막 전성기에 접어든 걸스데이와 AOA, 에이핑크, 씨스타가 한판 붙었다. 걸그룹 팬들은 즐거울 수밖에 없었지만 해당 걸그룹과 기획사는 입에 침이 마르는 상황이었다. 그러나 이 같은 설움을 겪는 것이 어디 걸그룹뿐인가. 드라마나 영화 산업에서도 이런 일은 부지기수다.

지난해 11월에는 흥행이 기대됐던 한국 영화와 할리우드 영화의 개봉 시기가 겹치면서 영화사들의 치열한 눈치작전이 벌어졌다. 강동원 주연의 판타지 영화 〈가려진 시간〉이 움직이면서 연쇄 이동이 시작됐다. 배급사 쇼박스는 당초 11월 10일 선보일 예정이었으나 개봉일을 16일로 연기했다.

그런데 16일에는 이미 한국 영화 〈사랑하기 때문에〉와 〈스플릿〉, 해리포터 시리즈의 스핀오프인 〈신비한 동물사전〉까지 개봉이 잡혀 있었다. 서로 눈치를 보다가 〈스플릿〉이 10일로 개봉 일을 앞당겼고 11월 4일 예정이었던 기자시사회도 10월 31일로 급하게 변경했다. 〈사랑하기 때문에〉는 아예 이듬해인 2017년 1월로 멀찌감치 피해갔다.

내쉬 균형의 응용 사례, 죄수의 딜레마

그러나 내쉬 균형은 어디까지나 주어진 상황에서 합리적인 (피해를 최소화하는) 선택을 하도록 도움을 주는 것일 뿐 항상 최적의 선택을 담보해주는 것은 아니다. 이는 내쉬 균형의 가장 유명한 응용 사례인 '죄수의 딜레마(prisoner's dilemma)'를 통해서도 확인할 수 있다.

		B	
		부인	자백
A	부인	3개월, 3개월	5년, 1년
	자백	1년, 5년	3년, 3년

[그래픽 5] 죄수의 딜레마

범죄를 저지른 공범인 A와 B가 경찰에 체포됐다. 경찰은 증거를 확보하지 못했기 때문에 기댈 곳은 오직 범인의 자백뿐이다. 이때 두 사람 모두 범죄 혐의를 부인하면 증거 불충분으로 다른 가벼운 범죄 혐의로 3개월만 복역하고 나오게 된다. 반면 둘 중 한 명만 자백하면 자백한 사람은 1년형만 받고, 끝까지 버틴 사람은 5년형을 살게 된다. 반면 둘 다 자백하면 3년씩 살게 된다. 두 사람은 어떤 선택을 하게 될까?

범죄심리학자들의 연구와 각종 통계에 따르면 이런 경우 둘 다 자백하는 경우가 많다고 한다. 서로 상대방이 끝까지 부인할 것이라고 확신할 수 없기 때문이다.

할리우드 영화에서 경찰들이 '거짓 자백' 녹음을 가져다가 각자 떨어져 있는 공범에게 틀어준 뒤 "이봐, 찰리는 이미 다 시인했어. 여기서 계속 잡아떼면 네 형량만 늘어난다고"라는 식으로 그럴듯한 거짓말을 내세워 자백을 이끌어내곤 하는 것도 이런 이유 때문이다.

최순실 게이트를 수사하던 특검에서는 주요 피의자인 장시호 씨가 '복덩이'로 떠올라 화제가 됐다. 주요 증거품인 제2의 태블릿 PC를 제출하는가 하면 박근혜 대통령의 휴대전화 끝자리인 '420X'를 기억해 특검은 이를 토대로 박 대통령이 최 씨와 차명전화로 지난해 4월부터 6개월간 570여 회 통화한 사실도 밝혀냈다. 최순실 씨 입장에서는 뒤통수를 맞은 셈이다.

그렇다면 장 씨는 왜 검찰에 협조한 걸까? 장 씨의 진술에 힌트가 있다. 검찰에 따르면 장 씨는 조사받던 중 검사들에게 "조윤선 전 장관은 돈이 많아서 매일 변호사들이 오랫동안 접견을 한다. 나는 돈이 없어서 그렇게 할 수 없으니 특검에 자주 불러달라"고 말했다고 한다.

죄수의 딜레마가 작용했던 것은 아닐까. 조윤선 장관이나 최순실 씨가 비싼 변호사를 고용해 자신에게 모든 것을 뒤집어씌우고 빠져나가지 않을까 하는 두려움 말이다. 의지할 곳 없는 장 씨로서는 이모 최 씨만 믿고 버티는 것보다 특검에 최대한 협조해 감형을 이끌어내는 것이 유리하다는 본능적인 내쉬 균형에 도달한 것 같다.

장 씨의 사례에서 보듯 내쉬 균형은 결국 경쟁과 갈등 구조가 있는 상황에서는 필연적으로 발생할 수밖에 없다. 가정, 학교, 회사, 국가 등 사회라고 이름 붙여진 곳에서는 어김없이 일어나며,

사람이 모인 곳에서는 반드시 등장한다.

모두 공교육을 정상화시켜 사교육을 없애자고 목소리를 높이지만 그 가운데에도 학원을 보내지 않으면 내 아이만 뒤처지지 않을까 하는 불안감에 아이를 학원으로 밀어 넣는다. 죄수의 딜레마에 사로잡혀 모두 엄청난 비용을 치르며 사교육 업자들의 이익만 챙겨주고 있는 셈이다.

여기서 내쉬 균형은 결국 신뢰의 문제이기도 하다. 원칙과 약속을 지키면 나만 손해 볼 것 같다는 생각이 내쉬 균형으로 이끌기도 한다.

이번 선거에서는 다를 줄 알았던 '지역주의'가 여전히 위력을 발휘했다. 정치학자들은 우리 정치의 고질병인 지역주의를 죄수의 딜레마라고 표현한다. 영남에서는 "호남이 민주당에 몰표를 주기 때문에", 호남에서는 "영남이 한국당을 압도적으로 지지하니까"라며 자신들의 지역주의 투표를 정당화한다는 것이다.

이런 죄수의 딜레마에서 벗어나려면 사회 구성원 모두가 노력하고, 국가는 공정한 시스템과 엄격한 법 집행으로 이를 제도적으로 뒷받침해주는 수밖에 없다. 단기간에 해결될 일은 아니지만, 지금부터라도 계속 신뢰를 쌓아간다면 언젠가는 일정 수준에 도달할 수 있을 것이다.

★

CHAPTER

14

티파니가 재빨리 사과한 이유,
깨진 유리창 이론

"Seriously, it is a waste of time."

잉글랜드 프리미어리그를 호령했던 맨체스터 유나이티드 FC
의 전설적인 감독 알렉스 퍼거슨은 26년간 팀을 이끌며 리그 우
승 13회, '트레블'(한 시즌에 자국 정규 리그, 리그컵, 챔피언스 리그나 UEFA
유로파 리그 가운데 3개 대회에서 동시에 우승하는 것) 등 축구사에 길이 남
을 업적 외에도 거침없는 성격으로 유명했는데, 그 덕분에 많은
어록을 남겼다. 그중 우리나라에서도 많이 회자된 것이 SNS에 대
해 "인생의 낭비다(it is a waste of time)"라고 날린 직설이다.

나처럼 평범한 사람이야 SNS에 '트럼프 최고'라고 적어도 아무
런 반응이 없기 때문에 별로 걱정할 일이 없지만 24시간 대중의

관심을 받는 정치인이나 연예인은 SNS에 올린 글이나 사진 때문에 그야말로 한순간에 훅 가는 경우가 적지 않다. 지금 머릿속에 떠오르는 것만 계산해 봐도 퍼거슨은 우리나라에서만 의문의 수백 승은 거둔 것 같다.

티파니가 지난 여름에 한 일을 알고 있다

2016년 여름, 소녀시대 멤버 티파니는 SNS에 무심코 올린 사진으로 큰 곤욕을 치렀다. 8월 15일 스냅챗에 올린 사진에서 일본 제국주의를 상징하는 욱일기 문양의 배지가 포착된 것이다. 하필이면 그날이 바로 광복절이어서 거의 불난 주유소에 석유통을 내던진 격이었다.

몇 분 만에 수천 건의 댓글과 포스팅이 등록되면서 그날 하루만큼은 을사오적만큼이나 비판을 받았다.

비판의 불길이 꺼질 줄 모르는 가운데 티파니는 몇 시간 뒤 "광복절의 의미를 생각할 때 결코 해서는 안 될 잘못을 범했다"라는 자필 사과문을 올렸다. 이어 소속사인 SM엔터테인먼트에서 재차 공식 사과 성명을 냈고, 티파니는 며칠 후 두 번째로 개인 사과문을 올렸다.

분위기는 다소 잠잠해졌고, 티파니는 출연 중이던 KBS 인기 예

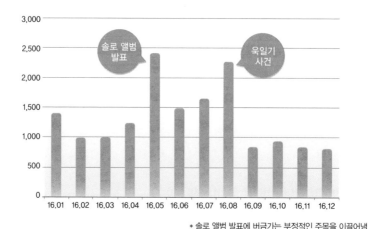

* 솔로 앨범 발표에 버금가는 부정적인 주목을 이끌어냄

[그래픽 1] 욱일기 사건(2016년) 전후 티파니에 대한 언급량

능 프로그램 〈언니들의 슬램덩크〉에서 하차하는 것으로 사건이
마무리됐다.

애니콜을 화형하다

사회학 이론 가운데 '깨진 유리창 이론(Broken Window Theory)'
이 있다. 1969년 스탠퍼드대학교의 심리학 교수 필립 짐바르도
(Philip Zimbardo)는 미국 뉴욕의 브롱크스 거리에 유리창이 깨지
고 번호판 없는 자동차를 방치해놓고 사람들의 행동을 유심히 관
찰했다. 그 결과 사람들이 자동차에서 배터리나 타이어 같은 부

품을 훔치거나 자동차를 더 형편없이 만들어버리는 행위를 일삼는다는 것을 알게 됐다.

이에 착안해 미국의 범죄학자 조지 켈링(George Kelling)과 정치학자 제임스 윌슨(James Wilson)은 부적절한 상황을 즉각 개선하지 않고 그대로 두어 그 모습을 인식시키면 상황이 더 악화되는 현상에 대해 '깨진 유리창 이론'이라는 명칭을 붙였다.

깨진 유리창 이론은 기업 경영에도 유용하게 적용되곤 한다. 예를 들어 서비스에 불만을 가진 소비자가 민원을 제기했을 때 응대와 수습이 미숙한 경우 고객의 불만이 인터넷을 통해 전달되고 확산되면서 기업의 전체 이미지를 훼손시킬 수 있다는 것이다.

반대로 민원에 제대로 대처할 경우 위기가 오히려 기회로 뒤바뀌는 사례도 적지 않다. 많은 사람이 기억하는 이른바 '애니콜 화형식'이 대표적이다.

1995년 연이은 불량품 사건으로 이미지를 구긴 삼성전자는 임직원 2,000여 명이 모여 '품질은 나의 인격이오! 자존심!'라는 현수막 앞에서 불량으로 판명된 휴대폰과 무선전화기, 팩시밀리 등 15만 대를 해머로 부순 뒤 기름을 뿌려 모두 소각하는 퍼포먼스를 선보였다. 그날 저녁 TV 뉴스와 이튿날 신문에는 여직원들이 서로 부둥켜안고 흐느끼는 모습과 함께 이들의 '의지'가 전 국민에게 소개됐고, 이후 '애니콜 신화'라는 대반전을 일으켰다. 삼성의 불량 공정 자체도 개선됐지만 무엇보다 소비자의 마음에 새긴

메시지가 긍정적 효과로 이어진 것이다.

이때 태운 제품 가격은 약 150억 원에 달했다고 한다. 당시 서울 대치동 은마아파트 32평형의 가격이 2억 원 조금 넘을 때였으니 지금 물가로 환산하면 700억 원은 족히 넘는 액수인 것이다 (써놓고 보니 삼성전자 규모에서는 그리 큰 액수가 아닌 것 같기도 하다).

어쨌든 소녀시대의 즉각적 대응은 '애니콜'만큼 극적인 반전을 만들어내지는 못했지만 적어도 상황이 악화되는 사태를 막았다는 점에서 '깨진 유리창 이론'의 최소한 적용은 된 것으로 보인다.

나쁜 소문은 바람보다 빨리 퍼진다

다음은 걸그룹 역사에 길이 남을 만한 수준의 실패 사례다.

2012년 7월 일본 도쿄 부도칸 공연 후 멤버 지연이 트위터에 '의지의 문제'라는 글을 남기고 다른 멤버들이 리트윗 이어달기를 하면서 '화영 왕따' 논란이 불거졌다.

여기저기서 각종 억측이 난무한 가운데 소속사와 멤버 모두 침묵으로 일관한 채 며칠을 보냈다. 만약 당시에 "화영을 겨냥한 것이 아니다"(설령 이 말이 거짓이었더라도)라거나 "팀원 간에 작은 오해가 있었는데 모두 풀렸다" 등의 해명으로 재빨리 마무리했으

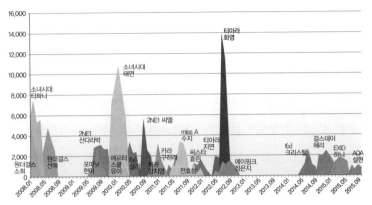

* 역대 걸그룹 멤버 단일 언급량으로는 최고치를 기록할 만큼 파장이 큰 사건이었음

[그래픽 2] 화영 사건에 대한 언급량

면 티아라의 긴 활동 기간 중 벌어진 하나의 해프닝 정도로 마무리될 수도 있었을 것이다.

그러나 의혹은 방치되고, 소속사와 당사자들은 침묵했다. 뭔가 있는 게 틀림없다고 생각한 네티즌들은 왕따 사건이 맞다고 확신하기에 이르렀다. 그리고 그동안 티아라가 출연한 각종 예능 프로그램의 동영상을 캡처해 이른바 '화영 왕따'를 정리하는 게시물을 올렸고, 나흘 만인 7월 30일 느닷없이 화영이 탈퇴하면서 사태는 걷잡을 수 없이 커졌다. 진실인지 아닌지 알 수 없는 이른바 각종 찌라시가 꼬리에 꼬리를 물고 떠돌면서 남은 멤버들의 이미지는 끝없이 동반 추락했다.

결국 소속사는 사건이 일어나고 20여 일이 지난 8월 14일에야 공식 해명을 내놓았는데, 이미 티아라에 대한 각종 악성 루머가 인터넷을 몇 바퀴나 돌고 돈 시점이었으니 늦어도 너무 늦은 대응이었던 셈이다.

이때부터 대중의 비호감으로 전락한 티아라는 출연하고 있던 광고와 TV 드라마에서 모두 하차하는가 하면 일부 기업으로부터 받은 광고비까지 돌려주는 초유의 사태에 직면해야 했다. 이 사건이 일어나고 5년이 지나도록 과거의 명성을 되찾지 못하고 있으니 '깨진 유리창 이론'에 대한 수업치고는 너무나 비싼 값을 치르고 있는 셈이다(최근 이 사태를 다른 각도에서 조명하는 시각이 부각되면서 5년 만에 진실게임 양상으로 다시 사람들의 입에 오르내리기도 했다).

[그래픽 3]을 살펴보자. 위로 상승하는 파란 막대기는 긍정적

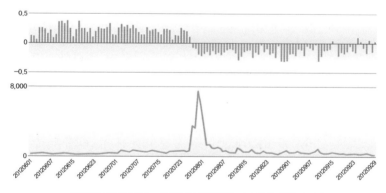

[그래픽 3] 2012년 6~9월 화영 사건 전후 티아라에 대한 이미지

언급, 아래로 처진 빨간 막대기는 부정적 언급이 상대적으로 더 많았음을 의미한다. 티아라의 이미지가 화영 사건 전후로 해서 180도 바뀌었다는 것을 알 수 있다.

그런데 지난해 티아라 사건보다 더 나쁜 사례가 있었는데, 바로 청와대다. 청와대가 세월호 문제에 대해 처음으로 해명한 것은 2016년 11월 12일로 정연국 청와대 대변인은 "박 대통령은 당일 청와대에서 정상 집무를 봤다. 세월호 사고에 대해 지속적으로 15차례에 걸쳐 국가안보실과 정무수석실로부터 상황을 보고 받았다"라고 발표했다. 사건 발생 후 무려 2년하고도 8개월이 지난 시점이었다.

그동안 이를 둘러싼 각종 구설수와 루머는 차마 입에 옮기기에도 민망할 정도였는데, 여하튼 청와대의 위기관리 능력이 일개 연예기획사만도 못하다는 점을 어떻게 받아들여야 할지 난감하기 그지없었다.

비록 문재인 대통령이 임기 초반에 지지율 고공행진을 벌이고 있지만 언제 어디서 '깨진 유리창'이 나타날지 모를 일이다. 이미 고위공직자 인선에서 검증의 허점이 드러나면서 유리창에 다소 금이 간 것 같기도 하다.

블랙 스완

사실 80%대의 지지율로 시작한 대통령은 이전에도 있었다. 김영삼 전 대통령이다. 군부정치시대를 종식시키고 문민정부를 탄생시킨 김 전 대통령은 하나회 숙청과 금융실명제 같은 개혁정책을 내놓으면서 국민의 큰 호응을 얻었다.

김 전 대통령의 지지율이 꺾인 데는 예기치 못한 사태가 영향을 끼쳤다. 임기 초반인 1994년 성수대교가 무너졌고, 1995년에는 삼풍백화점이 붕괴됐다. 이 사건은 '인재'였고, 그 수습과 대응이 적절치 못했다. 그러자 민심은 급속도로 냉각됐다. 사상 최고의 지지율로 시작한 김 전 대통령은 역대 최저치의 지지율로 임기를 마치고 청와대를 떠났다.

뉴욕대학교 나심 니콜라스 탈레브(Nassim Nicholas Taleb) 교수가 2007년 미국 월스트리트의 위험성을 파헤친《블랙 스완》을 출간했을 때, 뉴욕의 서점가에서 이를 주목하는 시선은 거의 없었다. 그러다가 일 년 후 미국 서브프라임 모기지 사태가 전 세계적 글로벌 금융위기로 확산되자, 이 책에 대한 시선은 180도 바뀌었다. 서구 자본주의 시장의 곪은 상처를 정확히 진단한 '예언서'급으로 추앙받으며 전 세계적 베스트셀러가 됐다.

블랙 스완은 '실제로는 존재하지 않는 어떤 것' 또는 '고정관념과 다른 어떤 상황' 등에 대한 은유적 표현이지만 이제 9·11테러처럼 경제학과 사회학에서 예상하지 못했던 경제사회적 리스크를 가리키는 용어로 더 익숙해졌다. 그래서인지 《블랙 스완》의 부제는 '0.1%의 가능성이 모든 것을 바꾼다'였다(단어 블랙 스완은 18세기 호주에서 유럽인이 검은 백조를 발견한 사건에서 유래됐다고 한다).

　가뭄, 태풍, 홍수, 지진 등 재해도 대표적인 블랙 스완적 요소로 꼽을 수 있는데, 2011년 동일본을 강타했던 쓰나미가 대표적이다. 미 의회조사국(CRS)은 2011년 4월에 발간한 보고서 〈2011 일본 지진·쓰나미: 경제적 영향과 미국에 시사점〉을 통해 일본이 쓰나미로 1,950~3,050억 달러의 경제적 피해를 입었다고 추산했다.

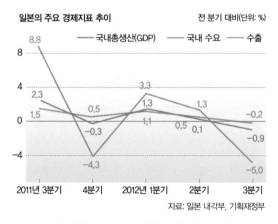

[그래픽 4] 쓰나미의 영향을 받은 일본 경제

블랙 스완의 반대 개념으로 '화이트 스완'도 있다. 미국 뉴욕대학교 누리엘 루비니(Nouriel Roubini) 교수가 《위기 경제학》에서 처음 사용한 화이트 스완은 반복되고 충분히 예측 가능하지만 확실하고 명확한 해결책을 제시하지 못하는 상황을 가리킨다. 블랙 스완과는 정반대 개념인 셈이다. 우리나라에서 화이트 스완을 꼽으라면 경제적으로는 가계 대출이 아닐까 싶다.

미국 대선 이후 시장 금리가 급등하면서 1,300~1,500조 원으로 추정되는 국내 가계부채의 뇌관(雷管)이 터질 수 있다는 우려가 여기저기서 터져 나오고 있다. 금리를 인상하면 은행 대출을 받아 집을 마련한 서민의 이자 부담이 커지기 때문이다. 그러나 최근 대선 후 서울을 중심으로 주택 가격이 계속 상승하면서 과연 금리를 무조건 붙잡고 있는 게 옳은 일이냐는 반론도 만만치 않다. 금리가 낮으면 너도나도 대출을 받아 부동산에 투자할 테니 말이다.

최근에는 이보다 더 심각한 문제가 있는데, 정치적 화이트 스완이라고 할 수 있는 북핵이다. 남북관계를 대화 기조로 풀어 보려던 정부로서는 북한의 연이은 미사일 도발과 핵 실험으로 이러지도 저러지도 못하는 상황에 놓여 있다.

북한의 핵 문제는 우리가 어찌하기에는 너무 멀리 가버렸다는 것이 전문가들의 지배적 분석이다. 앞으로 김정은의 '배려'에 따라 불안해하거나 안심해야 하는 상황이 실제로 오는 건 아닌지 걱정스럽다.

★

아이유가 유독 드라마에서
빛을 보지 못하는 이유, 핵심 역량

지난해 150억 원이라는 거액의 제작비를 들여 화제가 됐던 SBS 드라마 〈달의 연인-보보경심 려〉는 완성도를 높이기 위해 사전 제작을 하고도 기대치를 밑도는 낮은 시청률로 구설수에 올랐다.

방영 내내 KBS에서 내보낸 경쟁작 〈구르미 그린 달빛〉(22.9%)에 밀려 시청률이 한 자릿수를 맴돌다가 최종회에서는 10.1%를 찍으며 '유종의 미(?)'를 거뒀다. 사실 그마저도 〈구르미…〉가 먼저 종영한 데 따른 효과를 본 수치였다.

호화 출연진(무려 소녀시대와 EXO의 멤버가 조연으로 출연)과 화려한 세트장, 여기에 중국에서 이미 대박을 쳤던 검증된 스토리 등 기대 요소는 넘쳐났지만 막상 뚜껑을 열어 보니 "소문난 잔치에 먹을 것 없다"는 옛말을 실감케 했을 뿐이다.

이런 대작이 실패하는 데는 한 가지 이유만 있는 게 아닐 텐데, 방영 내내 여주인공 '해수' 역을 맡은 아이유의 연기력을 질타하는 목소리가 높았던 것 같다. 강력한 팬덤을 갖춘 남자 출연진(이준기, 강하늘, 백현 등)을 흠모하는 팬의 질시가 향했던 것일까.

아이유는 왜 연기자만 되면 작아질까

아이유는 모두가 인정하는 대한민국의 톱 여가수 중 한 명이다. '3단 고음 부스터'로 스타 반열에 오르게 된 〈좋은 날〉을 비롯해 〈너의 의미〉〈하루 끝〉 등 어지간한 중견 가수 못지않게 히트곡이 많아 무대에 서면 아이돌 이상의 무게감이 실린다. 20대 솔로 여가수로서는 그 누구도 넘볼 수 없는 독보적 위치를 차지하고 있다고 해도 과언이 아니다.

그런데 유독 드라마에 등장하면 힘을 못 쓴다. 첫 단독 주연에 가까웠던 주말연속극 〈힘내라 이순신〉에서도 연기력 논란에 시달렸고, '아시아 프린스'라는 별명을 가진 장근석과 함께했던 〈예쁜 남자〉도 반응이 신통치 않았다. 여주인공으로 나서면 번번이 시청자들의 싸늘한 시선을 받을 뿐이다. 반면 여러 배우가 공동 주연급으로 출연했던 〈드림 하이〉나 〈프로듀사〉 같은 드라마에서는 무난한 반응을 얻었다.

그렇다고 드라마의 실패로 가수 활동에 타격을 입거나 하는 것도 아니다.

〈힘내라 이순신〉〈예쁜 남자〉 등의 작품에서 연기력 혹평을 받은 뒤 내놓은 3집 앨범은 〈금요일에 만나요〉〈분홍신〉〈한낮의 꿈〉 등의 곡이 차트를 올킬하며 가수로서의 저력을 재확인했다.

즉 연기자 아이유와 가수 아이유는 지킬과 하이드처럼 전혀 다른 존재감을 갖고 있으며, 대중 역시 연기자 아이유와 가수 아이유를 분리해서 소비한다고 해도 과언이 아니다.

마블코믹스와 핵심 역량

미국에서 가장 큰 만화책 제작회사 중 하나였던 마블코믹스는 1990년대 인터넷의 발달로 시장이 축소되기 시작하면서 경제적 어려움을 겪었다.

한때 파산 위기까지 갔던 마블코믹스가 되살아난 것은 자신들이 지금까지 만들어놓은 히어로 캐릭터에 대한 판매 방식을 바꾸면서다. 영화 제작 판권을 판매하는 한편 캐릭터 상품과 비디오

[그래픽 1] 마블코믹스의 주요 캐릭터들

게임 시장에도 적극적으로 나섰다. 이렇게 해서 재기에 성공한 마블코믹스는 이후 〈헐크〉〈아이언맨〉〈엑스맨〉시리즈 제작에 직접 나서 대성공을 거뒀다. 경쟁자들이 감히 따라 할 수 없는 자신들의 핵심 역량이 어디서 나오는지 정확히 분석하고 파악한 덕분이다. 그것은 바로 수십 년에 걸쳐 전 세계적으로 인지도를 쌓아올린 슈퍼 히어로였다.

슈퍼 히어로를 갖고 있음으로써 인쇄매체가 됐든, 브라운관이 됐든, 스크린이 됐든 마블코믹스의 위력이 계속될 수 있다는 사실을 깨달은 것이다.

1990년대 이후로 경제계에서 화두가 된 '핵심 역량(core competence)'

은 1990년 미국 미시간대학교 비즈니스스쿨의 프라할라드(C.K. Prahalad) 교수와 런던 비즈니스스쿨의 게리 하멜(Gary Hamel) 교수가 발표한 이론이다.

간략히 정리하면 기술이 전광석화처럼 빠른 속도로 변하는 후기산업사회에서는 어떤 제품이 성공할지, 또 어떤 기술이 개발될지 예측하기가 어려우므로 무작정 시장의 유행을 따라가기보다는 기업 내부에서 성공의 원천을 찾아내야 한다는 것이다. 시장 변화와 무관하게 버틸 수 있는 내부 경쟁력이 있어야 된다는 이야기다.

한 가지 주의할 점은 여기서 핵심 역량은 단순히 남들보다 상대적으로 잘하는 수준이 아니라 경쟁자들과 비교했을 때 최상위에 속할 수 있을 만큼 월등하게 뛰어난 능력이라는 점이다.

예를 들어 기성세대에게 워크맨으로 널리 알려진 소니(Sony)가 파일로 음원을 듣는 지금까지도 버티는 것은 세계무대에서 경쟁력을 갖춘 소형화 기술 덕분인데, 이를 토대로 블루투스 시장에 성공적으로 진출해 살아남았다.

이런 핵심 역량은 개인 단위로도 얼마든지 응용이 가능하다.
축구선수 차두리는 폭발적인 스피드와 체력을 바탕으로 국가대표 공격수로 활동하다가 20대 후반에 측면 수비수로 전향했다. 그 결과 30대에도 2010년 남아공 월드컵에서 맹활약하는 등 제2의 전성기를 누렸다. 차두리가 이렇게 활동할 수 있었던 것은 발재간이나 개인기, 골 결정력 등에서 경쟁력이 약하다고 판단되자 공격수를 과감히 포기하고 핵심 역량인 스피드와 파워를 활용할 수 있는 포지션(측면 수비수)으로 바꿨기 때문이다.

승승장구하던 SM, 영화 제작 스톱

반면 핵심 역량을 잘못 짚어 무모한 도전을 했다가 쓴맛을 본 예도 많다.

2007년 동방신기와 슈퍼주니어 등의 활약으로 승승장구하던 SM엔터테인먼트는 영화에 진출하는 공격적 행보에 나선 적이 있다. 그해 여름 SM픽처스는 영화 〈꽃미남 테러사건〉을 내놓았는데, 당시 슈퍼주니어에서도 가장 인기가 많았던 강인과 김희철, 최시원, 김기범 등이 출연해 화려한 스포트라이트를 받았다. 당시 SM엔터테인먼트의 영화계 진출에 대해 반신반의하던 충무로조차 "슈퍼주니어 팬들이 한 번씩만 봐도 관객이 수십만 명은 들지 않겠느냐"라는 예상을 내놓았다.

그런데 그해 연말 영화진흥위원회가 집계한 〈꽃미남 테러사건〉의 전국 관객 수는 9만 8,259명으로, 2007년 개봉한 한국 영화 중 73위에 해당하는 개봉 성적을 거뒀다. 참고로 1976년판 동명의 만화영화를 복원한 〈로봇태권V〉나 〈빼꼼의 머그잔 여행〉도 이보다 관객 수가 많았다.

결과가 워낙 충격적이었던지 SM픽처스는 한동안 별다른 움직임을 보이지 않다가 조용히 사라졌다(당시 영화 담당 기자였던 나는 시사회 때 꽤 재밌게 봐서 리뷰 기사도 좋게 썼고, SM픽처스는 그걸 가져다가 배너 광고에 붙이기도 했다).

2000년 인기 절정의 H.O.T를 앞세운 3D 영화 〈평화의 시대〉가 실패한 뒤 또다시 맛본 스크린에서의 좌절이었다. SM의 핵심 역량은 어디까지나 음악 기반이며, 연기 영역까지 확장될 수 없다는 것이 확인된 셈이다. 그래서인지 SM엔터테인먼트는 다른

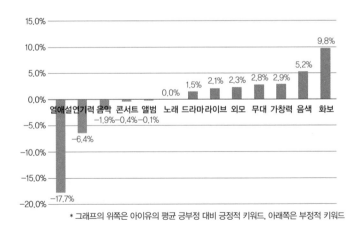

* 그래프의 위쪽은 아이유의 평균 긍부정 대비 긍정적 키워드, 아래쪽은 부정적 키워드

[그래픽 2] 빅데이터로 본 아이유의 핵심 역량(2008~2016년)

분야로 사업을 확장하면서도 영화만큼은 나서지 않고 있다. (실례로 SM 소속 뮤지션은 뮤지컬에서는 좋은 성적을 거두고 있다.)

[그래픽 2]는 아이유에 대한 네티즌의 평을 정리한 빅데이터 자료다. 2008년부터 2016년까지 아이유와 연관된 검색어를 보면 음악에 대한 것에 긍정적인 표현이 더 많다는 것을 알 수 있다. 반면 연기력에 대해서는 평가가 그리 좋지 않다.

이렇게 볼 때 아이유가 연기자로서 실패의 서사를 써나가는 과정도 핵심 역량에 대한 오판이 아닐까 싶다. 아이유의 핵심 역량은 자타가 공인하는 가창력과 나이에 걸맞지 않게 다양한 장르의 노래를 소화하는 감수성이다. 그러나 이런 음악적 재능과 연기의 상관관계는 적어도 지금까지 상황으로 봐선 별다른 연관성이 없는 듯하다. 만약 가창력과 연기력이 연관성을 갖고 있었다면 1980년대 연기대상은 가왕(歌王) 조용필이 휩쓸었을 것이고, 올해의 가수대상은 공유가 차지하지 않았을까.

물론 가수가 다른 영역에 진출했을 때 항상 쓰디쓴 실패의 결과로 이어졌던 것은 아니다. 1세대 걸그룹의 디바였던 옥주현과 바다는 뮤지컬에 도전해 큰 성공을 거뒀다. 특히 〈아이다〉 〈캣츠〉 등에서 호평을 받은 옥주현은 여자 뮤지컬 배우로서는 드물게 티켓 마케팅이 가능하다는 평가를 받고 있다. 즉 사람들이 옥주현이라는 이름 때문에 공연을 보러 온다는 이야기인데, 이전까지만 해도 우리나라 뮤지컬계에서는 조승우와 엄기준, 오만석 등 남자 배우만 티켓 파워가 있다고 생각했다.

어떤 경제학자는 핵심 역량을 정의하면서 '이전이 가능한 역량'이라고도 했다. 어쩌면 옥주현과 바다가 다른 영역에서 성공할 수 있었던 것은 가창력이라는 핵심 역량을 뮤지컬 무대로 옮기는 게 가능했기 때문이 아니었을까.

정치인 가운데 변호사 출신이 많다. 당장 문재인 대통령만 해도 변호사 출신이다. 또 그의 정치적 동반자였던 노무현 전 대통령도 변호사 출신이었다.

20대 국회	
총원	299명
법조인 출신	50명
비율	16.7%

[그래픽 3] 국회의원 가운데 법조인의 비율

정치권에서는 "법을 잘 알고 있는데다 말도 조리 있게 하는 법을 알기 때문에 정치인으로서 활동하기에 유리하다"라는 설명이 나온다. 그리고 보니 문 대통령 외에도 대선에 출사표를 던졌던 박원순 서울시장, 이재명 성남시장, 홍준표 전 경남지사 등도 모두 법조인 출신으로 일리 있는 설명이라는 생각이 든다.

자신의 핵심 역량은?

예전에 기자 공채를 담당하는 부서에서 잠시 일한 적이 있는데, 입사지원서를 받으면 비슷비슷한 내용이 많다. 토익(Toeic) 등 어학 관련 스펙은 그렇다고 쳐도 전공이 천차만별인데도 학업 외 활동은 대부분 방학을 이용하거나 휴학한 뒤 기업의 각종 인턴십에 지원한 경험과 해외 봉사활동 경험으로 가득 차 있었다. 리더십을 비롯해 인생의 깨달음을 얻은 시간이 대부분 해외 어학연수나 교환학생 또는 2주 남짓한 해외 봉사활동에 국한되었던 것이다. 오히려 별다른 스펙이 없어 방학을 이용해 동네 정육점에서 일했다는 여학생의 이야기가 신선하기도 하고 공감이 되어 최고 등급을 줬던 기억이 난다. 진솔하게 자신의 이야기를 풀어 나가는 힘이 그 어떤 스펙보다 강력한 경쟁력이라는 사실을 알았으면 싶다.

인류가 지구에서 살아남을 수 있었던 것도 다른 종(種)을 앞설 수 있는 핵심 역량을 발전시킨 덕분이었다. 불과 도구의 사용, 철의 제련 기술, 농업 등을 통해 육체의 연약함에도 불구하고 계속해서 생존하고 다른 종을 지배하는 게 가능했던 것이다.

이 모든 것을 가능케 해준 것이 바로 언어의 사용이었다. 언어를 통해 서로 교감하고 공감하는 능력을 갖춘 덕분에 인류는 이런 기술을 공유하고 후세에 전달할 수 있었다. 시대가 달라져도

이 같은 본질은 달라지지 않을 것이다. 아무리 시대가 빠르게 변화하고 첨단기술이 발전한다고 해도 상대방과 소통하고 교감할 수 있는 능력이야말로 최고의 핵심 역량이 아닐까 한다.

설현만 잘나가도 AOA가 웃는 이유, 낙수 효과

〈프로듀스 101〉이나 〈아이돌 학교〉처럼 걸그룹을 뚝딱뚝딱 만들어내는 프로그램을 보면서 나도 모르는 사이에 담요를 꽉 움켜쥘 때가 있다. 멤버끼리 센터 자리를 놓고 경쟁을 벌일 때다. 과연 누가 이길까. 소녀들의 불꽃 튀는 심리전을 보고 있자면 축구 국가대표팀의 월드컵 경기와 비교도 안 될 정도로 심장이 쫄깃쫄깃해진다.

한참 기싸움과 신경전이 오가고 승부가 결정된다. 그 순간 패배한 멤버의 눈에서는 눈물이 주르륵 떨어지곤 하는데, 감수성이 예민해서인지 이 장면에서는 그만 고개를 돌리고 만다.

센터는 걸그룹이 노래를 부를 때 메인에 세우는 멤버를 가리킨다. 너무 튀지 않으면서도 남녀노소 가리지 않고 보편적으로 예쁘다고 여겨지는 멤버를 세우는 게 보통이다.

소녀시대의 윤아, miss A의 수지, 에이핑크의 손나은, 레드벨벳의 아이린, 트와이스의 나연 등이 센터의 계보를 이어오고 있다.

센터를 놓고 기싸움을 벌이는 이유는 간단하다. 그만큼 큰 주목을 받고, 많은 기회가 주어지기 때문이다. 똑같이 CF에 등장해도 단독 샷이 한 번 정도는 더 나온다. SM엔터테인먼트나 JYP엔터테인먼트처럼 사정이 넉넉한 기획사가 아닌 경우, 기회가 많이 주어지지 않는 기획사 입장에서는 선택과 집중이 필요하다. 일단 찾아온 기회를 센터에 '몰빵' 하게 된다. 그래서 걸그룹이 떴을 때 센터이냐 아니냐는 앞으로 남은 연예계 활동의 운명을 좌우할 수 있는 중요한 일이다.

현재 가장 잘나가는 여성 아이돌 멤버를 한 명 꼽으라면 단연 AOA의 설현인데, 역시 센터 출신이다.

TV 채널을 돌려도, 길거리를 걸어도, 극장에 가도, 인터넷에 접속해도 어디서나 설현의 얼굴이 등장한다. 게다가 좀처럼 수그러들 기미도 보이지 않는다. 최근 트와이스나 레드벨벳의 기세가 무섭긴 하지만, 그래도 굳이 한 명만 꼽으라면 아직까지 설현을 넘어설 멤버는 없는 것 같다.

덕분에 2012년 데뷔하고 한동안 눈물 젖은 빵을 먹어야 했던

AOA도 인기를 얻기 시작해 2014년부터는 〈짧은 치마〉 등으로 음원 차트에서 두 차례나 1위에 올랐다.

큰 인기를 누리는 AOA지만 정작 설현 외에 나머지 멤버에 대해 물으면 시원한 대답을 듣기 어렵다. 사실 멤버 이름은커녕 AOA가 6인조 걸그룹이라는 사실조차 모르는 경우가 적지 않다. 센터가 아닌 것이 이렇게 서러운 결과로 이어진다. 그렇다 보니 걸그룹 지망생은 이를 악물고 센터 자리에 서길 바란다.

KBS 드라마 〈학교 2017〉을 비롯해 각종 예능에 나오는 김세정이 걸그룹 구구단의 멤버라는 사실을 아는 사람이 몇이나 될까. 어쩌면 구구단이라는 걸그룹이 있다는 사실조차 모르는 사람이 더 많을 것 같다(팀 이름도 한몫을 하고 있다).

걸그룹이 한 명에 '몰빵' 하는 이유

최근에는 걸그룹에서 특정 멤버 한 명만 유독 유명해지는 경우가 적지 않다. 앞서 말한 것처럼 소속 그룹보다 더 유명해지기도 한다. 과거 모든 멤버가 비교적 고르게 인기를 얻었던 1세대 걸그룹의 S.E.S나 핑클과는 다소 다른 양상이다.

이런 현상은 miss A 수지나 AOA 설현처럼 영화, 드라마, CF 등을 그룹 내 멤버 한 명이 독식하는 데서 비롯된다. 예를 들어

miss A는 데뷔하고 나서 57개 TV 광고를 찍었는데, 그중 46개는 멤버 중 수지만 나오는 광고였다.

걸그룹이 이처럼 한 명에게 몰빵 하는 이유는 그룹마다 제각 각의 사정이 있을 테지만 대개 비슷비슷하다. 바로 '낙수 효과 (Trickle-down Effect, 落水效果)'를 기대하는 것이다. 신인 그룹이거 나 소규모 기획사일수록 이런 경향은 더 심하다. 예전에 시골에 서 자식들을 대학 보낼 때 맏아들에게 몰빵 하고, 그 성공한 맏아 들이 나머지 동생들을 책임지는 식이다.

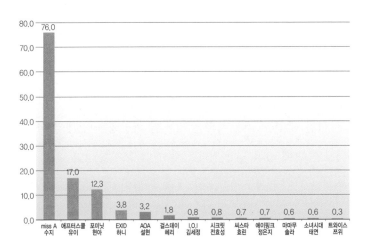

* 구글 검색량 기준으로, 1위 멤버 검색량/
그룹명보다 많이 검색되는 멤버는 수지, 유이, 현아, 하니, 설현, 혜리 순임

[그래픽 1] '아마도' 그룹보다 유명한 걸그룹 멤버

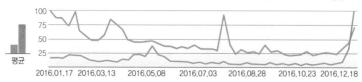

[그래픽 2] AOA와 설현의 구글 검색량 추이

낙수 효과는 대기업이나 부유층의 소득이 올라가면 사회 전반에 돈을 많이 쓰기 때문에 경기가 부양되고, 나라 전체의 GDP가 증가하면서 저소득층에게도 혜택이 돌아간다는 이론이다. 즉 부유층이 돈을 잘 쓰도록 도와주면 양극화가 해소된다는 것이다.

낙수 효과가 처음 등장한 것은 20세기 초로, 미국의 31대 대통령인 허버트 후버(Herbert Clark Hoover)가 재임하던 시기였다. 경제력 향상을 내걸었던 후버 대통령은 당시 선거 유세에서 "모든 차고에는 자가용을, 모든 냄비에는 닭고기를(A chicken in every pot, a car in every garage)!"이라는 구호를 외치며 인기를 끌었는데, 하필 취임한 해(1929년)에 미국은 지독한 대공황을 맞게 됐다.

불과 2년 만에 뉴욕 증권거래소의 주식 가치는 공황 전과 비교해 5분의 1로 감소했고 5,000여 개의 은행이 파산했으며 실업률은 24.9%라는 경이적인 수치로 치솟았다. 누적되었던 문제가 터진 결과였기 때문에 후버 대통령의 탓만은 아니지만 그래도 '경제 대통령'의 기치를 내걸었던 입장에서는 곤란한 상황이었다. 그래서 이를 극복하려고 기업에 특혜를 주는 등 몇 가지 경제정책을 내놓았는데, 이에 대한 평가가 그리 좋지 못했다.

급기야 당시 유명 작가이자 배우였던 윌 로저스(Will Rogers)가 "상류층의 손에 넘어간 모든 돈이 부디 빈민에게도 낙수(trickle down)되기를 고대한다"라고 비꼬면서 이때 처음으로 낙수 효과라는 용어가 알려졌다(당시 미국인들은 "후버! 후버가 다 망쳐놓았다!"라고 했는데 한때 우리나라에서도 비슷한 말이 유행한 적이 있다). 결국 후버는 낙수 효과를 거두지 못한 채 다음 대통령 선거에서 민주당 후보였던 프랭클린 루스벨트에게 대패했다. 훗날 '뉴딜정책'으로 유명해진 바로 그 루스벨트다.

그러나 정작 낙수 효과가 사람들에게 널리 알려진 것은 1980년대를 풍미했던 미국 40대 대통령 로널드 레이건(Ronald Wilson Reagan) 때였다. 영국의 마거릿 대처 수상과 함께 '신자유주의'의 수호자를 자처했던 레이건 대통령은 낙수 효과를 근거로 삼아 법인세 인하 등 기업의 부담을 줄이고 대신에 고용을 증대시키는 정책을 펼쳤다(미국에서는 이를 레이건과 경제학을 합쳐 '레이거노믹스'라고 부른다). 낙수 효과는 국부(國富)의 증대에 초점이 맞춰지다 보니 기본적으로 분배보다는 성장, 형평성보다는 효율성에 우선가치를 두고 있다.

걸그룹에도 낙수 효과가 일어날까

　걸그룹에도 적용되는 낙수 효과는 어찌 보면 다소 냉혹하지만 기획사 입장에서는 불가피한 측면이 있다. 소녀시대와 원더걸스 등이 대성공을 거둔 이후 매년 수많은 걸그룹이 쏟아져 나오고 있지만 방송사의 선택을 받은 몇몇 걸그룹을 제외하면 대부분 사실상 개점휴업 상태나 마찬가지다. 기획사 입장에서는 어떻게 해서든지 한 명이라도 이름을 알려야 그나마 그룹을 유지할 명분이 생기는 것이다.

　실제로 몇몇 그룹은 낙수 효과의 혜택을 누리기도 했다.

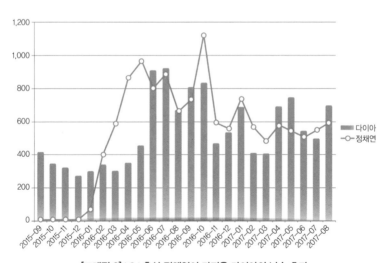

[그래픽 3] I.O.I 출신 정채연이 가져온 다이아의 낙수 효과

MBK엔터테인먼트는 2016년 방영된 〈프로듀스 101〉에 7인조 걸그룹 다이아에 있던 정채연과 기희현을 내보냈다. 다이아가 2015년 데뷔한 후 딱히 이름을 알리지 못했던 만큼 나머지 5명의 멤버들이 부러워했을 거라는 건 짐작하기 어렵지 않다.

그런데 이 프로그램에서 정채연이 대박을 쳤다. 최종 순위 7위에 오르며 I.O.I로 데뷔도 했고, 드라마 〈혼술남녀〉〈다시 만난 세계〉 등에도 출연하면서 차세대 스타로 확실히 눈도장을 찍었다. 그리고 다이아의 인지도 역시 동반 상승했다.

이제 그룹으로는 그 모습을 보기 어려운 애프터스쿨도 낙수 효과를 본 경우다. 데뷔 초 '꿀벅지' 유이의 활약으로 방송 활동이 활발해지면서 가희와 나나 등 다른 멤버도 주목을 받기 시작했는데, 오히려 지금은 이들이 유이보다 왕성하게 활동하고 있다.

경제 관련 이야기를 하나 더 하면 우리나라에서는 이명박 대통령이 미국의 레이건 대통령 못지않은 낙수 효과의 신봉자였다. 아무래도 성장에 우선순위를 두다 보니 공화당(미국), 보수당(영국), 자유한국당과 바른정당(한국) 같은 보수정당이 선호하는 편이다. 앞서 소개했던 낙수 효과의 전도사 후버 대통령과 레이건 대통령 모두 공화당 출신이다.

이명박 정부도 재임 기간에 레이거노믹스를 본떠 법인세와 부유세 인하 등 대기업과 상류층의 세금 부담을 줄여주는 정책을

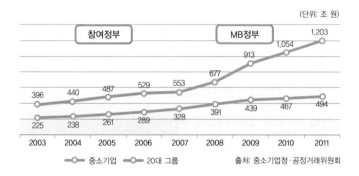

(단위: 조 원)

참여정부　　　　　　　　MB정부　　　　1,203
　　　　　　　　　　　　　　　　　1,054
　　　　　　　　　　　　　　　913
　　　　　　　　　　　677
　　　　　529　　553
　　487
440
396

225　　238　　261　　289　　328　　391　　439　　467　　494

2003　2004　2005　2006　2007　2008　2009　2010　2011

—O— 중소기업　—O— 20대 그룹　　출처: 중소기업청·공정거래위원회

[그래픽 4] 대기업과 중소기업의 총자산 증가 추이

적극적으로 펼쳤다. 그러나 장담했던 낙수 효과는 나타나지 않았다는 평이다. 오히려 이 기간에 소득불평등과 양극화가 더 심화됐다는 것이 학자들의 지적이다.

	국민총소득 증가율	기업 소득	가계 소득	정부 소득
1990~1999	7.1	6.6	5.5	6.1
2000~2007	5.5	8.1	3.6	3
2008~2014	3.3	5	2.4	1.1

* 자료: 한국은행, 장하성, 《왜 분노해야 하는가》에서 재인용

[그래픽 5] 경제성장률과 가계·기업·정부의 소득 실질 증가율

　1990년대만 해도 국민총소득 증가율(경제성장)에서 기업과 가계와 정부의 소득 증가는 큰 차이가 없었다. 그러나 2000년대에 들어서면서 이런 관계는 완전히 달라졌다. 기업 소득은 가계와 정

부 소득을 한참 앞지르고 있다.

한편 2014년 기준 OECD의 기업 소득 평균은 18.9%로 우리나라의 25.1%에 비해 많이 낮은 반면, 가계 소득 비중은 66%로 우리나라의 61.9%보다 높았다. 다시 말해 우리나라는 다른 OECD 국가들과 비교했을 때 기업들에게 소득이 집중되고 있다는 이야기다.

경제학계에서 '낙수 효과'라는 유령

참고로 경제학계에서는 사실상 낙수 효과에 대한 기대를 접은 분위기다. 오스트레일리아의 경제학자 존 퀴긴(John Quiggin) 박사는 《경제학의 5가지 유령들》을 통해 낙수 효과가 이미 가짜라고 판명됐지만, 일부에서는 여전히 이를 신봉한다고 꼬집었다. 그는 "낙수 효과는 지난 30년간 경제 성과를 향상시키는 측면에서는 별로 기여한 일이 없으면서 불평등을 확대시키는 데는 중요한 역할을 수행했다"라고 지적했다. 실제로 미국은 1970년대부터 최근 30년간 미국의 소득 분포 상위 0.1%에 해당하는 계층의 소득은 4배로 커지고 상위 20%는 2배로 늘었지만 소득 분포상 하위 계층의 실질 소득은 변화가 없었다고 한다.

이로 말미암아 요즘 새롭게 주목을 받고 있는 개념이 '분수 효과(Fountain Effect, 噴水效果)'다. 아래로부터 뿜어져 나오는 물로 전체를 적시는 것처럼 중산층과 서민에 유리한 정책으로 소비를 증진시키고 국가 전체 경제를 활성화시킨다는 개념으로 낙수 효과의 대척점에 서 있다.

전문가들은 개발도상국의 경우 낙수 효과가 어느 정도 효과를 볼 수 있지만 국가 경제가 일정 궤도에 오르면 낙수 효과보다 분수 효과로 전환해야 한다고 주장한다.

문재인 정부의 공공부문 확대는 낙수 효과와 정반대인 분수 효과를 노린 정책이다. 문재인 대통령은 공공 일자리가 늘어나면 민간경제가 활성화될 것이라며 17만 개의 공공부문 일자리를 늘리기로 했다. 대기업의 성장을 통한 경제성장에 더 이상 의존하지 않겠다는 것이다. 이른바 '소득 주도 성장론'이다.

하지만 일각에서는 민간 기업의 일자리 증대가 뒷받침되지 않는다면 이 같은 정책의 효과가 제한적일 수밖에 없다는 비판도 나오고 있다.

★

CHAPTER

17

데뷔 8년차 레인보우의
생존과 매몰비용

2016년 레인보우는 데뷔 8년차에 접어든 걸그룹계의 왕고참이 됐다. 레인보우가 데뷔했던 2009년 함께 데뷔해 활동하는 팀이 바로 2NE1, 티아라, 시크릿 등 쟁쟁한 걸그룹이다.

그러나 대부분의 사람에게 레인보우는 여전히 신인과 다름없을 정도로 인지도가 낮은데, 올리브 TV의 〈겟잇뷰티〉나 SBS 〈정글의 법칙〉에 종종 출연하는 재경 정도만 알고 있다. 나처럼 명절에 MBC 〈아육대(아이돌 육상대회)〉를 열심히 챙겨보는 정도가 되어야 수영대회에서 발군의 실력을 보인 고우리가 레인보우의 멤버라는 사실을 기억할 것이다. 결국 작년 말 레인보우는 1위 곡을 한 번도 내지 못한 채로 팀이 해체되고 말았다.

가요계에서는 걸그룹이 시쳇말로 뜰 수 있는 기간을 데뷔 후 3년 정도라고 본다. 3년이 지나고 뜨지 못하면 '마이너'라는 인식이 너무 강해서 반전을 노리기가 어렵다는 얘기다. 실제로 지금 활발하게 활동하는 걸그룹들 가운데 대부분은 만 3년차를 넘기기 전 1위에 올랐다. 1위를 해본 걸그룹 가운데 데뷔부터 시간이 가장 오래 걸린 그룹은 포미닛으로, 〈이름이 뭐예요〉로 3년 11개월이나 걸렸다.

걸그룹은 온라인 게임 캐릭터와는 달리 고가의 비행기나 요트처럼 유지만 하는 데도 돈이 많이 들어간다. 4인조 걸그룹이 소속된 D기획사의 이사에 따르면 한창 활동할 때는 매달 5,000만 원, 활동 없이 쉬고 있을 때도 3,000만 원 정도의 비용이 든다고 한다.

소속사 입장에서는 자선활동을 하지 않는 이상 뜨지도 않고 수입도 없는 걸그룹을 무한정 유지할 수만은 없는 노릇이다. 그러므로 2016년 현재 기준으로 볼 때 2013년 이전에 데뷔한 그룹에 대해서는 해체를 고려하는 것이 소속사 입장에서는 합리적인 선택이 될 수도 있다는 얘기다. 그럼에도 실제로는 많은 걸그룹이 해체하지 않고 수년간 유지되고 있다.

걸그룹	첫 1위곡	소요 기간
포미닛	이름이 뭐예요?	3년 11개월
에이핑크	LUV	3년 8개월
걸스데이	Something	3년 6개월
카라	루팡	2년 11개월
EXID	위아래	2년 10개월
브라운아이드 걸스	LOVE	1년 11개월
마마무	넌 is 뭔들	1년 8개월
f(x)	피노키오(Danger)	1년 7개월
소녀시대	Gee	1년 5개월
시크릿	샤이보이	1년 3개월
여자친구	시간을 달려서	1년 1개월
티아라	너 때문에 미쳐	10개월
애프터스쿨	너 때문에	10개월
원더걸스	Tell me	8개월
다비치	사랑과 전쟁	6개월
씨스타	니까짓게	6개월
트와이스	CHEER UP	6개월
I.O.I	너무 너무 너무	6개월
블랙핑크	휘파람	2개월
2NE1	fire	0개월
miss A	Bad Girl Good Girl	0개월

[그래픽 1] 데뷔 후 1위에 오르기까지 걸린 시간(멜론 주간 차트 기준)

매몰비용의 함정

결론부터 간단히 말하면 본전 생각 때문이다. 경제학에서 이를 '매몰비용(Sunk cost)'이라고 한다. 매몰비용은 의사 결정을 하고 실행한 뒤 발생한 비용 중 회수할 수 없는 비용을 말하는데, 기업의 광고비나 R&D 비용 등이 대표적이다.

이로 말미암아 이미 투자한 시간과 비용이 아까워 어떤 프로젝트를 포기하지 못한 채 계속 끌고 가는 것을 매몰비용 효과라고 말한다. 이미 지불한 대가 때문에 미래에 대한 합리적인 결정을 주저하게 만든다는 부정적 뉘앙스가 강하다.

최근 매몰비용과 관련해 가장 밀접하게 다뤄진 이슈는 서울시 뉴타운정책이다.

> 재개발 등 지구 지정이 해제된 곳의 가장 큰 애로사항은 사업이 중단될 때까지 투입된 매몰비용이다. 감사원은 서울시 뉴타운 사업으로 주민들이 부담해야 할 매몰비용을 1조 4,000억~1조 7,000억 원으로 추산했다.
> _《한국경제》, 2015년 1월 16일

오세훈 서울시장 재임 시절에 중점적으로 진행된 뉴타운정책은 쉽게 말해 대규모 아파트 단지를 지어 인근 땅값을 올리기 위해 기획되었다. 뉴타운이 만들어지면 부자가 될 거라는 장밋빛 전망이 터져 나와 동네마다 '뉴타운추진위'라는 것이 결성되어 이를 적극적으로 밀고 나갔다. 그러나 준비하는 데만도 큰돈이 들어갔다. 대형 아파트 단지가 들어설 만큼 부지를 확보하기 위해서는 인근 토지나 건물을 모두 사들여야 하기 때문이다. 그렇게 아파트 단지를 짓고 나면 아파트 분양가를 비싸게 올려 받고, 아파트 단지에 들어올 상가를 통해 비용을 회수하겠다는 계산이었던 것이다.

그러나 뉴타운정책에 대한 부정적 견해가 하나둘 늘어나면서 서울 곳곳에서 뉴타운 반대 목소리가 커지기 시작했는데, 이를 취소하기가 결코 만만치가 않았다. 뉴타운을 조성하기 위해 추진위가 이미 인근 건물과 토지를 사들이는 데 적게는 수십억 원에서 많게는 수백억 원 가까이 지불한 상태였기 때문이다.

그렇다면 그 큰돈을 어떻게 지불했을까? 대부분 뉴타운 공사를 맡게 될 대형 건설업체한테서 빌린 돈이었다. 건설업체들은 자기들에게 뉴타운 공사를 맡긴다는 조건으로 거액의 돈을 빌려준 것이다. 뉴타운을 추진한 세력은 이런 돈을 갚을 능력은커녕 이자비용을 대는 것도 버거웠는데, 이미 투입한 비용이 워낙 커서 좋든 싫든 뉴타운을 밀고 나가는 수밖에 없었다.

삼성물산은 지난달 말 경기 수원시 세류동 재개발구역 조합에 그동안 빌려준 돈 41억 원을 돌려 달라고 통보했다. 수원시가 최근 세류 113-5 구역의 재개발조합 설립 인가를 취소했기 때문이다. … 시공사였던 삼

정비구역 해제 매몰비용 보조금 지급 현황 (단위: 원)

지급 연도	구역 수	신청 금액	보조 금액
2013년	1	7억 6,300만	1억 4,100만
2014년	4	26억 3,900만	7억 7,900만
2015년	16	215억 5,000만	50억 7,100만
2016년	14	173억 6,000만	33억 7,500만
2017년	1	6억 4,500만	1억 2,600만
총계	36	429억 5,700만	94억 9,200만

[그래픽 2] 뉴타운 출구 전략 5년

* 자료: 서울시

성물산은 "그동안 대여한 41억 원과 대여금 이자, 손해배상금 등을 토지 등 소유자 전원이 연대 변제하라"고 공식 통보했다. … 뉴타운·재개발에서 '매몰비용 분쟁'이 본격화되고 있다. _《한국경제》, 2012년 6월 4일

　이로 말미암아 서울시는 이른바 매몰비용을 일부 지원해주겠다면서 '뉴타운 출구 전략'을 내놓았다. 추진 주체가 없는 곳이나 조합 구성 이전 단계인 추진위원회 구성 지역까지만 지원해주기로 한 것이다. 지원 금액은 주민들이 사용한 비용의 70%까지이며, 국비와 시비로 각각 50%씩 부담하기로 했다.

　서울시에 따르면 출구 전략을 시행한 지 5년 만에 정비구역 절반 정도가 해제된 것으로 나타났다. 그리고 서울시가 지원하는 사용비용(매몰비용)과 지원 금액(보조금)도 100억 원에 달했다.

매몰비용과 콩코드 효과

이성적인 판단 하에 시행되어야 할 국가적 프로젝트에도 이 같은 매몰비용이 작용하곤 한다. 우리나라에서는 대표적으로 4대강 사업이나 세종시 행정수도 이전 문제를 들 수 있다. 두 사업 모두 효율성 측면에서 논란이 많았지만 결국 강행된 데는 이런 매몰비용 문제가 적지 않게 작용했다. 각 지방의 '유령공항'도 마찬가지다. 수백억 원에 달하는 관리 비용을 좀먹고 있는 대표적인 지역선심성사업으로 지적받지만 매몰비용 때문에 철거는 엄두조차 못 내고 있다.

지나친 혈압 상승은 건강에 해를 끼칠 테니 해외 사례로 위안을 삼으며 마음을 달래 보도록 하자. 우리 정치인만 '바보짓'을 한 게 아니라는 그나마 기쁜(?) 소식도 있다.

1969년 프랑스와 영국이 합작 투자한 콩코드(Concorde) 여객기는 전 세계에서 가장 빠른, 일명 '초음속' 여객기로 불렸다. 최고 속도가 마하 2.2로 마하 1에 못 미치는 기존 보잉기보다 2배 이상 빨라서 파리와 뉴욕 간 비행 시간을 종전 7시간에서 3시간대로 단축했다.

우주개발에서 미국, 소련 등 신생국에 밀려 크게 자존심이 상한 영국과 프랑스가 오랜 앙숙관계를 청산하고 매달렸던, 국가의 이미지를 내건 프로젝트였다.

그러나 높은 생산비와 기체 결함, 소음과 대기 문제, 비싼 요금 등으로 이미 초기부터 상업적 성공을 기대하기가 어렵다는 전망이 많았다. 그럼에도 총 190억 달러를 쏟아부은 양국은 이미 투자한 비용 때문에 이를 철회하지 못하다가 결국 2003년 4월에야 막대한 손해를 본 상태에서 운행을 중지했다. 이후 '콩코드 효과'는 매몰비용 효과를 가리키는 단어가 됐다.

매몰비용의 오류

개인이 매몰비용의 오류에 가장 많이 빠지는 경우가 주식투자일 것이다. 대부분의 투자자는 이익을 얻을 수 있는 기회가 오면 지나치게 신중해지고, 손해를 보게 되면 이성을 잃고 더 과감한 투자로 맞불을 놓곤 한다. 결국 적절한 손절매 타이밍을 놓치고 더 큰 손실을 초래하는 경우가 대부분이다.

주식 관련 기사 가운데 가장 많이 등장하는 제목 중 하나는 '기관만 웃고 개미들은 울었다'가 아닐까.

한 대학의 경영학과 교수에게 매몰비용의 오류에서 벗어나는 가장 좋은 방법을 물어보니 "제3자의 조언을 듣는 것이다"라고 조언했다. "중이 제 머리 못 깎는다"는 속담처럼 누구도 자신과 관련해서는 적절한 판단을 내리는 데 어려움을 겪지만 다른 사람의 일에 대해서는 냉정함을 유지하기 때문이란다. 그러면서 더 좋은 방법이 있다고 하기에 물어보니 "부인 말을 잘 듣는 것이다"라고 덧붙였다. 그러면 적어도 손해는 안 본다고 했다.

매몰비용에 대해 한 가지만 더 언급하겠다. 줄곧 부정적 매몰비용에 대해 말했지만 긍정적으로 작용할 때도 있다. 학원이나 피트니스센터 등록이다. 그래도 본전 생각이 나서 꽤 열심히 다닌다. 효과가 일주일 정도 반짝하는 경우가 많다는 게 문제이긴 하지만 말이다.

★

쯔위가 일으킨 나비 효과

2016년 초 트와이스가 생각지 못한 국제 문제에 휘말리며 홍역을 치른 적이 있다. MBC 예능 프로그램 〈마이 리틀 텔레비전〉에서 쯔위가 대만 국기(청천백일기)와 태극기를 같이 들고 있던 장면이 공개되면서다. 한국에서는 별 다른 이슈가 되지 않은 채 쓱 지나갔다. 그런데 기사를 만들기 위해 24시간 대기하고 있던 수많은 연예매체의 레이더망조차 벗어난 그 장면이 바다 건너 중국에서 대서특필됐다. 대만의 한 친중파 연예인이 이를 문제 삼으면서다.

'하나의 중국(One China)'이라는 구호를 내걸고 대만을 독립국가로 인정하지 않는 중국에서 발끈하고 나섰다. 중국의 트위터라고 불리는 '웨이보' 등을 통해 일파만파 확산되면서 비난 여론이

거세졌다.

아시아 최대 시장인 중국의 심기가 불편하다고 하니 트와이스의 소속사인 JYP도 급했던 모양이다. 사태가 발생한 지 하루 만에 유감 성명을 발표했다.

"이번 루머의 당사자(쯔위)는 겨우 16세 미성년자로, 나이와 경험으로는 자신의 정치적 관념이 형성되기엔 부족하다. … 관련 사실을 분명히 할 때까지 해당 아티스트의 중국 활동을 모두 취소하기로 결정했다."

유감 설명에도 쯔위가 CF에서 퇴출된다느니, 중국 쪽 행사가 줄줄이 취소된다느니… 각종 괴담이 꼬리에 꼬리를 물고 이어졌고, JYP는 급기야 얼굴이 하얗게 질린 쯔위가 사과문을 읽어 나가는 동영상을 만들어 배포했다.

그러자 이번엔 한국과 대만이 들고 일어났다. JYP가 경제적 이득 때문에 16세에 불과한 소녀를 압박했다는 비난이 쏟아졌던 것이다.

돌이켜 보니 '쯔위 사태'는 심상치 않았던 병신년(丙申年) 벽두의 전주곡이었다는 생각이 든다. 정치권도 연예계도 이전에는 상상조차 하지 못했던 전혀 다른 수준의 문제가 불거져 나오며 혼란을 겪었기 때문이다.

쯔위 사태의 나비 효과와 양안 문제

'나비 효과(Butterfly Effect)'라는 말이 있다. 상하이에서 나비 한 마리가 펄럭인 작은 날갯짓이 태평양 건너 미국의 날씨에 변화를 일으킬 정도로, 미세한 변화나 작은 사건이 이후 예상하지 못한 엄청난 결과로 이어진다는 의미다. 쯔위 사태의 전개가 그랬다.

당초 MBC 〈마이 리틀 텔레비전〉에 스치듯 잠깐 등장한 쯔위의 국기 든 장면은 어쩌면 이 사태의 가장 직접적인 당사자였을 대만에서 초대형 이슈로 확산됐다.

대만은 때마침 총통 선거를 앞두고 있었는데, 중국과의 분리를 지지하는 민진당(民進黨)의 차이잉원(蔡英文) 후보가 쯔위의 사과문 낭독 직후 이 사건을 선거 이슈로 끌어들인 것이다.

차이잉원은 "16세 대만 소녀가 방송에서 대만 국기를 들었다는 이유로 억압을 받았다. 한 국가의 국민이 조국의 국기를 자유롭게 흔드는 것은 모두가 존중해야 할 정당한 권리다. 이번 일은 대만을 분노케 했다"라고 목소리를 높인 것이다. 그동안 중국의 국제적 압력으로 올림픽 등 각종 스포츠 행사에서 자국 국기를 사용하지 못하던 대만의 누적된 불만에 기름을 부은 격이 됐다. 여당이면서 중국과의 선긋기에 반대하던 대만의 국민당(國民黨)은 여론전에서 수세에 몰릴 수밖에 없었다.

대만은 국민당이 여당으로 오랜 기간 정권을 잡고 있는데다가

[그래픽 1] 쯔위가 가져온 나비 효과

역사상 여성을 총통으로 선출한 전례가 없었다. 그래서 여성인데다 야당 후보였던 차이잉원은 당초 당선 가능성이 높지 않았다. 게다가 차이잉원은 선거 기간 중 후보 교체론에 시달릴 정도로 위태로운 적도 있었다.

그러나 선거일이 다가오면서 차츰 지지율을 끌어올리던 차이잉원이 쯔위 사태를 대만 총통 선거의 최대 이슈로 만들고, 선거의 막판 분위기를 주도하면서 이제는 중국 측이 다급해졌다.

중국 정부는 서둘러 관영매체인 《환구시보》 등을 통해 중국 내 쯔위에 대한 비난 여론을 자제시키는 등 사태 확산을 막으려고 안간힘을 썼지만, 분노한 대만 여론을 돌리기엔 역부족이었다. 차이잉원은 대만 역사상 최초의 여성 총통으로 당선됐다.

미국이 기침하면 우리나라는 감기몸살

"미국이 기침 한번 하면 우리나라는 감기몸살을 앓게 된다"는 말이 있다. 경제에 미치는 미국발 나비 효과를 비유한 것이다. 미국 달러화가 세계의 기축통화(基軸通貨)로 사용되는데다가 우리나라 경제가 미국에 대한 의존도가 높다 보니 미국의 작은 불황 관련 조짐도 우리 경제에 치명타를 안겨주곤 한다.

가장 빈번한 예는 미국의 기준금리 변동이다.

전문가들은 미국의 기준금리 인상 → 한국의 기준금리 인상 → 주택담보대출 금리 인상 → 대출이자 부담 상승 → 부동산 시장의 불안정으로 이어지는 나비 효과를 걱정한다.

반대로 미국의 기준금리 인하 → 한국의 기준금리 인하 → 대출 상승 → 부동산 가격 상승 → 부동산 시장의 불안정으로 이어지는 경우도 있다. 어느 쪽으로든 미국의 기준금리의 급격한 변동은 늘 우리 경제에 타격을 입힌다.

지난해 영국의 브렉시트(Brexit)가 나비 효과를 몰고 온 적이 있다. 영국뿐 아니라 다른 유럽연합 회원국들의 연쇄 탈퇴가 이어지리라는 전망이 나오면서 세계 주요국의 국채 금리가 상승하고

[그래픽 2] 미국의 금리 인상이 가져온 한국 경제의 나비 효과

금값이 치솟기 시작했다.

'세계화'가 진행된 현대의 국제 경제에서는 어느 한 국가의 정치경제적 변동이 나비 효과로 이어지는 일이 과거보다 크게 늘어나는 추세다.

역사적으로 유명한 나비 효과를 꼽자면 단연 1차 세계대전이다.

1914년 세르비아의 지원을 받은 보스니아 민족주의 청년들이 오스트리아·헝가리 제국의 황태자인 프란츠 페르디난트 대공을 사라예보에서 암살하면서 다음과 같은 순서로 연쇄 선전포고가 이어졌다.

[그래픽 3] 한 청년의 총성이 가져온 나비 효과 & 선전포고를 이어 나간 순서

그런데 1차 세계대전이 2차 세계대전의 원인이라고 보는 역사가들이 있다. 전쟁에서 승리한 영국과 프랑스가 패전국 독일에 무리한 배상금을 요구하면서 독일 경제가 파탄 났고, 이로 말미암아 히틀러 같은 국가사회주의자가 정권을 잡을 수 있었다는 것이다. 그렇다면 보스니아 청년의 총알이 가져온 나비 효과는 더욱 확대된다.

[그래픽 4] 한 청년의 총성이 가져온 한반도 해방(?), 알고 보니 빅픽처

쯔위 사태로 확인된 동아시아의 역사전쟁

'쯔위 사태'는 우리나라 연예계에 일종의 학습 효과를 가져다 주었다. 전 세계의 화약고로 부상하고 있는 동아시아 역사전쟁의 휘발성을 실감케 해줬기 때문이다.

JYP 관계자는 "쯔위 사태는 정말 생각지도 못한 사례지만 일본과의 관계도 늘 조심스럽다"고 말했다. 다국적 그룹인 트와이스에는 대만 출신의 쯔위 외에도 일본 출신인 미나와 모모, 사나가 있다.

예를 들어 지난 5월 AOA의 '긴또깡' 사건은 그나마 멤버 전원이 한국인으로 구성된 AOA였기에 망정이지 일본인 멤버가 섞인 트와이스에서 터졌다면 문제가 더 커졌을 가능성이 높다. 안중근은 우리나라에서는 독립운동가지만 일본에서는 테러리스트라고 규정짓기 때문이다.

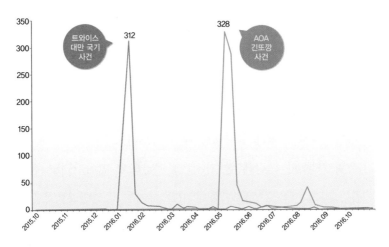

[그래픽 5] 쯔위의 '대만' 사건 추이와 AOA의 '긴또깡' 사건, 어느 것이 더 주목 받았나

걸그룹 멤버들이 점차 국제화되면서 기획사들은 쯔위 사태와 같은 국제정치적 이슈의 불똥이 튈까 봐 걱정하는 분위기다.

현재 우리나라에서 활동하는 외국인 멤버가 있는 걸그룹은 트와이스만이 아니다. 이미 선배 격인 f(x)는 빅토리아(중국), miss A는 지아(miss A 탈퇴)와 페이(중국), 최근 데뷔한 블랙핑크는 리사(태국), 우주소녀는 성소(중국) 등이 대표적인 외국인 멤버다. 2000년대 후반만 해도 한류 붐에 힘입어 동아시아 국가의 대부분이 우리나라를 우호적으로 바라보는 시선이 우세했지만, 최근 몇 년간 동아시아의 정세가 급격히 우경화되면서 사정은 확실히 달라졌다.

한동안 개선됐던 한일관계는 아베 총리 이후 위안부 문제가 불거지면서 급격히 틀어진 상태다. 또한 일본 내 혐한 정서로 우리나라 아이돌의 일본 진출은 거의 문이 닫힌 상태라고 한다. 시진핑 체제의 중국 정부도 사드(THAAD) 배치 문제를 내세워 한국 연예인의 방송 금지를 뜻하는 한한령(限韓令)을 지시했던 것으로 알려지면서 국내 연예계가 한숨을 내쉴 정도다.

'쯔위 사태'와 관련해 한 가지 더 언급하고 넘어가려고 한다. 쯔위는 비록 마음고생을 심하게 했을 테지만 손해만 본 것은 아

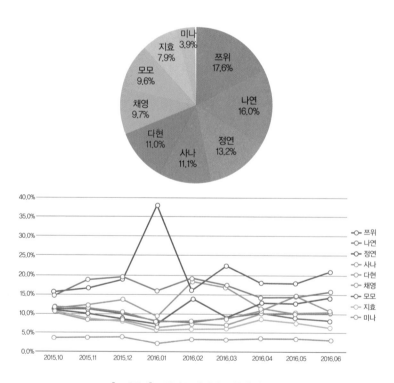

[그래픽 6] 트와이스 멤버와 쯔위의 언급량

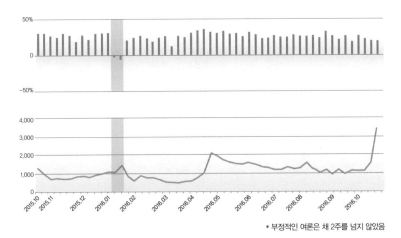

* 부정적인 여론은 채 2주를 넘지 않았음

[그래픽 7] 트와이스에 대한 긍부정 추이

닌 것 같다. 자신의 인지도를 극대화시킨 쯔위는 이후 트와이스 멤버 중 가장 유명인사가 됐기 때문이다.

이 사태가 딱히 트와이스에게 불리하게 작용한 것도 없다. 이 사태는 쯔위가 잘못한 것이 없기 때문에 국내에서는 대중의 동정 여론을 불러왔고, 이는 트와이스에 대한 입덕 러시로 이어졌다.

결국 이 같은 효과는 얼마 후 내놓은 〈Cheer up〉이 차트를 휩쓰는 돌풍을 일으키며 '쯔위 사태'의 진정한 승리자가 누구인지를 다시 한 번 확인시켜 줬다.

그래서 인생은 뭐다? 새옹지마(塞翁之馬)다.

CHAPTER

19

소녀시대는 왜 멤버 충원을 안 할까,
메뉴비용

뮤지컬 〈바람과 함께 사라지다〉에 출연하는 소녀시대의 서현을 인터뷰한 적이 있다. 화기애애한 분위기 속에 인터뷰가 마무리될 때쯤 "이제 8인조인데 달력에서 출연 배분은 어떻게 하나요?"라고 슬쩍 물어봤다. 바로 몇 달 전 제시카가 그룹에서 탈퇴했기 때문이다.

굳이 달력에 대해 물어본 데는 나름의 이유가 있었다. 그동안 소녀시대 달력을 꾸준히 구입해 왔는데 9인조인 소녀시대는 멤버 한 명이 각 달의 모델을 맡고, 세 명씩 짝을 지어 나머지 석 달의 배경을 채우는 게 일반적이었다.

예를 들어 2014년에 나온 달력을 보면 1월 티파니, 2월 유리, 3월 수영, 4월 티파니-유리-수영, 5월 윤아, 6월 서현, 7월 태연,

8월 윤아-서현-태연, 9월 써니, 10월 제시카, 11월 효연, 12월 써니-제시카-효연의 순서로 등장했다. 그런데 8인조가 될 경우 이런 균형이 무너지기 때문에 2015년 달력이 제대로 만들어질 수 있을지 걱정스러웠던 것이다.

달력은 그렇다 쳐도 멤버를 충원하지 않는 이유도 궁금했다. 왜냐하면 원더걸스의 소속사 JYP엔터테인먼트는 멤버가 빠질 때마다 새로운 멤버를 충원했다. 현아가 나갔을 때는 유빈, 선미가 나갔을 때는 혜림이 합류하는 식으로 빈자리를 채웠다.

언젠가 SM엔터테인먼트 관계자를 만났을 때 물어봤더니 "지금 충분히 잘하고 있는데 굳이 충원할 필요가 있겠느냐"라고 반문했다. 이어 그는 "새로운 멤버가 들어오면 기존 멤버들과의 팀워크 문제도 있고, 팬들이 달가워하지 않는 경우도 있다"라고 덧붙였다. '플러스'보다 '마이너스'가 많다는 뉘앙스로 들렸다.

메뉴비용

1990년대 극심한 인플레이션을 겪었던 브라질의 가게들은 하루에도 몇 차례 가격을 조정해야 했다. 슈퍼마켓 직원들은 근무시간의 절반을 가격표를 바꾸는 데 써야 했을 정도라는 이야기까지 돌았다. 물론 화폐 가치가 떨어질 때마다 신속하게 가격을 올려야 손해를 보지 않겠지만, 사장 입장에서는 직원 월급의 절반 가량을 가격표 바꾸는 데 쓴다면 속에서 열불이 나지 않았을까.

'메뉴비용(Menu cost)'은 이처럼 인플레이션 등 환경 변화에 따라 물건이나 서비스 가격을 조정하는 데 들어가는 모든 비용을 가리키는 경제학 용어다. 우리나라에도 널리 알려진 미국 하버드 대학교의 그레고리 맨큐(Gregory N. Mankiw) 교수가 처음 사용했는데, 재화나 서비스의 가격이 올랐을 때 이를 알리기 위한 메뉴판을 변경하는 데 드는 비용을 뜻한다.

가격뿐 아니라 시스템의 업데이트나 가격 변동에 따른 새로운 전략 수립, 새로운 광고비용, 단골이 빠져나가는 손해 등 넓은 의미로 사용된다.

2015년 서울시가 브랜드를 '하이 서울'에서 'I.SEOUL.U'로 교체했을 때도 비용 대비 효과 때문에 논란이 일었다. 1만 6,000여 명으로부터 브랜드 공모를 받고 10만여 명의 투표로 결정했는데 "무슨 말인지 모르겠다" "문법에 맞지 않는다" "서울시가 가수 아이유에게 점령됐다" 등 혹평이 쏟아졌다. 그리고 'I.인천.U'(인천시의 재정 악화를 비꼬아서 '당신을 빚더미에 앉게 해주겠다'는 뜻으로 희화됨), 'I.청주.U'(충청도 사투리를 염두에 두어 '나는 충청도 청주 사람이에유'라고 희화되었지만 청주 출신인 나는 이렇게 말하는 청주 사람을 본 적이 없음) 등 각종 패러디가 쏟아졌다. 특히 서울시가 브랜드를 바꾸기 위해

14억 원의 메뉴비용을 썼다는 것이 알려지면서 비판은 더욱 거세졌다.

항목	비용
브랜드 개발	5억 원
선포식 등 홍보 마케팅	3억 원
버스 · 택시, 공공건축물 등 사양 교체	6억 5,000만 원

[그래픽 1] 'I.SEOUL.U'의 메뉴비용

이런 상황에서 서울시 측은 새 브랜드를 띄우기 위해 안간힘을 썼다. 그 무렵 잠깐 서울시를 출입했는데, 각 부서마다 보고 서류에 I.SEOUL.U를 활용한 문구를 삽입했다. 예를 들어 관광 담당 부서는 'I.관광.U' 같은 식이었다. 이런 것을 보면 공무원도 결코 쉬운 직업은 아니다.

2012년 스타벅스가 로고에서 영어 문구를 제외하고 세이렌 그림만 남기기로 결정한 뒤 미국에서는 큰 논란이 일었다. 뭔가 허전하고 낯설다는 평가가 많았다고 한다. 스타벅스 입장에서는 언어 장벽을 넘어 아시아 시장으로 진출하겠다는 목표를 담았다고 해명했는데, 적어도 우리나라에서만큼은 그 목표를 이룬 것 같다.

케인즈 학파에서는 이런 메뉴비용의 리스크 때문에 인플레이션이 발생해도 기업들은 일부 손해를 감수한 채 가격을 바꾸지 않으려는 경향이 있다고 말한다. 예를 들어 달걀 값이 올랐을 때 유명 빵집의 체인점들은 식빵을 비롯해 제품 가격을 쉽게 올리지 못하는데, 메뉴를 바꾸는 데 드는 비용도 만만치 않거니와 단골 고객이 빠져나갈 수 있다는 우려 때문이다.

앞서 본 것처럼 SM은 멤버가 탈퇴해도 충원한 적이 없다. f(x) 에서 설리가 빠졌을 때도 새로운 멤버를 충원하는 대신 4인조로 꾸렸고, 심지어 동방신기에서 미키유천과 영웅재중, 시아준수가 탈퇴했을 때 5인조에서 2명만 남았는데도 유노윤호와 최강창민 듀엣으로 팀을 존속시키는 초강수를 뒀다. 이쯤 되면 멤버를 충원하지 않는 것은 케인즈 학파의 이론을 수용한 SM의 철학이 아닌가 싶다.

메뉴비용 이상의 가치

멤버가 바뀔 때 감당해야 할 메뉴비용으로 어떤 것이 있을까?

A기획사 이사는 "일단 기존의 곡을 전부 연습시켜야 해요. 특히 안무를 익히는 데 가장 많은 시간이 걸려요. 그리고 새 멤버를 포함시켜 각종 프로필 사진을 새로 찍고, 신인인 멤버를 알리기

위해 각종 홍보 활동도 필요하겠죠"라고 했다.

얼마 전 메뉴비용의 무게를 새삼 실감한 적이 있다.

소녀시대 데뷔 10주년에 맞춰 나온 정규 6집 앨범을 구입했는데 데뷔부터 지금까지 멤버들이 함께 찍은 활동 사진이 앨범 재킷에 가득 담겨 있었다. 그런데 눈길을 끌었던 것은 2014년 탈퇴한 제시카의 모습이 보이지 않았다는 점이다. 2007~2014년 만 7년을 활동했으니 제시카가 없는 단체사진을 찾느라 꽤나 애먹었을 거라는 생각이 들었다. 아니면 단체사진에서 제시카만 오려냈을 텐데 그 역시 일종의 메뉴비용이 들어갔을 것이다.

그러나 다소 피해를 감안하더라도 메뉴비용을 감수할 수밖에 없는 경우도 분명 존재한다. 예를 들어 감당하기 어려울 정도로 재료 원가가 폭등했는데 메뉴비용을 우려해 그냥 버티다가는 문 닫기 십상이다.

기획사도 마찬가지다. 데뷔시킨 걸그룹에서 멤버 한 명이 팀을 떠나면서 생긴 구멍이나 각종 트러블로 팀워크에 도움이 안 돼서 멤버 교체나 충원이 불가피할 때가 있다. 사랑의 열병을 앓아(원더걸스-선예), 나이를 속였다가 들통 나서(베이비복스-이가이), 다른 멤버들과의 불화(티아라-화영) 등등 이유는 다양하다.

SM 등 일부 대형 기획사를 제외하면 많은 기획사가 멤버 교체라는 메뉴비용을 기꺼이 수용하는데, 이것이 의외로 신의 한수가 되는 경우가 종종 있다.

걸스데이가 대표적인데 혜리와 유라는 원년 멤버인 지선과 지인이 탈퇴하면서 새로 들어온 멤버다. 혜리는 이후 MBC 〈진짜 사나이〉와 tvN 〈응답하라 1988〉에 출연하면서 그룹의 브랜드 가치를 쭉 끌어올렸다.

카라의 강지영과 구하라, 애프터스쿨의 유이와 나나처럼 인지도가 가장 높은 멤버 역시 나중에 합류한 경우다. 옛날이야기지만 베이비복스도 2집 활동을 마친 직후 이가이의 나이가 서른이라는 것이 뒤늦게 밝혀져 3집부터 멤버가 교체됐는데, 이때 새로 투입한 멤버가 바로 윤은혜였다. 결과는 대성공이었다.

애초에 메뉴비용을 스스로 설계한 경우도 있는데 애프터스쿨은 '졸업제도'라는 독특한 콘셉트 때문에 멤버가 자주 바뀌곤 했다. 그래서 애프터스쿨을 떠올릴 때면 도대체 어떤 멤버로 구성되어야 완전체인지 도무지 모르겠다.

메뉴비용에 과감한 정치권

가장 거리낌 없이 메뉴비용을 지불하는 곳은 정치권이다. 우리

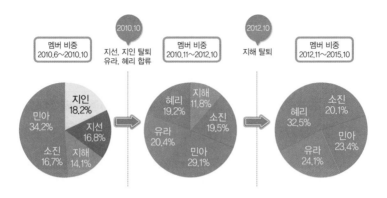

멤버 비중
2010.6~2010.10

2010.10
지선, 지인 탈퇴
유라, 혜리 합류

멤버 비중
2010.11~2012.10

2012.10
지해 탈퇴

멤버 비중
2012.11~2015.10

지인
18.2%
민아
34.2%
지선
16.8%
소진
16.7%
지해
14.1%

혜리
19.2%
지해
11.8%
소진
19.5%
유라
20.4%
민아
29.1%

소진
20.1%
혜리
32.5%
민아
23.4%
유라
24.1%

[그래픽 2] 메뉴비용을 감수한 걸스데이

나라 정당사를 보면 얼마나 자주 간판을 바꾸는지 알 수 있다.

우리나라에서 당명의 평균 수명은 2.6년에 불과하다. 가장 길게 유지된 당명이라고 해봐야 박정희 전 대통령 때 창당한 민주공화당(1963~1980년)으로 17년이다.

영국의 보수당처럼 300년 가까운 역사까지 바라는 건 아니지만 이쯤 되면 좀 심하다는 생각이 들지 않을 수 없다. 특히 우리나라에선 민주당 계열이 당명을 자주 바꾸는 편이다. 이합집산이 많아서다. 2009년 정치부에 있을 때 민주당을 출입했는데, 당시 당명은 구 민주당과 열린우리당을 통합해 만든 '통합민주당'이었다. 그런데 2012년 다시 민주당과 국민참여당 일부가 합치면서 '민주통합당'으로 바뀌었다. 민주당이라는 당명을 포기할 수도 없고, 통합이라는 의미를 부각시키려고 하다 보니 생겨난 명칭이었다.

당명을 한 번 바꿀 때마다 수십억 원의 비용이 들어간다. 그러나 이를 감수하는 게 아깝지 않은 사례도 있었다. 한나라당(현 자유한국당)은 2012년 총선을 앞두고 패배가 유력했다. 그래서 한나라당은 차기 유력 대선 주자이자 '선거의 여왕'이라 불리던 박근혜 전 대통령에게 전권을 맡겼는데, 박 전 대통령은 당명을 새누리당으로 바꾸고 당의 색깔도 오랫동안 사용해 온 파란색 대신 빨간색으로 바꾸는 등 과감하게 변화를 시도했다. 당시 야당이던 민주당에서는 "간판만 바꾼 위장개업이다"라며 조롱했지만 새누리당은 과반이 넘는 152석을 획득하는 대승을 거뒀다.

썩 좋아 보이진 않지만 정당이 툭 하면 간판을 바꿔 다는 것이 전혀 이해되지 않는 건 아니다. 가장 이해하기 어려운 건 대통령

1946	독립촉성국민회	1945	한국민주당
1952	자유당	1955	민주당
1963	민주공화당	1967	신민당
1981	민주정의당	1985	신한민주당
1990	민주자유당	1987	통일민주당·평화민주당
1995	신한국당	1991	민주당
1997	한나라당	1995	새정치국민회의
2012	새누리당	2000	새천년민주당
2017	자유한국당·바른정당	2003	열린우리당
		2008	민주당
		2014	새정치민주연합
		2015	더불어민주당·국민의당(2016)

[그래픽 3] 한국의 정당 변천사

이 바뀔 때마다 부처의 명칭을 바꾸는 정부조직 개편이다. 행정자치부의 명칭이 어떻게 변경되었는지 살펴보자.

내무부(이승만~김영삼 정부)→행정자치부(김대중~노무현 정부)→행정안전부(이명박 정부)→안전행정부(박근혜 정부)→행정자치부(박근혜 정부)→행정안전부(문재인 정부)

가장 웃긴 코미디는 박근혜 정부가 출범하면서 행정안전부에서 안전행정부로 바꾸는 작업이었는데 '안전'과 '행정'의 순서를 바꾸기 위해 수십억 원의 예산을 사용해 비판이 쏟아졌다. 당시 박근혜 정부는 '안전'을 강조하기 위한 것이라며 변경을 강행했는데, 출범 일 년 만에 세월호 참사가 일어났다. 그런 이유로 일 년 만에 명칭을 행정자치부로 또다시 바꿨다.

이번에 민주당은 새로운 정부조직법을 내놨는데, 이것이 통과되면 벌써 10번째 바꾸는 정부 개편이다. 참고로 미국은 2001년 9·11테러 이후 테러를 전담하는 국토안보부를 신설한 것 외에 25년간 정부조직을 그대로 유지하고 있다. 그렇다고 해서 미국의 행정 서비스가 우리보다 못하거나 수준이 낮다고 생각하는 사람은 거의 없을 것이다.

우리나라도 과거에는 이렇게까지 명칭을 자주 바꾸지 않았다. 행정안전부는 조선시대로 치면 이조(吏曹)에 해당한다. 이(吏)·호(戶)·예(禮)·병(兵)·형(刑)·공(工) 등 6조 중 가장 파워가 셌다. 조선시대를 말아먹었다고 비판 받는 당쟁(黨爭)도 이조정랑(吏曹正

郎)이라는 직책을 놓고 싸우면서 시작됐다.

임진왜란, 병자호란 등 난리를 겪었어도 무소불위의 권력을 휘두르던 연산군도, 개혁군주라던 정조도, 500년간 그 어떤 왕도 '이조'라는 이름을 바꾸거나 권한과 업무를 변경하지 않았다. 명칭이 중요한 게 아니라 이를 활용하는 사람의 문제라고 봤기 때문이다.

참고로 조선에서 이조의 명칭을 바꾼 건 500년 동안 딱 한 번 있었는데, 1894년 갑오개혁 때다. 그리고 15년 뒤에 나라가 망했다.

개인적인 생각이지만 예전처럼 내무부, 외무부, 상공부… 이런 식으로 부처 명칭을 계속 유지해도 별 문제가 없지 않았을까 한다. 국민 입장에서는 효과를 체감할 수 없는 부처 명칭 바꾸기에 5년마다 혈세를 쏟아붓는 꼴을 그저 바라볼 수밖에 없으니, 정말 최악의 메뉴비용이 아닐 수 없다.

★

CHAPTER

20

2NE1과 miss A가 보여준
소년장사 징크스, 필즈상 효과

얼마 전 회사 선배들과 이야기를 나누다가 각자 자신이 대학에 입학하던 해 전국 수석을 차지했던 인물이 지금 무엇을 하는지 화제가 된 적이 있다. 범인(凡人)의 대화 주제라는 것이 대개 이런 식이다. '자신은 평범한 월급쟁이지만 자신과 유대감이 있는 누군가는 이렇게 잘나간다!'

주로 1980년대 학번 선배들이 힘을 주며 정계나 법조계의 누구 누구 호명을 하는데, 대개 지금도 부러워할 만한 직업군에 속해 있었다. 그럼에도 마음속으로는 '생각만큼 잘나가지 않네'라는 생각이 들었던 것도 사실이다.

당시 수험생 규모가 80~90만 명에 달했으니 100만 명 중 1인자가 된 것인데, 세상을 들었다 놨다 할 줄 알았더니 좋은 직업을 갖고 있을 뿐이지 뭔가 임팩트가 약했다고나 할까. 이야기를 주고받다 보니 정작 각 세대에서 가장 유명해진 사람은 전국 수석이 아니라는 결론에 이르렀다.

생각해 보니 소녀시대나 원더걸스, 심지어 트와이스도 1등으로 시작했던 건 아니다. 데뷔 후 한동안 묻혀 있다가 몇 개월이 지난 뒤에야 주목을 받고 차트권에 진입했던 것이다.

그뿐인가. 포미닛은 데뷔 후 3년 11개월 만인 2013년 5월 〈이름이 뭐예요〉로 정상에 올랐는데, 이 기록은 아직도 깨지지 않고 있다. 또한 레인보우처럼 어느 정도 유명했는데도 해체할 때까지 한 번도 차트에서 1위를 해본 적이 없는 경우도 있다.

내친김에 2세대 걸그룹이 나타난 2007년부터 지금까지 데뷔한 200여 개의 걸그룹 중 차트 1위 곡을 보유한 팀을 찾아보니 2016년 12월 기준으로 20팀밖에 되지 않았다.

무시무시한 스타트를 끊은 2NE1과 miss A

그런데 데뷔하자마자 '루키'임에도 1위에 오른 무시무시한 걸그룹도 있다. 소녀시대라고 생각하는 사람이 많겠지만 아니다!

바로 2NE1과 miss A다. 2NE1은 2009년 5월 〈fire〉로 데뷔해 쭉 1위까지 직진했다. miss A의 출발은 훨씬 더 파격적이었다. 2010년

순위	아티스트	TOP 10위 곡수	TOP 10위 진입 횟수
1	2NE1	19	105
2	소녀시대	15	90
–	브라운아이드걸스	15	81
4	씨스타	13	84
5	티아라	12	79
6	원더걸스	10	91
–	포미닛	10	47
8	카라	9	47
–	f(x)	9	41
10	miss A	7	46
–	시크릿	7	32
12	걸스데이	6	30
–	애프터스쿨	6	28
14	AOA	5	32
–	오렌지 캬라멜	5	14
16	에이핑크	4	33
–	마마무	4	21
18	트와이스	3	37
–	여자친구	3	28
–	EXID	3	23
–	써니힐	3	13
–	I.O.I	3	9
23	블랙핑크	2	14
–	레드벨벳	2	11
–	레인보우	2	5
26	크레용팝	1	7
–	레이디스코드	1	2
(참고)	아이유	25	109

순위	아티스트	1위 곡수	1위 횟수
1	2NE1	9	19
2	원더걸스	8	29
3	소녀시대	7	15
4	씨스타	6	14
5	miss A	4	8
–	f(x)	4	4
7	브라운아이드걸스	3	8
8	트와이스	2	8
–	티아라	2	6
–	애프터스쿨	2	5
–	시크릿	2	5
12	걸스데이	1	4
–	마마무	1	4
–	여자친구	1	4
–	포미닛	1	2
–	EXID	1	2
–	블랙핑크	1	2
–	카라	1	1
–	에이핑크	1	1
–	I.O.I	1	1
(참고)	아이유	9	23

* 처음 그래픽은 걸그룹 TOP 10에 오른 곡 수, 두 번째 그래픽은 1위 곡수

[그래픽 1] 멜론 주간 TOP 100 차트 기준

7월 1일 데뷔한 이들은 21일 만에 음악방송 1위에 올라 최단기간 1위라는 기록을 달성했고, 지상파 가요 프로그램은 물론 음원 사이트 멜론에서도 4주 연속 1위를 지키는 전무후무한 기록을 세웠다. 한 마디로 데뷔 한 달 만에 우리나라 가요계를 초토화시킨 것이다.

2NE1은 1위에 오른 노래(9곡), TOP 10 안에 들어간 노래(19곡), 주간 차트 TOP 50 안에 들어간 횟수(323회) 등에서 가장 많다(단 1위를 차지한 횟수는 원더걸스가 29회로 가장 많다).

miss A도 "수지만 있다"는 일각의 평가가 무색할 정도인데, 1위 곡수는 4곡으로 브라운아이드걸스나 카라, 티아라 같은 쟁쟁한

아티스트	1위 횟수	데뷔 연월	첫 1위 연월	첫 1위 곡	소요 연월
2NE1	19	2009.05	2009.05	fire	0개월
miss A	8	2010.07	2010.07	Bad Girl Good Girl	0개월
블랙핑크	2	2016.06	2016.08	휘파람	2개월
I.O.I	1	2016.05	2016.10	너무 너무 너무	5개월
다비치	14	2008.01	2008.07	사랑과 전쟁	6개월
씨스타	14	2010.06	2010.12	니까짓게	6개월
트와이스	8	2015.10	2016.04	CHEER UP	6개월
원더걸스	29	2007.02	2007.10	Tell me	8개월
티아라	6	2009.04	2010.02	너 때문에 미쳐	10개월
애프터스쿨	5	2009.01	2009.11	너 때문에	10개월
여자친구	4	2015.01	2016.02	시간을 달려서	1년 1개월
시크릿	5	2009.10	2011.01	샤이보이	1년 3개월
소녀시대	15	2007.08	2009.01	Gee	1년 5개월
f(x)	4	2009.09	2011.04	피노키오(Danger)	1년 7개월
마마무	4	2014.06	2016.02	넌 is 뭔들	1년 8개월
브라운아이드 걸스	8	2006.03	2008.02	LOVE	1년 11개월
EXID	2	2012.02	2014.12	위아래	2년 10개월
카라	1	2007.03	2010.02	루팡(Lupin)	2년 11개월
걸스데이	4	2010.07	2014.01	Something	3년 6개월
에이핑크	1	2011.04	2014.12	LUV	3년 8개월
포미닛	2	2009.06	2013.05	이름이 뭐예요	3년 11개월

[그래픽 2] 걸그룹 중 데뷔한 달에 1위를 차지한 2NE1과 miss A

걸그룹 선배들을 앞서고 있으며, TOP 10에 진입한 횟수(46회)도 상위권에 속해 있다.

그러나 너무 일찍 피어버린 탓일까. 침체기도 일찍부터 시작됐다.

2NE1은 데뷔 후 4년이 지난 2013년 11월 이후 다시는 정상에 오르지 못했다. 또한 이전 같은 센세이션을 일으키지 못한 채 차트에서 조용히 머물러 있다가 곧바로 사라지곤 했다. miss A도 2015년 3월 〈다른 남자 말고 너〉를 마지막으로 사실상 팀으로서의 활동이 멈춰 있다.

가요계 관계자는 "너무 빠르게 1위에 오르고, 가요계에서 이루고자 한 모든 것을 일찍 성취하다 보니 목표의식을 잃어버렸던 게 아닐까"라고 조심스럽게 진단했다.

개인적으로 2NE1은 매우 안타깝다.

2NE1은 가요 차트 성적도 좋았지만 음악적으로도 다른 걸그룹과 차별화됐다는 평가를 받기도 했다. 걸그룹의 양대산맥인 청순돌도 아니었고 섹시돌도 아니었으며, 댄스나 발라드 등 영역에 갇혀 있지도 않았다. 〈Fire〉(힙합), 〈I Don't Care〉(레게팝), 〈Go Away〉(일렉트로닉) 등 다양한 장르를 소화했을 뿐 아니라 높은 완성도를 보여줘 음악성까지 겸비했다는 극찬을 받았다. 지금까

지 2NE1 같은 걸그룹은 이전과 이후로 없었다고 해도 과언이 아닐 것이다.

필즈상 효과의 그림자

수학계에도 비슷한 속설이 하나 있다. 수학계의 노벨상이라고 불리는 필즈상(Fields Medal)에 얽힌 이야기다. 필즈상은 4년마다 한 번씩 열리는 세계수학자대회에서 그동안 가장 뛰어난 업적을 보인 40세 미만의 수학자에게 수여된다. 그런데 이 영광스러운 상에 한 가지 불명예스러운 꼬리표가 뒤따라 다닌다.

미국 노트르담대학교의 커크 도란(Kirk Doran)과 하버드대학교의 조지 보하스(George Borjas) 경제학 교수는 역대 필즈상 수상자들이 수상 후에 보여준 논문 발표 횟수, 다른 논문에 인용된 횟수, 제자 지도 횟수 등 전 분야에 걸쳐 조사해 보니 수상하기 전보다 현저하게 열등한 성과를 보였다는 사실을 발견했다. 심지어 필즈상을 못 받은 비슷한 나이의 다른 수학자들에 비해서도 열등한 결과물을 내놓았다고 한다.

결과적으로 수학계 최고의 영예인 필즈 메달은 전도유명한 수학자들이 계속해서 연구에 매진하도록 장려하는 본래의 취지를

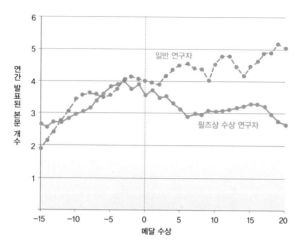

[그래픽 3] 필즈상 연구자와 일반 연구자 사이의 연구 성과 추이

잃고 오히려 연구 의욕을 잃게 만드는 역효과만 낳은 셈이다.

　필즈상 효과에 대한 학자들의 의견은 다양하지만 가장 설득력 있는 주장 가운데 하나는 "학계에서 너무 빨리 성과를 달성하다 보니 다른 분야로 눈을 돌리게 된다"는 것이다.

　쉽게 말해 "이제 수학은 어느 정도 마스터했으니, 이번에는 경제학에 도전해 볼까"라든가, "수학과 역사학을 접목해 볼까" 등등 새로운 도전에 흥미를 갖게 된 것이 아닐까 하는 주장이 있다. 그리고 너무 쉽게 성과를 내서 수학에 대한 흥미를 잃은 것이 아니냐는 주장도 있다.

일찍 뜬 걸그룹에게도 필즈상 효과?

　2NE1이나 miss A에게 실제로 이 같은 '필즈상 효과'가 발현된 것일까? 그런데 주요 걸그룹의 첫 1위 시점과 이후 성과를 보니 큰 연관성은 없는 것 같다.

　[그래픽 4]를 보자. 첫 번째 1위 시점과 마지막 1위 시점을 선으로 이어놓았는데, 길이가 길수록 활동의 '지속성'을 알 수 있다. 길이가 가장 긴 걸그룹은 원더걸스로, 앞서 말한 것처럼 데뷔한 지 몇 개월 지나서 1위에 올랐다.

　그러나 데뷔와 동시에 1위에 오른 2NE1이나 miss A도 소녀시대, 씨스타, 브라운아이드걸스 등과 비교했을 때 결코 활동 기간이 짧지 않다. 오히려 카라, 시크릿, 에이핑크와 비교하면 훨씬 길어 보인다.

첫 1위 시점 ●━━● 마지막 1위 시점

(데뷔후)	0년	1년	2년	3년	4년	5년	6년	7년	8년	9년
브라운아이드걸스			●	●						
원더걸스	●									
카라										
소녀시대		●	●							
애프터스쿨	●	●								
티아라										
2NE1	●									
포미닛					●					
f(x)			●		●					
시크릿		●	●							
씨스타	●					●				
miss A	●					●				
걸스데이				●●						
에이핑크				●●						

[그래픽 4] 걸그룹 1위 시점과 존속 기간의 상관 여부

따라서 이들의 활동 침체에 영향을 끼친 것은 필즈상 효과보다는 다른 이유를 찾아보는 것이 더 맞을 것 같다. 예를 들면 2NE1은 2014년 박봄의 마약류 약품 밀수 사건이 큰 영향을 끼쳤던 것으로 보이는데, 이후 사실상 활동을 중단했기 때문이다.

또한 장담할 수는 없지만 miss A도 수지에게 집중된 스포트라이트가 분명 팀워크에 좋지 않은 영향을 끼쳤을 것이다. 지아는 2016년에 그룹을 탈퇴했다.

정치권에는 소년장사 징크스

정치권에도 필즈상 효과와 비슷한 단어가 있다. 이른바 '소년장사 징크스'라고 불리는 것인데, 너무 빨리 금배지(국회의원)를 달거나 요직을 맡게 되면 이후 오히려 성장세가 꺾인다는 것이다.

386 정치인의 선두주자로 출발해 30대 초반에 국회의원이 된 뒤 서울시장까지 도전했던 김민석 민주연구원장이나 7대 대통령 선거 때 김대중 전 대통령, 이회창 전 한나라당 총재에 맞서 500만 표나 득표하며 차세대 대통령 1순위로 꼽혔던 이인제 새누리당 전 최고위원, 김대중 정부 시절 38세의 젊은 나이에 청와대 국정상황 실장을 맡았던 장성민 씨 등이 이에 속한다.

최근에는 대학 졸업 전 사법시험에 합격해 '소년등과'했다는 우병우 전 청와대 민정수석이 왜곡된 엘리트의 삶을 보여주기도 했다. 법조계에서는 사법연수원 1등이 검찰총장까지 가는 경우가 거의 없다는 이야기도 있다.

역사를 공부하다 보면 동년배보다 늦깎이로 시작해 오히려 전무후무한 성공과 업적을 거두는 인물을 보게 된다. 로마 공화정에서는 마리우스와 술라를 예로 들 수 있다.

뛰어난 군인이었던 마리우스는 비(非) 로마 출신이라는 이유로 가장 권위 있는 집정관에 오르지 못하다가 훗날 남들보다 10여 년 늦은 50대가 되어서야 집정관에 올랐는데, 그 후 무려 7번이나 집정관을 더 역임했다. 이전까지 2번 역임하는 경우도 거의 없었다는 점을 감안한다면 엄청난 기록이 아닐 수 없다.

마리우스 이후 로마의 정계를 장악했던 술라도 남들보다 4~5년 늦게 공직 생활을 시작했지만 공직을 시작한 뒤에는 기민한 판단력을 인정 받아 종신 독재관에 오르는 등 로마 역사에 확실한 자취를 남겼다.

공연계에 출입하면서 들은 이야기 가운데 20대 중반 넘어서 연극에 뛰어든 배우들이 오히려 탄탄한 내공을 보여주곤 한다는 말이 기억에 오래 남아 있다. 물론 남들보다 늦었다는 절박감에 더 치열하게 노력했다는 것이 배경이 되었을 테지만 한 배우가 들려준 대답은 조금 달랐다.

"예고를 나와 연극영화과에 들어간 친구들은 뛰어난 외모를 가졌지만 어려서부터 연기만 배우며 자라다 보니 오히려 리얼리티가 떨어질 때가 있어요. 직장생활에서 상사한테 받는 스트레스가 어떤 건지, 못생겨서 이성에게 구애하다가 딱지 맞을 때 어떤 표정을 지어야 하는지 잘 모르는 거죠. 사회에서 얻은 경험이 연습과 시너지를 내면 더 좋은 연기가 나오곤 합니다."

이 말을 해준 사람은 요즘 TV에도 곧잘 출연하는 연극배우 서현철인데, 그 역시 직장을 다니다가 서른이 넘어 연극계에 입문했다.

다시 선배들과의 대화로 돌아오면 당시 나는 이 대화에서 꿀 먹은 벙어리였다. 아무리 기억을 떠올려 보려고 해도 내가 대학에 입학했던 1998년도 수학능력평가시험에서 누가 전국 수석의 영예를 차지했는지 떠오르지 않았다. 기억나는 건 그해 수능이 역대급 '물수능'이라서 수능 점수 인플레이션이 벌어져 난리가 났다는 정도였다.

그래서 옛날 신문을 뒤적거리며 찾아봤더니 시선을 사로잡은 기사 제목이 눈에 들어왔다.

'수석 수험생 올해부터 공개 안 해. 최고 득점 398점(《동아일보》, 1997년 12월 21일자)'

점수를 보니 다행히 나는 아니었다.

★

CHAPTER

21

걸그룹에게도 레임덕이 있다

카라가 일본 오리콘 차트의 각종 기록을 갈아치우며 승승장구하던 2010~2011년 나는 걸그룹의 패권이 소녀시대에서 카라로 넘어가는 줄 알고 조마조마했다. 그러면서도 한편으로는 '소녀시대를 좋아하는 팬이 소수 정예가 될 수도 있겠구나'라는 기대감을 품으며 '그것도 나쁘진 않겠군'이라는 생각도 했다.

당시 카라의 인기가 어느 정도였는가 하면 2011년 1월 카라를 주인공으로 내세운 드라마 〈우라카라〉가 도쿄TV에서 방영됐을 정도였다. 그것도 무려 12부작으로 말이다. 아직까지 카라 외에는 일본에서 이 정도의 대우를 받은 걸그룹이 없는 것으로 안다.

그러나 카라 역시 한동안 부진이 이어지면서 결국 2016년에 해체되고 말았다. 그나마 카라 정도 되니까 10년을 버틴 것이다.

요즘 대부분의 걸그룹이 소위 '7년차 징크스'에 빠져 있다.

계약 기간이 만료되는 데뷔 7년차에 걸그룹 해체나 멤버의 탈퇴 소식을 듣는 것에 익숙해지고 있다.

팬의 입장에서 안타깝긴 하지만 실제로 해체한 그룹의 면면을

순위	2008	2009	2010	2011	2012	2013	2014	2015	2016
1	원더걸스	소녀시대	소녀시대	소녀시대	티아라	소녀시대	소녀시대	소녀시대	트와이스
2	소녀시대	2NE1	카라	티아라	소녀시대	씨스타	걸스데이	에이핑크	소녀시대
3	브라운아이드걸스	카라	티아라	카라	씨스타	걸스데이	에이핑크	AOA	I.O.I
4	카라	포미닛	2NE1	원더걸스	miss A	2NE1	씨스타	EXID	에이핑크
5		브라운아이드걸스	원더걸스	2NE1	원더걸스	포미닛	AOA	걸스데이	AOA
6		원더걸스	포미닛	miss A	카라	카라	2NE1	씨스타	레드벨벳
7		f(x)	애프터스쿨	포미닛	시크릿	missA	레디스코드	레드벨벳	러블리즈
8		티아라	f(x)	f(x)	2NE1	원더걸스	f(x)	러블리즈	여자친구
9		애프터스쿨	miss A	시크릿	포미닛	에이핑크	레드벨벳	원더걸스	마마무
10		시크릿	브라운아이드걸스	씨스타	f(x)	티아라	포미닛	f(x)	씨스타
11			시크릿	애프터스쿨	에이핑크	크레용팝	카라	트와이스	EXID
12			씨스타	달샤벳	애프터스쿨	f(x)	시크릿	포미닛	걸스데이
13			걸스데이	브라운아이드걸스	달샤벳	시크릿	크레용팝	miss A	오마이걸
14			나인뮤지스	에이핑크	브라운아이드걸스	애프터스쿨	티아라	마마무	원더걸스
15				걸스데이	걸스데이	달샤벳	miss A	카라	블랙핑크
16				나인뮤지스	스피카	나인뮤지스	달샤벳	여자친구	2NE1
17					나인뮤지스	브라운아이드걸스	원더걸스	나인뮤지스	포미닛
18					AOA	레이디스코드	애프터스쿨	티아라	피에스타
19					EXID	스피카	러블리즈	2NE1	f(x)
20					피에스타	AOA	스피카	오마이걸	miss A
21					크레용팝	EXID	나인뮤지스	시크릿	카라
22						피에스타	EXID	달샤벳	나인뮤지스
23						마마무	마마무	애프터스쿨	달샤벳
24						브라운아이드걸스	브라운아이드걸스	브라운아이드걸스	시크릿
25						피에스타	피에스타	크레용팝	티아라
26								피에스타	브라운아이드걸스
27								스피카	애프터스쿨
28								레이디스코드	레이디스코드
29									스피카
30									크레용팝

[그래픽 1] 2016년 해체한 카라의 언급량 순위(2008~2016년)

살펴보면 계속해서 팀을 유지하는 게 무리일 수 있겠다는 생각이
들기도 한다.

[그래픽 1]은 온라인에서 언급되는 걸그룹의 상대적 순위를
매긴 표다. 카라는 이미 2014년부터 10위권 밖으로 밀려나면서
과거의 존재감을 이어가지 못하고 순위가 급격히 하락했음을 알
수 있다. 카라는 데뷔 4년차부터 해체설과 활동 중단에 휘말리며
흔들리기 시작했다. 정치적으로 표현하면 이들은 걸그룹의 1차
임기(7년 계약) 중반인 4년차에 이미 '레임덕(Lame duck)'이 시작됐
다는 이야기다. 그 후에는 과거의 지위를 다시 회복하지 못하고
계속 추락했다.

레임덕은 임기 만료를 앞둔 대통령 등 공직자의 통치력 저하를
'기우뚱기우뚱 걷는다'는 뜻의 영어 단어 '레임(Lame)'을 넣어 절
름발이 오리에 비유한 말이다.

정치권에서는 대통령의 레임덕이 시작되는 시그널이 있다고
한다. 일단 물리적 연차다. 5년제인 우리나라에서는 대개 4년차
말부터 조짐이 보이다가 5년차 초부터 레임덕이 시작된다. 두 번
째는 여당의 반항이다. 청와대가 추진하는 법안이나 임명하려는
인사에 대해 "다시 생각해 보시죠?"라는 투로 발목을 잡는다. 세
번째는 신문 지상에 대통령보다 여당의 대선 후보가 더 많이 등
장한다. 당연히 여당 의원들도 줄을 서느라 바쁘다.

걸그룹, 레임덕 3단계

그렇다면 걸그룹의 레임덕은 언제 시작되는 것일까? 기획사 관계자에게 물어보니 "걸그룹의 인기는 연차보다 나이가 좀 더 영향을 끼치는 것 같다. 아무래도 서른이 넘으면 좀 곤란하지 않겠는가"라고 말했다. 실제로 이들이 굵직굵직한 '업적'을 남기는 것은 대개 서른을 넘기기 전이기는 하다.

걸그룹이 어떤 연예인보다 나이에 민감한 것은 사실이다. 발라드 가수나 남자 아이돌 그룹은 30대가 넘어서도 왕성하게 활동을 이어가는 데 반해 걸그룹은 30대를 넘기기 어려운 경우가 대부분이다.

1세대 보이그룹인 신화와 젝스키스는 30대 후반이 되어서도 정식 음반을 내고 활동하고 있다. 하지만 걸그룹인 S.E.S나 핑클, 베이비복스는 간혹 특별 무대를 갖는 것 외에는 다른 활동을 하

35세가 될 때까지	35세가 끝날 때까지	40세가 될 때까지	57세가 될 때까지	60세가 될 때까지		60세가 끝날 때까지	65세가 될 때까지	70세가 될 때까지
다방 종업원	골프장 캐디	프로야구 투수, 가수	공무원에 준하는 처우를 받아 온 민간 보육시설 보육교사	배차원, 목공, 건설회사 기술사, 식품 소매업자, 보험모집인, 다단계판매회사 판매원, 실내장식 인테리어 디자이너, 농업 종사자, 일반 도시 일용노동자, 육체노동 종사자		개인택시 운전사	간호학원 강사, 소설가, 의사, 개인약국 경영 약사, 소규모 주식회사 대표이사, 한의사, 치과의사	법무사, 변호사, 목사

* 자료: 《서울신문》, 2009년 8월 25일자

[그래픽 2] 법원의 판례를 통해 본 직업별 연한

지 않고 있다. 그래서인지 애프터스쿨은 '졸업제'를 만들어 자연스럽게 정리하기도 했다.

그렇다면 나이가 서른에 가까워지는 걸그룹 멤버는 어떤 현상을 겪을까?

일단 걸그룹 레임덕의 징조가 가장 처음 나타나는 곳은 전방의 군부대라고 한다. 병사들의 관물함에 붙여져 있던 걸그룹의 사진이 떼어지는 것이다. 그 자리는 더 어린 좀 더 구체적으로 말하면 군인들과 연령대가 비슷하거나 더 어린 걸그룹의 사진으로 채워진다.

그룹	멤버	나이
피에스타	차오루	30
miss A	페이	30
티아라	큐리	31
f(x)	빅토리아	30

[그래픽 3] 서른을 넘긴 걸그룹 멤버

그룹	멤버	나이
2NE1	산다라박	32
	박봄	32
티아라	전보람	31
	소연	30
스피카	박시현	30

[그래픽 4] 2016년 해체 또는 탈퇴한 걸그룹 멤버

몇 년 전만 해도 나인뮤지스는 군부대를 방문하는 걸그룹이었지만 지금은 사정이 조금 달라졌다. 나인뮤지스의 자리는 최근 데뷔한 걸그룹이 대체하고 있다. 국방부 관계자에게 물어보니 "아무래도 군인들도 또래나 자신보다 나이가 어린 걸그룹이 오면 반응이 더 뜨겁다"라고 했다. 2010년 데뷔한 나인뮤지스는 벌써 데뷔 8년차다. 그간 멤버 교체가 있긴 했지만 그래도 20대 초반은 아니다.

두 번째 레임덕 현상은 CF다. 치킨, 음료수, 게임 등의 모델로 채택될 가능성이 현저히 낮아진다는 것이다. 실제로 최근 치킨, 음료수, 게임에 등장하는 걸그룹은 대부분 I.O.I, 트와이스, 여자친구 등 3세대 걸그룹으로 채워지고 있다.

세 번째는 행사 섭외인데, 대학 행사부터 시작해 줄줄이 섭외

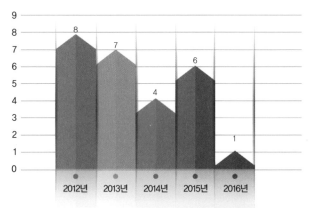

* 2012~2013년 이후엔 치킨 광고가 없음

[그래픽 5] 카라의 CF 숫자로 본 변천사

가 줄어든다고 한다. 대학 4학년 졸업반 여학생이 23~24세인데 이와 무관치 않아 보인다.

황소와 곰, 절름발이 오리

레임덕이라는 표현이 은유적으로 처음 사용된 것은 18세기 런던증권거래소로 추정되고 있다. 현존하는 기록 가운데 레임덕이 등장하는 가장 오래된 것은 1761년 영국의 소설가 호레이스 월폴(Horace Walpole)이 호레이스 맨(Horace Mann) 경에게 보낸 편지인데, 다음과 같은 표현이 등장했다. "황소, 곰, 절름발이 오리에 대해 알고 계십니까(Do you know what a Bull and a Bear and Lame Duck are)?" 황소는 강세장, 곰은 약세장을 가리키는 증시 용어다. 절름발이 오리는 빚을 갚지 못하는, 즉 파산한 증권거래인을 가리킨다고 한다.

앞서 언급한 카라의 사례처럼 멤버 탈퇴 등 내분이 있을 때 걸그룹의 레임덕이 빨라지듯, 정치권도 여권 내부의 갈등 구도가 레임덕을 앞당긴다.

특히 대통령과 사이가 좋지 않은 정치인이 여당의 대선 후보가 될 경우 레임덕 현상이 급속하게 나타난다. 이명박 대통령은 앙

숙관계였던 박근혜 후보가 여당의 대선 후보로 당선되는 시점을
전후로 친형인 이상득 전 의원이 구속되고 박영준 전 차관 등 측
근의 각종 비리 사건이 연이어 터지면서 '식물 대통령'이라는 오
명을 쓰기도 했다(최근엔 '광물 대통령'이라는 신조어도 등장했다).

　최근 정치권에서는 개헌하자는 목소리가 높아지고 있다. 5년마
다 레임덕 현상이 벌어지면서 실패한 대통령으로 귀결되다 보니
이에 대한 제도 개선이 필요하다는 것이다.

　국회 개헌 추진 모임에 가입한 국회의원 수만 해도 200명이 넘
는다고 한다. 개헌 정족수(국회 재적의원 가운데 3분의 2인 200명)를 넘
겼기 때문에 언제든 개헌에 나설 수 있는 환경이 마련됐다.

　문재인 대통령도 내년 지방선거와 함께 개헌에 대한 국민투표를
실시하겠다고 공언한 만큼 2018년에는 개헌이 가시화될 가능성이
그 어느 때보다 높아졌다. 반면 헌법 자체보다는 대통령을 비롯한
정치인의 자질이 더 중요한 문제라는 목소리도 만만치 않다.

레임덕 없는 대통령은 존재할까

　레임덕이라는 단어가 만들어진 곳, 대통령제가 시작된 미국의
상황은 어떨까?

　미국의 대통령 선거는 11월에 열리는데 1933년 10월 이전까

지 임기는 다음해 3월 5일에 시작되도록 규정되어 있었다고 한다(트럼프는 이듬해 1월 20일 임기를 시작했다). 현직에 있는 대통령이 재선되지 못할 경우 차기 대통령의 임기가 시작될 때까지 4개월 정도 명목상 대통령 직을 수행해야 했다. 곧 짐을 싸서 나가야 하는 대통령의 말에 무게가 실릴 리 없었을 것이다. 또한 4개월 동안 주인 잃은 정부가 제대로 돌아갈 리 만무하다.

이로 말미암아 미국 의회는 1933년 10월에 대통령선거법을 수정해 대통령의 임기 시작을 1월 20일로 앞당겼다. 그래도 두 달 가량 남긴 하지만 그래도 차기 대통령에게도 정권 인수 작업이 필요하니 이 정도는 어쩔 수 없는 일이라는 생각이 든다.

최근 8년 임기를 마친 미국의 버락 오바마는 레임덕 없는 대통령으로 화제를 모았다. 영부인인 미셸 오바마 여사는 미국 NBC 방송 〈더 투나잇 쇼〉에 출연해 남편을 향해 "그가 '레임덕'이 아니라 나의 '실버폭스(은색 여우, 나이 든 멋진 남성을 가리키는 은어)'임을 증명해줘서 고맙다"라는 메시지를 남기기도 했다.

오바마 대통령의 퇴임을 앞두고 미국 각 방송과 신문은 그의 퇴장을 아쉬워하는 기사를 앞다투어 내놨다. 아마도 새 대통령 당선자인 도널드 트럼프가 상대적으로 언론과 잘 다투는 정치인이기 때문에 이런 분위기가 더 고조된 측면도 있었지만, 그래도 지금껏 임기 말을 성공적으로 보내지 못한 대통령들을 보아 온 우리 입장에서는 부러울 수밖에 없는 풍경이다.

★

CHAPTER

22

내가 트와이스로 갈아탄 이유,
한계효용체감의 법칙

소녀시대를 처음 봤을 때 어찌나 설레던지 중학교 3학년 음악 수업 때 뽀얀 피부에 찰랑거리는 긴 머리의 교생 선생님이 첫 인사를 했을 때만큼이나 가슴이 두근거렸다. 1집 음반을 구입하고, 부록으로 받은 소녀시대의 대형 브로마이드를 직장 사무실 유리 벽에 정성스럽게 붙여놓았다. TV에 나오면 밥을 먹다가도 멈췄고 토요일, 잉글리시 프리미어리그(EPL) 축구를 보면서도 치킨은 꼭 (소녀시대가 CF를 찍은) 굽네치킨만 시켜 먹었다.

노트북 배경화면을 소녀시대 사진으로 채우고, 분당 서현동에 갈 때면 성지순례를 가는 느낌이었다. 아무도 나서지 않던 토요일 소녀시대 인터뷰를 자청하기도 했다(신문사 기자들은 토요일이 유일하게 보장된 휴일이다). 2집 〈Gee〉와 2.5집 〈소원을 말해 봐〉가 발매될

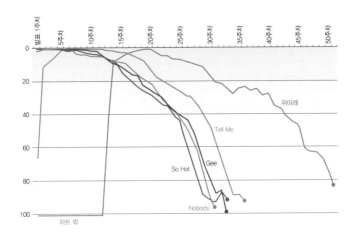

[그래픽 1] 차트에서 가장 오래 버틴 걸그룹 곡 top 5

때까지도 이런 지극정성은 계속됐다. 내 기억으로는 딱 그때까지였던 것 같다. 3집을 구입할 때는 만난 지 100일 지난 여자친구를 집에 바래다줄 때처럼 약간의 의무감 같은 감정이 섞이기 시작했고, 2010년이 지나자 굽네치킨 대신 예전에 먹던 교촌치킨을 가끔 입에 대기 시작했다. 역시 사람의 마음이라는 게 오랜 시간 한결같기가 이처럼 어려운 모양이다.

한계효용체감의 법칙

그렇다면 나는 배신자일까? 나는 바람둥이의 DNA를 타고난 것일까? 아니다. 절대 그렇지 않다. 고전 경제학에서는 이미 이런 갈대 같은 심리를 '한계효용체감의 법칙(Law of Diminishing Marginal Utility)'이라는 이론으로 정리한 바 있다. 한계효용체감의 법칙은 생산 단위가 1개 늘어날수록 상승하는 만족도가 점점 감소한다는 경제학의 고전적 법칙이다.

대학에서 '자원경제학'이라는 수업을 들을 때 교수님이 맥주를 예로 들어 이 법칙을 설명한 기억이 난다.

"어느 날 고된 일을 마치고 호프집에 가서 내가 1,000원을 주고 맥주를 한 병 마셨다고 치자. 처음 들이켠 맥주는 무척 시원하고 맛있었을 거야. 그 만족도가 1,500원쯤 됐다고 할까. 그래서 한 병을 또 주문했어. 이미 목을 적셔서 처음만큼 시원하지는 않았지만 역시 만족스러웠어. 만족도는 1,100원 정도. 그래서 세 병째를 시켰어. 처음 마셨을 때보다 만족도가 많이 떨어졌고, 조금 취하면서 몸이 달아오르기 시작하는 거야. 그때 만족도는 900원어치 정도? 네 병째를 시키니까 이제는 만족도가 600원 정도밖에 안 돼. 그렇다면 내가 맥주를 몇 병까지 마시는 것이 합리적인 선택일까?"

'가만있자… 맥주 4병을 시키면 4,000원을 지불하고 4,100원어치의 만족도를 느꼈다면 이득이겠군.' 나는 자신 있게 "4병이요"라고 답했다. 왜냐하면 100원어치의 이득을 얻게 되었기 때문이다. 하지만 '땡!'이었다.

맥주	가격(누적 가격)	만족도
1	1,000	1,500
2	1,000(2,000)	1,100
3	1,000(3,000)	900
4	1,000(4,000)	600

[그래픽 2] 맥주 가격과 만족도에 따른 한계효용체감의 법칙

　답도 맞추지 못한데다가 "학생처럼 술을 좋아하는 사람은 당연히 4병이겠지만 경제학자들의 판단은 조금 다르다"라는 교수의 핀잔이 돌아왔다.

　결론부터 말하면 이런 경우 맥주는 2병까지 마시는 게 합리적인 선택이라고 한다. 왜냐하면 1,000원(1병당 가격)을 내고 1,000원보다 낮은 만족도를 느낀다면 손해이기 때문이다. 그래서 1,000원으로 1,000원 이상의 만족도를 느끼는 수준까지만 돈을 지불하는 것이 바람직하다는 게 경제학에서 말하는 합리적인 소비다.

소녀시대에 대한 설렘 감소는 이성적 작용

　이렇게 볼 때 내가 소녀시대의 음반을 적극적으로 구매하지 않게 된 것은 한계효용체감의 법칙 때문이 아니었을까. 예를 들어 음반을 샀을 때 1만 2,000원만큼의 만족도(또는 설렘)를 느꼈던 것

은 3집까지였을 거라는 이야기다. 물론 내가 그 정도로 합리적인 선택을 하는지 잘 모르겠지만….

그러나 소녀시대에 대한 대중의 반응을 살펴보면 당시 내가 느낀 감정이 어느 정도 설명될 수 있으리라는 생각이 든다. 소녀시대에 대한 언급량의 추이를 살펴봤더니 다음과 같은 결과가 나왔다.

소녀시대는 2집 음반 〈Gee〉로 한창 활동하던 2009년 1월 SNS에서의 언급량이 상승세를 타기 시작해 이듬해인 2010년 1월 절정에 달했다. 하지만 그 후 간헐적인 상승치만 있을 뿐 전체적인 흐름은 하향세로 접어들었다. 그만큼 대중의 관심사에서 멀어졌다는 반증일 것이다. 사람 마음이 다 비슷한 모양이다.

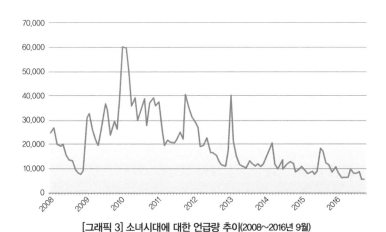

[그래픽 3] 소녀시대에 대한 언급량 추이(2008~2016년 9월)

한계효용체감의 법칙이 가진 명과 암

얼마 전까지만 해도 서울 곳곳에 '벌집 아이스크림'이 엄청난 인기를 끈 적이 있다. 인기를 반영하듯 홍대, 압구정동, 한남동 등 소위 잘나가는 지역마다 매장이 눈에 띄었는데, 낮이고 밤이고 매장마다 긴 줄이 늘어선 풍경을 볼 수 있었다. 그런데 지금은 매장도 많이 줄고, 긴 줄을 설 필요도 없어졌다.

막걸리 인기와 허니버터칩 열풍만 봐도 먹거리가 한계효용체감의 법칙이 가장 잘 반영되는 분야 중 하나인 것을 알 수 있다. 없어서 못 팔 것 같은 폭발적 반응이 있다가도 언제 그랬냐 싶게 수요가 가라앉는다. '셰프'가 주인공으로 나오는 각종 음식 프로그램도 마찬가지다. 방송마다 우후죽순 생겨났지만 2년을 채 넘기지 못했던 것이다.

반대로 처음부터 한계효용체감의 법칙을 이용해 꾸준히 돈을 버는 먹거리도 있다.

수산물을 좋아하는 나는 종종 역삼동의 수산물 전문 뷔페 M식당에 간다. 첫 접시에 음식을 담을 때만 해도 '오늘 이곳에서 본전 이상을 뽑고 가야지'라며 의지를 불태우지만 접시 개수가 늘어날수록 질리기도 하고, 포만감 때문에 1시간 이상을 버티기가 쉽지 않다. 아마 씨름선수 등 일부 직업군을 제외하곤 대부분의

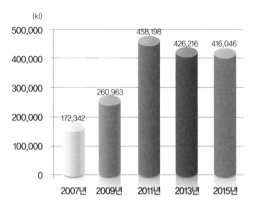

(kl)

500,000

458,198

426,216   416,046

400,000

300,000

260,963

200,000

172,342

100,000

0

2007년 2009년 2011년 2013년 2015년

[그래픽 4] 연도별 막걸리 출고량

사람이 비슷할 것이다. 뷔페에는 바로 한계효용체감의 법칙이 숨어 있다.

어렸을 때는 '뷔페 사장님들은 어떻게 돈을 벌까? 사람이 많이 올수록 손해를 많이 봐서 조만간 없어지는 건 아닐까'라고 걱정했지만 서울에만도 수백여 곳에서 성업 중인 것을 보면 어찌 됐든 남는 장사임에 확실하다.

그렇다면 한계효용체감의 법칙을 막을 수 있는 방법이 있을까.

한 경영학과 교수에게 물어보니 "변화를 주는 것 외에는 방법이 없다"라는 답이 돌아왔다. 본래 만족을 느낀 이미지 대신 또 다른 이미지를 보여줘 한계효용체감의 법칙을 늦춘다는 이야기다.

그렇다면 청순함의 대명사인 여자친구가 다음 앨범에서 우락

부락한 근육을 키우고 쇠사슬을 돌리는 원더우먼 콘셉트로 나온다면 더 많은 인기를 누릴 수 있을까?

한계효용체감의 법칙을 막으려는 노력

이런 한계효용체감의 법칙을 막기 위해 가장 전전긍긍하는 분야는 아마도 게임 업계일 것이다. 지금 이 시간에도 유저가 게임에 질리는 속도를 늦추기 위한 많은 장치를 고안해 내느라 애쓰고 있을 것이다.

몇 년 전 "문명하셨습니다"라는 유행어를 만들어 누구나 알게 된 악마의 게임 '시드마이어의 문명'을 보자. 나는 '문명 5'를 하면서 DLC에서 얻을 수 있는 재미에 푹 빠져 지낸 적이 있다. DLC는 '다운로드 가능한 콘텐츠(Downloadable content)'의 줄임말로, 말 그대로 게임이 발매되고 난 이후 다운로드를 통해 받을 수 있는 추가 콘텐츠를 말한다.

예를 들어 처음에 문명 5를 구입하면 영국, 프랑스, 러시아, 미국, 일본 등 기본적인 세계 강대국 중 하나를 선택해서 시작할 수 있다.

그리고 몇 달이 지나면 DLC가 나오기 시작하는데, 기본 패키지에 없던 새로운 문명을 내놓는 것이다.

문명은 2010년에 처음 출시된 이후 덴마크(바이킹), 한국, 몽골, 스페인, 잉카, 폴리네시아, 네덜란드, 브라질 등의 문명을 차례로 내놓기 시작했다. 그렇다 보니 유저들은 새로운 문명이 나올 때마다 궁금해서 다시 게임을 손에 잡을 수밖에 없다.

이로써 문명을 만든 기획사 파이락시스는 게임을 판매한 이후에도 계속 수익을 창출할 수 있고, 유저 입장에서도 재미있게 즐긴 게임을 DLC를 통해 보다 오랜 기간 색다른 방식으로 즐길 수 있다는 장점이 있다.

2017년 등장한 신인 걸그룹인 이달의 소녀는 매달 멤버를 한 명씩 공개하는 이색적인 데뷔 과정을 선보이고 있다. 일정 멤버 수가 차면 유닛으로 활동하고, 나중에 유닛 3개가 모이면 완전체가 되어 본격적인 활동에 나선다는 계획이다.

총 12명의 멤버를 18개월간 홍보하는 과정을 거칠 거라고 하는데, 지금까지 8명이 소개됐다.

데뷔한 뒤 멤버 전원이 소개되는 데만 1년 6개월이라는 시간이 걸린다고 하니 싫증을 느끼는 데 걸리는 시간도 그만큼 길어질 것 같다.

★

CHAPTER

23

걸그룹 7년차 징크스,
빅맥 지수와 포트폴리오

1세대 걸그룹 때부터 쭉 지켜본 사람은 알 것이다. 나타날 때 한꺼번에 나타났다가 사라질 때도 한꺼번에 사라져버린다. 《삼국지》에서 유비, 관우, 장비, 제갈량, 조조 등 영웅호걸이 한꺼번에 사라지는 것처럼 말이다.

소설가 시오노 나나미도 비슷한 생각을 했던지 《십자군 이야기》에서 "어째서인지 인재는 어느 시기에 한쪽에서만 집중적으로 배출되는 것 같다"라고 하면서 "이것이야말로 역사의 부조리일까…"라고 말한 적이 있다.

1997년 S.E.S를 시작으로 핑클, 베이비복스, 파파야, 서클 등 걸그룹이 쏟아져 나왔다가 2002년을 기점으로 무대에서 사라졌다.

그리고 1세대 걸그룹이 나타난 지 딱 10년이 되던 해(2007년)

에 소녀시대, 원더걸스, 카라가 등장했고, 이에 맞춰 걸그룹이 속속 등장하다가 또 갑자기 사라지기 시작했다. 2016년에는 새해 벽두부터 카라가 첫 테이프를 끊더니 포미닛, 2NE1, 레인보우 등 굵직굵직한 걸그룹이 차례대로 해체를 선언했다.

2016년 시작과 함께 한꺼번에 해체 소식이 쏟아지자 언론에서는 '7년차 징크스'에 주목했다. 아이돌은 연습생을 거쳐 데뷔조에 합류할 때쯤 정식 계약을 맺는데, 계약 기간은 대부분 법정 최대 기간인 7년이다. 그런데 때마침 2016년에 데뷔 7년차를 맞이한 걸그룹이 많았다는 것이다.

이런저런 구설수로 고생한 티아라는 7년차에 전원 계약했고, 소녀시대는 10년째 활동 중이다. 그렇다면 왜 7년차에 걸그룹의 운명이 각기 달라지는 것일까? 서로 다르게 맞이하는 '7년차 징크스'는 대체 어떤 그룹을 방문하는 것일까?

각국의 물가를 비교하는 빅맥 지수

경제에 관심이 없더라도 '빅맥 지수(Big mac index)'라는 단어를 한 번쯤 들어봤을 것이다. 세계적인 패스트푸드 체인점 맥도널드에서 빅맥버거의 가격을 통해 해당 국가의 물가 수준을 측정하는 방식이다.

즉 빅맥버거의 가격이 높거나 낮으면 그만큼 그 나라의 물가도 높거나 낮다고 평가하는 것이다. 여기엔 동일한 물건은 동일한 가격을 가져야 한다는 '일물일가(一物一價)의 법칙'이 밑바탕에 깔려 있다.

2017년의 빅맥 지수를 보면 미국은 5.06달러, 중국은 2.44달러, 우리나라는 3.19달러, 스위스는 6.35달러다. 세계에서 빅맥버거가 가장 비싼 나라에 사는 스위스 사람은 같은 돈을 들고 이집트(1.46달러)에 가면 빅맥버거를 4개 사고도 돈이 남는다.

똑같은 빅맥의 가격이 이렇게 다르기 때문에 빅맥 지수에 따른 물가 수준은 스위스 〉미국 〉한국 〉중국 〉이집트 등의 순으로 결정된다.

빅맥버거가 비싼 나라(2017.1.12)

1. 스위스 - $6.35(6.50 CHF)
2. 노르웨이 - $5.67(49 NOK)
3. 스웨덴 - $5.26(48 SEK)
4. 베네수엘라 - $5.25(3,550 VEF)
5. 브라질 - $5.12(16.5 BRL)
6. 미국 - $5.06(5.06 USD)

빅맥버거가 싼 나라(2017.1.12)

1. 이집트 - $1.46(27.49 EGP)
2. 우크라이나 - $1.54(42 UAH)
3. 말레이시아 - $1.79(8.00 MYR)
4. 남아프리카 - $1.89(26.32 ZAR)
5. 러시아 - $2.15(130 RUB)
6. 대만 - $2.16(69 TWD)

[그래픽 1] 빅맥 지수(2017년 1월 현재)

30 🍔 인도 $1.62

23 🇺🇦 우크라이나 $2.11
　　🇭🇰 홍콩 $2.12

21 🇲🇾 말레이시아 $2.34

20 중국 $2.44
　　남아프리카 $2.45
　　인도네시아 $2.46
　　태국 $2.46
　　대만 $2.5

19 러시아 $2.55
　　스리랑카 $2.55
　　이집트 $2.57
　　폴란드 $2.58
　　헝가리 $2.63

18 사우디아라비아 $2.67
　　필리핀 $2.68
　　멕시코 $2.7

17 리투아니아 $2.87
　　파키스탄 $2.89

16 라트비아 $3.0

15 대한민국 $3.19
　　아랍에미리트 $3.27

14 체코 $3.45
　　터키 $3.54

13 페루 $3.71
　　싱가포르 $3.75
　　영국 $3.82

12 코스타리카 $4.02
　　칠레 $4.05
　　뉴질랜드 $4.05
　　이스라엘 $4.13
　　일본 $4.16

[그래픽 2] 각 국가에서 50달러로 빅맥버거를 몇 개 구입할 수 있는가

이는 맥도널드가 전 세계 대부분의 국가에 입점해 있다는 점에 착안한 것으로, 나름 쉬우면서도 경제 상황을 잘 반영하고 있다는 평가를 받는다. 덕분에 요즘 이를 모방한 아이팟 지수, KFC 지수, 신라면 지수까지 나왔다.

빅맥 지수에 숨어 있는 걸그룹 7년차 징크스

걸그룹마다 7년차 징크스가 다르게 적용되는 것에 대해 고민하다가 빅맥 지수에서 힌트를 얻었다. 간단하게 설명하면 온라인에서 걸그룹 각 멤버의 비중이 얼마나 차등적으로 나타나는지, 특히 1위 멤버의 집중도가 얼마나 되는지 그 비중을 살펴본 것이다. 빅맥 지수처럼 걸그룹 멤버 한 명당 같은 비중을 가져야 한다고 전제한 뒤 각 멤버별로 이보다 높고 낮은 수준을 측정해 평가한 것이다. 일종의 '일인일가의 법칙'이라고 할 수 있다.

이에 주목한 것은 다름 아닌 miss A의 수지와 AOA의 설현 때문이었다. miss A를 몰라도 〈건축학개론〉의 수지는 알고, AOA를 몰라도 SK텔레콤 CF에 등장하는 설현을 알아보는 주변 아재들을 보면서 구상한 자료였던 것이다. 이 데이터를 편의상 '소녀가장 지수(SNI, Sonyo Gajang Index)'라고 부르기로 하자.

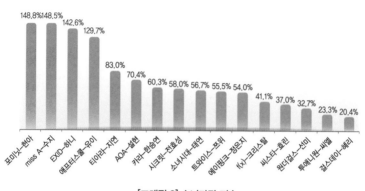

148.8% 148.5% 142.6% 129.7% 83.0% 70.4% 60.3% 58.0% 56.7% 55.5% 54.0% 41.1% 37.0% 32.7% 23.3% 20.4%

포미닛-현아 / miss A-수지 / EXID-하니 / 애프터스쿨-유이 / 티아라-지연 / AOA-설현 / 카라-한승연 / 시크릿-전효성 / 소녀시대-태연 / 투와이스-쯔위 / 에이핑크-정은지 / f(x)-크리스탈 / 씨스타-효린 / 원더걸스-선미 / 투애니원-씨엘 / 걸스데이-혜리

[그래픽 3] 소녀가장 지수

[그래픽 3]을 살펴보자. SNI 지수가 낮은 소녀시대와 에이핑크, 원더걸스, 걸스데이 등 걸그룹은 7년차 징크스에 비교적 덜 영향을 받았다는 점을 알 수 있다.

걸그룹에서도 신자유주의와 양극화 현상?

"계란을 한 바구니에 담지 마라"는 주식투자에서 흔히 하는 말인데, '포트폴리오(portpolio)'라는 단어를 설명할 때 주로 인용되곤 한다. 한 종목에만 집중 투자하면 리스크가 커지므로 다양한 종목에 분산투자를 하라는 것이 요지다. 걸그룹에도 이런 공식이 동일하게 적용된다. 포트폴리오에 실패하면 팀의 안정성도 흔들린다.

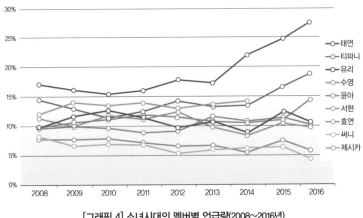

[그래픽 4] 소녀시대의 멤버별 언급량(2008~2016년)

　데뷔 10주년을 맞이한 소녀시대의 멤버별 언급량을 보면 초기
에는 멤버별 밸런스가 좋았고 멤버별 자리 이동도 활발했다. 신
분 이동의 사다리가 보장된 사회처럼 보였다. 그러나 어느 순간
부터인가 태연이 일방 독주하고 있다. 공교롭게도 데뷔 7년차가
된 2014년부터다. 마침 이 시기에 제시카가 탈퇴하기도 했다. 하
여튼 소녀시대는 이제 예전처럼 '건강한' 구성이 아닌 것 같아서
안타깝다.

　7년차를 넘기지 못한 포미닛은 현아의 독주 체제에 가까웠다.
포미닛이 해체된 후 소속사에는 현아만 남고 나머지 멤버는 모두
다른 곳으로 이동했는데 [그래프 5]에 나타난 포미닛의 양상과
무관치 않아 보인다.

　[그래프 6]에 나오는 AOA도 독특한 형태다. 데뷔 초 비슷한 출

발점에서 시작했던 멤버들은 이제 우리 사회처럼 급격한 양극화
가 진행 중에 있다.

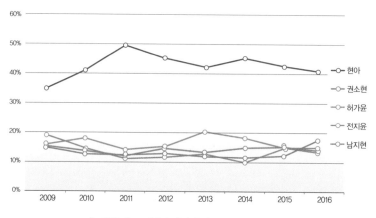

[그래픽 5] 포미닛의 멤버별 언급량(2009~2016년)

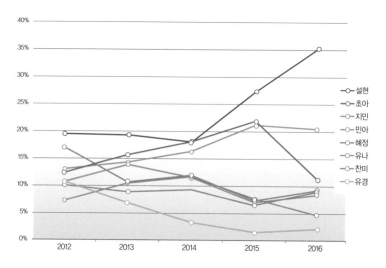

[그래픽 6] AOA의 멤버별 언급량(2012~2016년)

얼마 전 AOA의 설현이 한 예능 프로그램에 나와 "수입은 멤버 수대로 똑같이 정산한다"라고 말해 화제가 된 적이 있다. 그도 그럴 것이 AOA가 찍는 CF 중 90% 정도가 설현만 출연하기 때문이다. '소녀가장'이라는 동정론이 일기도 했는데, 얼마 후 다른 멤버인 초아가 나와서 "사실과 다르다"고 해명하기도 했다.

누구의 말이 맞는지 확인할 방법은 없지만 어느 쪽이 진실이든 팀을 유지하는 데 있어 좋은 현상은 아니라고 생각된다. 남들보다 더 많이 일했지만 수입은 똑같이 받는 설현이나 활동이 설현에게 집중된 것을 보는 다른 멤버도 기분 좋을 리 없을 테니 말이다.

경제학자들이 즐겨 쓰는 게임 이론(포켓몬고 같은 게임이 아님) 가운데 '최후통첩 게임(Ultimatum game)'이 있는데, 한 번쯤 들어봤을지도 모르겠다. 규칙은 간단한데, 예를 들면 이렇다.

"윤아에게 100만 원을 주고, 유리와 나눠 갖도록 했다. 윤아는 유리에게 딱 한 번만 액수를 제안할 수 있다. 유리가 이를 받아들이면 두 사람은 제안한 액수대로 돈을 나눠 갖는다. 하지만 유리가 싫다고 하면 둘 다 땡전 한 푼 가질 수 없다."

이성적으로 판단하면 윤아가 설령 99만 9,000원을 갖고, 유리에게 1,000원만 주겠다고 해도 받아들이는 게 좋다. 어쨌든 1,000원이 생기는 거니까 말이다. 하지만 학자들이 연구한 결과는 그렇지 않다고 한다. 제안 받은 액수가 너무 적다는 생각이 들면 거절하는 사례가 속출한 것이다.

이를 토대로 경제학자들은 "인간은 물질적 이득 못지않게 공정성과 상호 이익을 중요시한다"는 결론을 내렸다고 한다(다소 뻔하지만 노벨상을 받은…).

실제로 걸그룹 가운데는 재계약 시점이 오기 전 수익배분 문제로 갈등을 겪는 경우가 종종 있다고 한다.

포미닛이 해체할 당시 이런 문제를 겪었는지는 알 수 없다. 단지 노벨상 이론까지 끌어들이며 말하고 싶은 건 멤버별 주목도의 차이가 벌어질수록 최후통첩 게임의 유혹이 커질 수밖에 없다는 것이다.

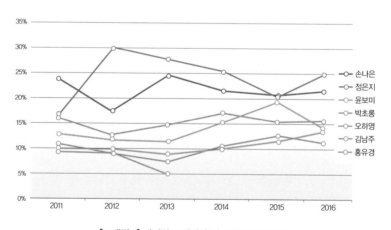

[그래픽 7] 에이핑크 멤버별 언급량(2011~2016년)

이런 점에서 에이핑크는 유별난 경우라고 할 수 있다. 앞선 사례와 전혀 다른데, 오히려 데뷔 초반의 불균형이 시간이 갈수록 개선되고 있는 보기 드문 사례다. 북유럽 복지국가 스타일이다.

걸그룹 생태계에도 다양성 지수가 있다

각 걸그룹이 얼마나 골고루 활약하는지 보기 위해 다양성 지수를 통해 분석해 봤다. 생물학 또는 생태학에서 널리 사용하는 이 지수는 종(種)이 얼마나 다양하게 보존되어 있는지를 수치화하기 위해 쓰인다.

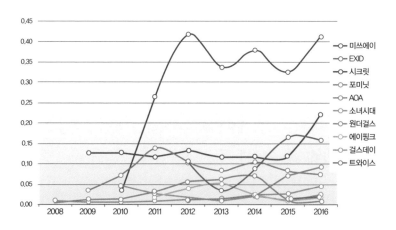

[그래픽 8] 걸그룹의 다양성 지수(n-simpson)

우리는 그중에서도 '심슨 지수'를 멤버 수로 정규화한 다양성 지수(n-simpson)를 그려 봤다. 개념을 이해하기가 어렵다면 이것만 인지하면 된다. 그래프에서 수치가 0에 가까울수록 모든 멤버가 비슷한 활약을 하고 있다는 뜻이다. 이런 이유로 에이핑크의 장수 가능성이 꽤 높다고 예상해 볼 수 있다.

소득불평등 해소는 21세기의 과제

행복을 다루는 TV 프로그램이나 신문 기사마다 '행복지수 1위'라는 간판과 함께 약방의 감초처럼 등장하는 나라가 부탄이다. 얼마 전 정부에서도 부탄을 모델로 삼아 행복지수 등을 개발하겠다고 나서 주목을 받았다.

히말라야산맥에 붙은 작은 나라에 불과한 부탄은 변변한 산업 기반이나 걸그룹도 없다. 그럼에도 이 나라가 행복지수 1위에 오른 것은 GNH(국민총행복지수) 덕분이다. 1972년 부탄 국왕이 만든 GNH는 경제력으로 국가경쟁력을 평가하는 GDP(국내총생산)에 대응하기 위해 만든 지수다.

GNH는 지속 가능한 발전, 전통적 가치와 정신문화의 보존 발전, 자연보존, 올바른 통치구조 등의 요소를 종합해 측정하는데 부탄 정부가 측정하기 때문에 객관성에서는 다소 신뢰하기 어려운 측면이 있긴 하다. 그러나 2011년 유럽신경제재단(NEF)에서 발표한 국가별 행복지수(HPI) 조사에서도 부탄이 1위를 차지했다고 한다.

물론 '평등=행복'이라는 공식은 성립하지 않는다. 이미 20세기 공산주의 실험에서도 적당한 인간의 이기심과 적절한 소득 격차가 오히려 사회의 건강성을 가져다줄 수 있음이 증명되었다.

그러나 토마 피케티(Thomas Piketty)가 《21세기 자본》에서 경고 했듯이 21세기는 지난 세기에 극적으로 좁혀놓은 소득 격차를 다시 넓혀 가는 중이다.

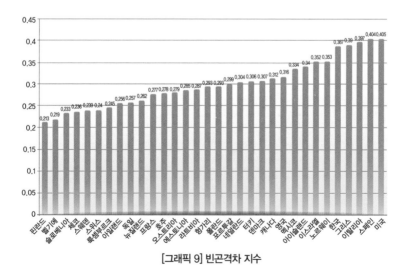

[그래픽 9] 빈곤격차 지수

자본주의의 심장인 미국에서 '월가를 점령하라(Occupy Wall street)'는 시위가 벌어지는가 하면, 언젠가 우리나라의 드라마에서도 급진적인 소득재분배정책을 추진한 삼봉 정도전이 각종 사극의 주연으로 등장한 적이 있다.

최근 OECD 통계에 따르면 우리나라의 빈곤격차(Poverty gap) 지수는 0.394로 미국(0.402)과 이탈리아(0.399)에 이어 OECD 국가 중 세 번째로 높다. 참고로 가장 낮은 국가는 모두의 예상대로 북유럽 핀란드(0.210)가 차지했다(여기서 빈곤격차 지수는 낮을수록 격차가 적은 것이다).

OECD에 따르면 빈곤격차가 낮은 국가일수록 사회의 지속 가능성은 물론 발전 가능성도 높다고 한다. 그런 점에서 우리나라의 상황은 분명 빨간불이 켜졌다는 생각이 든다.

왜 〈프로듀스 101〉에 열광할까,
이케아 효과

이 글을 쓰기 이틀 전 밤에 페이스북 타임라인에 후배로부터 당부의 글 하나가 도착했다.

"선배, 오늘이 〈프로듀스 101〉 마지막 회인데, 제가 응원하는 하성운의 데뷔를 위한 기도에 함께 해주시길….'"

이 글을 보고 있자니 문득 작년 3월 내가 페이스북에 이런 글을 올렸던 게 떠올랐다.

"모두의 도움이 필요하다. #0011 5번 김청하."

결국 하성운도, 김청하도 모두의 도움 속에 11위 안에 들어가 I.O.I와 워너원으로 각각 데뷔했다.

〈프로듀스 101〉의 참가자들은 첫 방송 당시만 해도 아직 여물지 못한 연습생 신분이었지만 방송이 끝날 무렵에는 앞서 데뷔한 선배 못지않게, 아니 그보다 더 큰 유명세를 얻고 있다('시즌 1'에서 1위를 차지한 전소미는 트와이스 멤버 선발 과정에서 탈락한 전력이 있다).

〈프로듀스 101〉의 성공은 시청률로도 분명하게 드러났다. 평균 시청률(4.3%)은 지상파의 대표 간판 예능인 SBS 〈정글의 법칙〉 (4.3%), KBS2 〈슈퍼맨이 돌아왔다〉(4.9%)와 비슷했다. 지상파에서 주말 골든타임에 방영하는 예능과 비슷한 수준이었으니 초대박을 친 셈이다. Mnet 관계자에게 물어본 바로는 당초 예상은 2%대 중반이고, 잘 되면 3% 정도였다고 한다. 그런데 방송이 절반쯤 나갔을 때 이미 광고 판매 등으로 제작비를 회수한 것으로 알고 있다.

기대 이상의 성적을 거둬 〈프로듀스 101〉 제작진은 Mnet 역사상 처음으로 시즌 1을 마치고 개선장군처럼 위풍당당하게 푸켓으로 포상휴가를 떠났다.

이 프로그램을 보는 11주 동안 다른 시청자와 마찬가지로 눈물, 환희, 실망, 안타까움 등 각종 희로애락을 겪은 뒤 정신 차리고 이 프로그램의 진행 과정을 나만의 방식으로 다시 분석해 봤다.

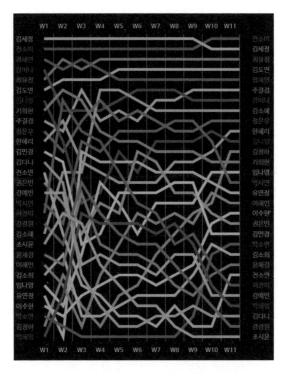

[그래픽 1] 온라인에서는 누가 I.O.I로 데뷔할 수 있었을까

    일단 몸을 푸는 단계로 [그래픽 1]을 보자. 방송 첫날부터 투표 일까지 〈프로듀스 101〉 시즌 1에서 주요 후보에 대한 온라인 언 급량을 보면 정은우, 한혜리, 김나영이 들어간다. 반면 김청하, 임 나영, 유연정은 탈락이다.

프린세스 메이커와 이케아 효과

대학 때 즐겨 했던 컴퓨터 게임 중 일본 코에이사에서 만든 '프린세스 메이커'가 있다. 플레이어가 아빠가 되어 가상의 딸을 키우는 게임으로, 성장 과정에서 어떤 교육을 시키는지에 따라 결말(자녀의 직업)이 달라지는 게 꽤 흥미로웠다.

왕자와 결혼한다거나 전문직 여성으로 키우는 것이 이상적인 결말인데, 장난스러운 친구들은 일부러 불량아로 키우기도 했다. 또한 하드코어를 즐기는 부류는 더 이상한 결말로 유도하며 낄낄대곤 했다.

게임 자체는 건전했지만 자칫 변태로 오인될 수 있는 위험성도 농후했다. 친구 중 한 명은 여자친구한테 들켜 "이딴 게임과 나, 둘 중에 하나만 선택해"라는 최후통첩을 받고 홧김에 "게임"이라고 대답했다가 뺨을 두어 대 맞고 한동안 같은 과 여자 후배들(이자 여자친구의 동기)로부터 '대한민국 최고 변태'로 물고 뜯김을 당했다고 한다. 이런 위험 속에서도 미혼의 20대 남성을 때 이른 '딸바보'로 만든 이 게임의 매력은 과연 무엇일까?

하버드대학교 마이클 노튼(Michel Norton)과 듀크대학교 댄 애리얼리(Dan Ariely) 교수는 참가자들에게 종이접기를 시키고 완성한 작품을 경매에 붙이는 실험을 했다. 그랬더니 참가자들은 가

[그래픽 2] 프린세스 메이커 3

격이 비싸더라도 자신이 만든 작품을 낙찰 받고 싶어 했다고 한
다. 자신이 만들었다는 것 때문에 특별한 애착을 느끼고, 설령 돈
을 더 주고 구입하더라도 높은 만족감을 보였다는 것이다.

　노튼 교수는 사람들이 굳이 돈을 주고 사서 고생하는 이케아 가
구를 좋아하는 이유도 이런 심리 효과 때문이라고 했다.

　1943년 설립된 이케아는 '저렴한 가격과 실용성 있는 디자인'
을 내걸고 약 14만 명의 직원이 일하는 세계 최대 가구 회사다.
이케아의 성장 요인은 저렴한 가격인데, 완제품이 아니라 완성
직전의 재료와 설명서를 보내 고객이 직접 주문한 가구를 조립하
도록 하는 것이 특징이다.

　그러나 많은 학자는 저렴한 가격 외에도 DIY(Do It Yourself), 즉

노튼 교수가 언급한 직접 제작에 참여하면서 갖게 되는 '이케아 효과(IKEA Effect)'도 인기 요인 중 하나라고 본다.

'프린세스 메이커'에 대한 몰입이나 〈프로듀스 101〉에 대한 애착은 주말에 경기도 광명의 이케아 매장으로 향하는 사람들의 심리와 같다고 할 수 있다. 즉 17년 전 여자친구에게 따귀를 맞은 불쌍한 내 친구는 변태가 아니었다는 얘기다.

이케아 효과는 정치에서도 오래전 그 효과가 입증됐다. 바로 대통령 선거에 나가는 정당 후보 선발권을 일반 국민에게 주는 국민참여 경선이다. 2002년 민주당이 처음으로 도입했는데, 당시 '각본 없는 주말 드라마'라는 유행어를 파생시킬 정도로 큰 인기를 끌었다. 그러자 이후부터는 여야를 가리지 않고 대부분의 정당에서 이 제도를 도입했다.

특히 문재인 대통령에 대한 지지층의 열성은 아이돌 팬덤에 비교될 정도로 강력하기로 유명하다. 2015년 당 대표 경선 당시 "우리가 뽑은 대선 후보를 우리가 지켜야 한다"면서 수만 명이 모바일을 통해 입당하는가 하면, 대통령 후보 경선 과정에서 문재인 후보에 대해 비판적이거나 다른 의견을 가진 민주당 소속 의원들이 다량의 항의 문자나 '18원 후원금'을 받아 논란이 일기도 했다. 문재인 후보로서는 정치권의 '이케아 효과'를 톡톡히 본 셈이다.

〈프로듀스 101〉에서 본 밴드왜건 효과

이케아 효과와 함께 〈프로듀스 101〉에서 흥미를 끌었던 것은 순위 변동이었다. 초반에 격렬한 변동을 보였던 참가자들의 순위가 중반부터는 거의 고정되었다는 점이다.

처음 자신이 지지했던 소녀를 버리고 다른 소녀에게 팬심이 급격히 넘어간 것일까? 물론 〈프로듀스 101〉은 라운드가 바뀔 때마다 하위권 후보가 탈락하기 때문에 자신이 응원하는 소녀가 탈락한 경우 다른 소녀로 관심이 이동했을 가능성도 있다. 그러나 그보다는 중반부에 순위가 하락한 소녀들은 끝내 관심을 되찾아오지 못하는 경향이 두드러졌다는 것이다.

정치부 기자들이 선거 기간에 지방 취재를 다닐 때면 꼭 듣는 말이 있는데 "될 사람을 밀어줘야죠"이다. '전략적 투표'로 유명한 호남을 방문한 뒤 쓴 르포 기사를 읽어 보면 열이면 열 이런 표현이 등장한다.

이처럼 유력 후보에 대해 쏠림 현상이 벌어지는 것을 '밴드왜건 효과'라고 한다. 선거운동에서 우세를 보이는 후보 쪽으로 투표자가 가담하는 현상을 말한다. 1848년 미국에서 한 광대가 선

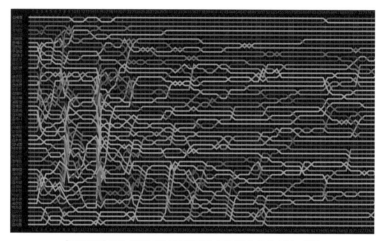

[그래픽 3] 방송 첫날부터 투표일까지 〈프로듀스 101〉 시즌 1에서
TOP 50 후보의 일간 언급량 변동

거운동에 악단을 태운 마차(Bandwagon)를 동원하자 사람들이 우르르 몰려가기 시작했는데, 이를 본 정치가들이 마차에 올라타기 시작한 데서 유래됐다고 한다. 반대는 '언더독 효과(Under Dog Effect)'인데 약체인 도전자에게 오히려 대중의 관심과 동정이 모이면서 역전승을 기대하게 하는 심리다. 문재인 대통령은 경선에서 밴드왜건 효과를 본 반면 노무현 전 대통령은 경선에서 언더독 효과를 봤다.

19대 대선 기간에도 문재인 후보와 안철수 후보가 치열한 경쟁을 벌였던 호남 지역은 선거 기간이 가까워질수록 대세라고 불렸던 문 후보 쪽으로 기울어지는 현상이 나타났다. 실제로 개표

결과에서 문 후보는 그동안 받았던 지지율보다 훨씬 더 높은 득
표율(61.7%)을 기록했다.

현대사회의 가장 큰 특징은 '참여'라고 한다. 교통과 통신 기
술의 발달로 과거에는 없던 새로운 형식의 참여가 늘고 있는 것
이다.

각종 시상식에서 저명한 심사위원의 몫이었던 심사에 모바일
과 인터넷을 통한 일반인의 참여가 늘고 있으며, 정치에서도 직
접민주주의의 철학을 구현하고 있다.

시민 참여를 얼마큼 적절히 사용하는지가 성공 요인 중 하나라
고 해도 과언이 아닌 시대가 된 것이다.

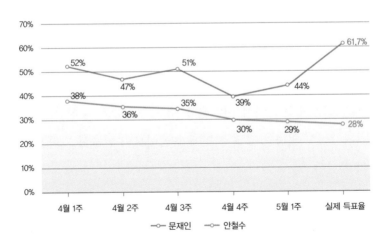

[그래픽 4] 호남 지역에서 문재인 후보와 안철수 후보의 지지율과 최종 득표율

★

CHAPTER

25

크라우드 소싱으로 만들어진
〈프로듀스 101〉은 최고의 조합이었을까

〈프로듀스 101〉의 대성공을 두고 한 예능 PD는 "음식으로 비유하면 '걸그룹'이라는 맛난 재료가 주어진데다 '국민 프로듀서'라는 참신한 조리법까지 주어져 대중으로 하여금 맛보고 싶다는 호기심을 불러일으켰다"라고 평가했다. 그렇다면 맛난 재료와 참신한 조리법이 만나 내놓은 결과물은 어땠을까.

〈프로듀스 101〉에서 선발된 11명으로 I.O.I가 구성되고 난 뒤 기획사에서 일하는 몇몇 지인에게 물어보니 반응이 그다지 신통치 않았다.

"글쎄, 우리가 정말 데뷔시키려고 만들었다면 저렇게 구성하지는 않았을 것 같은데…"라거나 "11명이나 되다 보니 겹치는 이미지가 너무 많다. 설탕을 넣었는데 올리고당도 넣고, 배즙도 넣었다고 해야 하나… 저러면 몇몇 멤버는 희생될 것이다" 등등 부정적 언급이 많았다. 석 달간 전 국민적 관심 속에 까다로운 심사 과정을 통해 선발된 정예로 구성된 팀인데 이런 평가가 나오다니 다소 의외였다.

〈접속〉과 전도연

사실 문화 콘텐츠와 크라우드 소싱(Crowd Sourcing)의 결합은 〈프로듀스 101〉이 처음은 아니다. 바로 20년 전 개봉된 영화 〈접속〉(1997년)에서 선보인 적이 있다. 한석규과 전도연 등 향후 충무로를 이끌고 갈 남녀 주인공이 등장한 영화이기도 하다.

제작사 명필름은 여주인공 수현을 맡길 배우를 직접 고르는 대신 당시 새로운 소통 수단으로 각광을 받던 PC통신에서 설문조사를 벌였다. 그 결과 당시만 해도 영화 출연 경험이 전무했던 배우 전도연이 캐스팅된 것이다. 당시로선 거의 도박이나 다름없는 캐스팅이었다.

그런데 결과는 대박이었다. 그해 서울에서만 68만 명의 관객을 기록해 최다 흥행 기록을 세웠다(당시에는 전국적인 관객 집계 시스템이 없어 서울 관객만 공식 집계가 가능했다). 또한 그해 대종상 작품상과 신인감독상, 신인여우상, 조명상, 편집상, 각색상 등 6관왕에 올랐고(그때만 해도 대종상의 권위는 매우 높았음), 청룡영화상 한국 영화 최다관객상 신인여우상, 백상예술대상 여자인기상 등 각종 상을 싹쓸이해 1990년대 후반 시작되는 한국 영화의 르네상스를 열었다는 평가를 얻었다.

개인으로 따지자면 아마도 전도연이 가장 큰 수혜자였을 것이다. 이때까지 TV 드라마 7~8편에 출연한 것이 전부였던 전도연은 가장 주목할 만한 차세대 여배우로 떠오르면서 한국 영화를 대표하는 배우로 성장했기 때문이다. 그 후 몇 년간 어지간한 영화 시나리오는 모두 전도연의 손에 먼저 배달됐다는 말이 나올 정도였다. 어쨌든 다소 시기를 앞서나간 듯했던 크라우드 소싱 도박이 대성공을 거둔 사례다.

집단지성의 시대, 크라우드 소싱

정보통신의 발달로 21세기 들어 그 어느 때보다 대중의 참여가 활발해지고 있다. 오죽하면 21세기에 들어 탄생한 첫 정부의 명칭이 '참여정부'였을까. 또한 '집단지성(Collective Intelligence)'이라는 단어가 상징하듯 각 개인이 힘을 합쳤을 때 보다 스마트한 해법을 도출할 수 있다는 믿음도 생겼다. 이전 시대보다 정보의 문턱이 낮아진 덕분이다.

서울시는 본지와 함께 5월 18일부터 카카오 스토리펀딩(storyfunding. daum.net)에서 '서울, 메이드 인 유(Made in U)'라는 프로젝트를 벌여 대안을 모색했다. 주차난 개선을 위한 전문가들의 조언을 연재하고 주차난 개선을 위한 '시민 대안' 아이디어를 받았다. 그중 후보를 추려 투표 (721명 참여)를 벌인 결과 '학교 · 대형 마트 등을 공용 주차장으로 전환 (45%)'이 '시민 대안'으로 선정됐다. 그다음으로는 아파트 주차장 개방 (19%), 거주자 우선주차구역 시간대별 활용(18%) 순으로 시민들의 지지를 얻었다. _ 《중앙일보》, 2016년 7월 13일

2016년 중앙일보와 서울시, 카카오가 공동으로 기획했던 '서울, 메이드 인 유'라는 크라우드 소싱 프로젝트를 소개한 기사다. 서울 시민을 대상으로 설문조사를 벌여 서울시의 불편사항을 찾아내고, 이를 해결하는 대안을 다시 시민의 집단지성에 맡겨 해결해 보자는 취지였다. 박원순 서울시장은 '크라우드 소싱'을 즐겨 사용하는 대표적인 행정가로, 노들섬 활용 방안 등 각종 행정사안의 결정을 시민투표의 결과에 맡겨 추진하고 있다.

크라우드 소싱은 '대중(crowd)'과 '외부 발주(sourcing)'의 합성어로 일반 대중의 아이디어나 의견을 모아 문제를 해결하거나 새로운 서비스를 만들어내는 방식을 가리킨다. 비용도 절감되고, 집단지성을 활용할 수 있다는 점에서 다양한 분야에서 활용될 뿐

아니라 반응도 좋은 편이다.

크라우드 소싱의 가장 큰 장점은 직접민주주의를 구현한다는 점이다. 누구나 자신의 의견을 말할 수 있고, 보다 많은 구성원의 의견이 반영되고 채택되다 보니 결과에 대한 불만이 상대적으로 적을 수밖에 없다.

심지어 크라우드 소싱을 전문으로 하는 기업도 있다. 온라인 연구 개발 문제해결 업체인 이노센티브가 대표적인데, 기업이 자체적으로 해결하지 못하는 연구 개발을 이곳에 의뢰하면 15만 명의 과학자가 자신의 솔루션을 제시하고, 그 아이디어가 채택되면 상금을 받는 방식으로 운영되고 있다.

I.O.I는 드림팀이긴 하지만 베스트팀은 아니다

그렇다고 크라우드 소싱이 '만능열쇠'가 되는 데는 분명한 한계를 가지고 있다. 실패했을 때 책임의 소재가 불명확해진다는 점이 가장 큰 문제다(이는 행정가들이 크라우드 소싱에 매력을 느끼는 이유 중 하나다).

핀란드의 축구팀 '팔로커호(Pallokerho-35)'는 선수 선발, 훈련,

경기 전술을 서포터들에게 맡긴 적이 있다. 휴대전화 투표를 통해 선수 선발 명단을 결정하고, 전술을 고르는 식이었다. 결과는 어땠을까?

팬들은 몇 개월 만에 하위권에서 허우적거리는 팀을 바라봐야 했는데, 문제를 어떻게 해결해야 할지에 대해 어느 누구도 답을 내놓지 못했다고 한다. 결국 구단은 이 시스템을 전면 폐지했다. 이처럼 다수결은 과정의 공정성을 획득할 수 있긴 하지만 효율성을 담보하는 시스템이라고 보기는 어렵다.

I.O.I는 11명의 멤버 수에도 불구하고 메인 보컬은 유연정, 댄서는 김청하 정도였다. 멤버 대부분이 서브 보컬(비주얼 담당) 파트에 집중적으로 배치되어 있었고, 래퍼는 아예 없었다.

이렇게 팀이 구성된 것은 다수의 투표를 통해서였다. 즉 하나의 팀으로서 가져야 할 밸런스를 고려했다기보다 자신이 좋아하는 한 멤버에게 투표하다 보니 (아마도) 예쁘고 성격도 좋아 보이는 멤버에게 표가 많이 갈 수밖에 없는 구조였다.

이렇게 생각해 볼 수도 있다. 만약 아랍에미리트연방의 왕자이자 잉글랜드 프리미어리그 맨체스터시티의 구단주인 셰이크 만수르만큼 부자여서 축구팀을 만든다고 가정해 보자. 리오넬 메시, 크리스티아누 호날두, 알렉시스 산체스, 즐라탄 이브라히모

비치, 에당 아자르, 가레스 베일, 루이스 수아레스, 로베르트 레반
도프스키, 곤살로 이과인, 아르헨 로번 등을 영입해 하나의 팀을
만든다면 어떤 일이 벌어질까? 상대에 따라 다르겠지만 일정 정
도의 수준을 가진 팀이라면 아마 5골을 넣고 6~7골을 먹는 결과
가 나올 가능성이 높다.

아, 물론 성적과 무관하게 대중의 관심을 끄는 데 있어선 대성
공을 거둘 것 같다.

그런데 내가 들은 우호적이지 않은 평가에도 불구하고 I.O.I
는 대성공을 거뒀다. 데뷔곡 〈드림걸스〉를 비롯해 〈벚꽃이 지면〉
〈너무 너무 너무〉 등 부르는 노래마다 차트를 점령했고 김세정과
전소미, 김청하, 정채연, 주결경 등은 어지간한 인기 걸그룹 멤버
못지않은 인기를 누렸다.

인기의 척도를 보여주는 CF를 보면 이 점이 분명하게 드러나
는데, I.O.I는 10개의 CF를 찍어 걸그룹 중 두 번째로 많은 광고

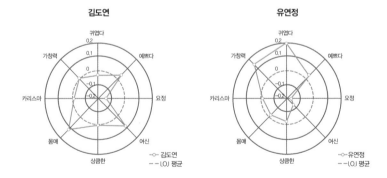

주결경

정채연

김세정

최유정

전소미

김소혜

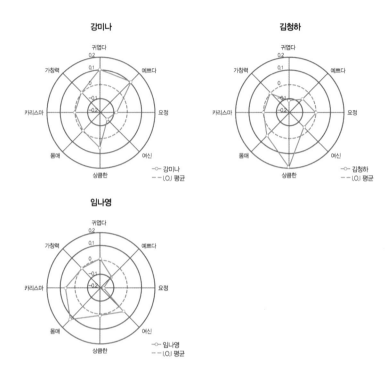

[그래픽 1] I.O.I 멤버의 이미지

에 등장한 걸그룹이 됐다. 1위는 무려 12개의 CF를 찍은 AOA였다. 다만 이 중에서 11개가 설현 단독 출연 CF라는 점이 함정이라면 함정이다.

얼마 전 당시 I.O.I에 대해 혹평했던 한 기획사 관계자를 다시 만났을 때 "I.O.I 잘나가는데요?"라고 살짝 비꼬듯 물었다. 그러자 그는 웃으면서 "원래 네이버 영화에서 전문가 평점이 낮은 영화가 재밌잖아요"라고 답했다. 생각해 보니 그 말도 맞다.

이런저런 결점에도 크라우드 소싱은 21세기의 기술혁명이 가져다준 보다 공정하고, 보다 민주적인 대안을 찾을 수 있는 방식임에는 틀림없다. 특히 요즘처럼 사회가 이리저리 쪼개지고 갈등이 첨예화된 사회에서는 만능열쇠라는 환상만 피한다면 더 나은 선택을 할 수 있는 길잡이가 될 수 있지 않을까.

혼성그룹의 빙하기는
외부 효과 때문일까

이제 가요계에서 혼성그룹은 백두산 호랑이만큼이나 찾아보기가 어려워졌다. 그러나 1990년대만 해도 혼성그룹의 힘은 대단했다.

급식 세대는 모르겠지만 X세대에게 4인조 혼성그룹 룰라는 모든 분야를 넘어선 당대 최고 연예인이었다. 요즘 '궁상민'이라는 별명으로 예능에서 활약하고 있지만, 1990년대 룰라의 리더 이상민이 풍기는 카리스마는 도끼와 신사동호랭이를 합친 것보다 셌다. 그뿐이랴. 쿨의 신곡을 들어야 비로소 진정한 여름이 시작되는 기분이 들었던 것도 사실이다. 뮤, 잼, 투투, 영턱스클럽처럼 언니, 오빠 부대를 이끌고 다니는 혼성그룹도 있었지만 주주클럽, 업타운, 마로니에, 베이시스, 자우림 등 탄탄한 음악성을 선보이며 20대 이상에게 인기를 끌었던 혼성그룹도 있었다.

혼성그룹의 시대는 많은 히트곡을 냈던 샵(Sharp)이 2002년에 해체되면서 그 막을 내렸다.

걸그룹 기획사를 찾아다니며 취재해 보니 보이그룹을 만들고 있는 곳도 많았다. 일단 걸그룹이 어느 정도 자리를 잡았으니 이제 보이그룹을 만들어야 하는 게 당연한 순리라는 것이다. "혹시 혼성그룹을 만들 계획은 없나요?"라고 물었더니, 올해 가을야구를 기대하냐고 질문 받은 LG 팬처럼 심드렁한 표정으로 "전혀요"라는 답이 돌아왔다.

혼성그룹의 주가가 얼마나 낮은지 보여주는 단적인 예가 걸그룹 써니힐이다. 2007년 데뷔한 써니힐은 원래 혼성그룹으로 출발했다. 3인조 혼성그룹으로 시작해 5인조 혼성그룹으로 확대됐는데, 인기를 얻지 못하자 결국 2014년 남성 멤버가 탈퇴하며 4인조 여성 걸그룹으로 재편됐다.

한때 가요계를 먹여 살린 블루칩 혼성그룹이 어쩌다가 가요계의 불가촉천민 같은 존재가 된 것일까. 가요계 관계자들에게 이유를 물어보니 "이게 다 팬덤 때문이다"라는 답변이 많았다.

이런 새로운 질서는 1세대 아이돌 기획사인 SM엔터테인먼트(HOT-S.E.S)와 대성기획(젝스키스-핑클)의 성공 이후 하나의 공식처럼 자리 잡았다고 한다.

외부 효과

답이 뻔히 보이는 퀴즈 하나를 내겠다.

만약 기획사가 아이돌 그룹을 두 팀 만들 수 있다면 가장 이상적인 조합은 뭘까? 걸그룹+걸그룹? 보이그룹+보이그룹? 걸그룹+보이그룹? 혼성그룹 2개? 예상했을 테지만 '걸그룹+보이그룹'이 가장 좋은 '합(合)'이라고 한다.

이유는 각 그룹의 열성적 팬덤이 서로 보완해줄 수 있기 때문이다.

"팬덤의 중심축이 10대 후반부터 20대 초반인데, 아무래도 이성을 좋아할 때잖아요. 걸그룹이 있는데 또 걸그룹을 만들면 기획사의 팬덤이 커지는 시너지 효과를 얻기 어려워요."

팬덤 사이에 일종의 '외부 효과(Externalities)'가 만들어지는 것이다.

외부 효과는 경제 활동과 관련해 당사자가 아닌 다른 사람에게 의도치 않은 혜택이나 손해를 발생시키는 현상을 가리키는 경제학 용어다. 경제학자들이 가장 자주 예로 드는 것이 원예농가와 과수원의 관계다. 대개 이런 식이다.

강원도 강릉시 중앙동의 임윤아 씨는 도시농업에 꽂혀 양봉을 하기로 했다. 그런데 마침 근처에 사는 황미영 씨가 사과를 키우는 과수원을 시작했다. 이 경우 윤아 씨네 벌들은 미영 씨네 사과나무 꽃 덕분에 꿀을 많이 채취할 수 있다. 미영 씨도 벌들 덕분에 꽃 수정이 잘 되기 때문에 이전보다 많은 수확을 기대할 수 있다.

즉 의도치 않았던 상대방의 행위나 존재 자체가 다른 사람에게 이익을 주는 경우가 생기기도 하는데, 이것이 바로 일종의 시너지 효과다.

* 자료: 전국경제인연합

[그래픽 1] 양봉 농가와 과수원의 관계

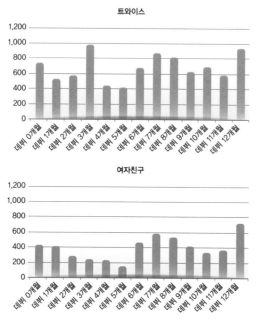

[그래픽 2] 트와이스와 여자친구의 데뷔 직후 1년간 언급량 비교

만약 걸그룹을 론칭할 때 기획사에 이미 데뷔한 보이그룹이 있
다면 거기서 얻는 팬덤의 도움은 결정적이다. 양쪽의 팬들이 '누
이 좋고 매부 좋고'의 협력 체제가 되는 것이다. 때로는 데뷔 초
반에 어느 기획사의 소속이라는 것만으로도 큰 도움이 되기도
한다.

3세대 걸그룹으로 비슷한 시기에 등장한 트와이스와 여자친구
는 데뷔하고 나서 일 년간 똑같이 음원 1위를 두 차례씩 차지했

지만 인기도나 대중의 관심도는 하늘과 땅 차이다. 이런 격차는 두 그룹이 아직 아무것도 보여주지 않은 데뷔 직후부터 시작됐다. 태어날 때부터 체급이 달랐다고 말해야 할까, 출발선이 달랐다고 말해야 할까. 심지어 트와이스는 선발 과정부터 Mnet에서 〈식스틴〉이라는 프로그램으로 관심을 받으며 데뷔 전부터 팬덤이 형성됐다.

물론 트와이스가 거둔 성과는 멤버 모두가 땀 흘려 얻은 결과라는 점은 의심할 여지가 없다. 그러나 본인이 원하든 원치 않든 대형 기획사(특히 보이그룹을 보유한 기획사)의 걸그룹은 열악한 중소 기획사의 걸그룹과 비교해 금수저를 문 채 레이스를 출발하는 거라는 사실을 여실히 보여준다.

역시 보이그룹이 없던 중소 기획사에서 나온 에이핑크와 EXID 등이 데뷔 후 2년가량 인지도를 올리기 위해 애를 먹었던 이유도 마찬가지다.

〈프로듀스 101〉에서도 비슷한 사례로 의혹이 제기된 적이 있다. 오디션 중반 4라운드 순위 결정에서 김세정, 강미나, 김나영 등 젤리피쉬 소속 3인방이 모두 5위 안에 들면서다. 일부 네티즌이 젤리피쉬 소속 가수들의 팬덤에서 중복 투표를 통해 도와줬다는 의혹을 제기하면서 파장이 일파만파 커졌다.

결국 Mnet 측은 중복 투표 가능성이 있다고 인정한 뒤 투표 방

식을 조정했는데, 이들 중 일부는 순위가 10위권 밖으로 내려갔
다. 실제로 어떤 일이 벌어졌는지는 알 수 없지만 소속사의 팬덤
이 작용했을 수도 있다는 추측을 가능케 했던 대목이다.

그러나 김세정과 강미나는 최종 투표 결과 11위 안에 들면서
이 같은 의혹을 실력으로 불식시켰다.

나쁜 외부 효과의 '끝판왕' 중국발 미세먼지

이처럼 긍정적이고 도움이 되는 외부 효과만 있으면 좋겠지만,
실제로 우리 주변에는 피하고 싶은 외부 효과가 수두룩하다.

2013년 목동구장을 홈구장으로 쓰는 넥센 히어로즈 때문에 스
트레스를 받는다는 목동의 한 아파트 단지를 취재한 적이 있다.
야구장과 직선거리로 100미터 정도밖에 떨어져 있지 않은 목동
주공아파트 주민들은 야구 시즌이 되면 야구장에서 들려오는 소
음으로 한여름에도 문을 열 수 없다는 불만이 많아서 이를 알아
보기 위해서였다. 실제로 취재에 응했던 집(12층)에 가보니 경기
가 보일 정도로 야구장과의 거리가 가까웠다.

당시 그 집에서 만난 중학생은 "두산 베어스 팬인데 (소음 때문
에) 원하지도 않는 넥센 응원가를 강제로 모두 외웠어요. 소음 때

문에 집에서 공부하기 어려워 무조건 인근 도서관에서 시간을 보내고 온다니까요"라고 하면서 불만을 털어놓았다.

숭실대 배명진 교수 연구팀의 도움을 받아 소음 측정기를 이용해 조사해 봤더니 소음 강도가 80dB로 공사장 인근과 비슷한 수준이었다. 부동산에 물어보니 같은 단지 내에서도 야구장에 인접한 동은 다른 동과 비교할 때 매매가가 1,000~1,500만 원 정도 낮았다.

주민들의 불만을 누러뜨리기 위해 구단도 많은 애를 썼다. 시즌이 시작되면 인근 아파트 단지에 떡을 돌리기도 하고 몇 경기를 무료로 볼 수 있는 시즌권을 나눠주기도 했다. 하지만 대치동 못지않게 학구열과 집값에 민감한 목동의 주민들에게 먹힐 당근으로는 턱없이 부족했다.

결국 넥센 히어로즈는 2015년을 끝으로 목동구장을 떠나 고척으로 이사했다.

경제학에서는 이 같은 부정적 외부 효과에 더 주목하는 편이다.

유흥업소가 많은 학군은 상대적으로 학업 증진도가 떨어진다든지, 공장이 들어선 지역이나 차가 많이 지나는 대로변 근처에 거주하는 주민은 안 좋은 공기를 마신다든지 하는 것들이다. 심지어 외부 효과는 국가 단위에서도 벌어진다.

우리는 이미 무심한 이웃을 둔 덕분에 그 대가를 톡톡히 치르고 있다.

우리나라의 역사를 설명하면서 지정학적 위치 때문에 외침이 많았다고 설명하는데, 21세기에 들어 환경의 '외침'까지 받게 될 줄 알았다면 5,000년 전 환웅이 하늘에서 내려올 때 굳이 한반도에 터를 잡고 '신시(神市)'를 세웠을까 싶다. 하필 북위 30도 부근은 편서풍이 부는 지대라서 서쪽인 중국의 나쁜 공기가 그대로 한반도로 이동한다. 그나마 서해 바다가 필터링 역할을 해주지 않았다면 어땠을까… 상상만으로도 끔찍하다. 반면 일본은 서해와 한반도, 동해 덕분에 미세먼지로부터 상대적으로 자유로운 편이니 소정의 위로금이라도 받아야 하는 게 아닐까.

어쨌든 중국발 미세먼지의 역습으로부터 우리를 보호하고자 할 때 가장 확실한 효과를 얻으려면 바람의 방향을 바꿔야 한다.

서해 바닷가에 대형 선풍기 1억 대 정도 설치한다든지, 슈퍼맨처럼 아예 지구의 자전 방향을 반대로 바꾸는 방법도 있다. 상상이 허용된다면 그렇다는 이야기다. 지금으로서 가장 현실적인 방법은 중국 스스로 이를 개선하려고 노력하는 것인데, 얼마나 오랜 시간을 기다려야 할지 짐작도 하기 어려운 상황이다.

아이돌에게도 부정적 외부 효과는 피해 가지 않는다. 앞서 긍정적으로 언급했던 '보이+걸그룹'의 조합도 때로는 예상치 못한 마이너스로 돌변할 때가 있다.

소녀시대도 데뷔 초에는 엄청난 안티에 시달렸는데, 주 공격수는 같은 소속사에서 활동하는 '슈퍼주니어'의 팬들이었다.

데뷔 전 SM엔터테인먼트에서 '여성 슈퍼주니어'라고 홍보한 게 화근이 됐다. "감히 우리 오빠들하고 비교해!"라며 발끈한 슈주 팬들이 소녀시대의 무대를 망쳐놓기 일쑤였다.

결국 2008년 6월 한 생방송 무대에서 방청석을 장악한 이들이 소녀시대가 무대에 올랐을 때 박수도 치지 않고 침묵을 지키며 행사를 얼려버리는 바람에 큰 화제가 된 적이 있다. 대부분 10대의 철없는 패기 정도로 치부했지만 민감하게 반응한 사람도 적지 않았다. 고(故) 신해철 씨가 대표적인데, 사건 당일 자신이 진행하던 SBS 라디오 〈고스트네이션〉 방송 내내 소녀시대의 노래만 틀었다.

"오늘 끝나는 시간까지 소녀시대의 노래와 함께하겠습니다. 소녀시대의 baby baby, kissing you, 오~! 베이비, 다시 만난 세계, 예~! 베이비, 소녀시대의 소원, 예~! 달링, 소녀시대의 작은 배, 오~! 허니~! 소녀시대의 러브 멜로디. 욕이 접수되면 1년 365일 소녀시대의 노래만 틀도록 하겠습니다. 그런 다음에 방송 제목을 소녀 스테이션으로 바꾸고…."

마왕의 '협박'이 효과가 있었는지 부정적 외부 효과는 그날로 동결됐다.

차오루가 걸그룹을 안 했다면,
기회비용

단풍 든 숲 속에 두 갈래 길이 있었습니다.

몸이 하나니 두 길을 가지 못하는 것을

안타까워하며, 한참을 서서

낮은 수풀로 꺾여 내려가는 한쪽 길을

멀리 끝까지 바라다보았습니다.

그리고 다른 길을 택했습니다.

똑같이 아름답고, 아마 더 걸어야 될 길이라 생각했지요.

풀이 무성하고 발길을 부르는 듯했으니까요.

그 길도 걷다 보면 지나간 자취가

두 길을 거의 같도록 하겠지만요.

(중략)

오랜 세월이 지난 후 어디에선가

나는 한숨지으며 이야기할 것입니다.

숲 속에 두 갈래 길이 있었고, 나는

사람들이 적게 간 길을 택했다고

그리고 그것이 내 모든 것을 바꾸어 놓았다고.

_ 로버트 프로스트, 〈가지 않은 길〉

"소속사에서 이런 말 하는 걸 싫어하지만 데뷔한 지 5~6년 정도 됐는데 아직 큰 수입이 없어요. 작년에 토크쇼에 나와 수입이 조금 생겼지만, 아직 부족해요. 돈을 많이 모아서 '속이 차오루는 만둣집'을 차리고 싶어요."

지난 설날에 피에스타의 차오루가 JTBC의 한 예능 프로그램에 나와 밝힌 새해 소망이다. 걸그룹의 경제적 격차가 극과 극이라는 것은 널리 알려진 사실이지만, 때마침 이 방송을 보기 조금 전에 나이 서른이 안 된 걸그룹 멤버가 수십억 원대 건물을 부모님께 선물로 드렸다는 기사를 봐서 그런지 차오루의 고백이 뇌리에 쏙 박혔다.

얼마 전 TV를 보니 차오루가 요리 사업가 백종원 씨의 도움을 받아 푸드 트럭을 차려 운영하는 모습이 전파를 탔다. 이 프로그램에서 현재 수입이 없다고 말해 진정성 논란이 일기도 했는데, 개인적으로 선택한 메뉴가 만두 아닌 전병이어서 실망스러웠다.

차오루의 기회비용은 얼마일까

1990년대 초반 큰 인기를 끌었던 예능인 MBC 〈일요일 일요일 밤에〉 가운데 '인생극장'이라는 코너가 있었는데, 사람이라면 한 번쯤 생각해 봄직한 '기회비용(Opportunity cost)'을 다뤘다. 개그 맨 이휘재가 나와 "그래 결심했어!"라는 말과 함께 자기 앞에 놓인 두 가지 선택지 중 하나를 선택했을 때 어떤 결말로 이어지는지를 보여주는 내용이었다.

언제나 '바르고 착한' 선택을 하면 해피엔딩으로 이어지는 다소 뻔한 내용이었지만, 그래도 '가지 않은 길'에 대한 마음 한구석의 아쉬움을 툭툭 건드리는 맛 때문인지 꽤 인기가 있었다.

얼마 전 큰 성공을 거두지는 못한 걸그룹 멤버와 방송을 진행했던 후배가 "정말 똑똑하고, 뚝 부러지더라. 걸그룹에 대한 편견을 완전히 걷어냈다"라고 칭찬하는 것을 들은 적이 있다.

데뷔한 지 오랜 시간이 지나도록 성공과 인연을 맺지 못한 걸그룹을 볼 때면 저렇게 예쁘고 똑똑한 여성이 아이돌 대신 일반

대학에 진학해 평범한 직장인의 삶을 살았다면 어땠을까 싶을 때가 있다(물론 세상에서 가장 쓸데없는 게 연예인 걱정이라고 하지만…). 일종의 기회비용을 따져보고 싶은 것이다.

기회비용은 1914년 오스트리아 경제학자 프리드리히 폰 비저(Friedrich August von Hayek)가 《사회경제이론》에서 처음으로 사용한 경제학적 개념인데, 어떤 선택으로 말미암아 포기하게 된 기회의 최대 가치를 가리킨다.

다시 차오루를 예로 들어 보겠다. 그녀는 한국 나이로 서른한 살인데 걸그룹 데뷔 6년차다. 일반 대학을 나와 그 사이 스펙 준비와 입사 과정으로 2년을 보낸 뒤 회사생활을 시작했다면 아마도 7~8년차의 직장인이 되었을 테고, 대기업이면 대리, 규모가 다소 작은 기업이라면 과장까지 바라볼 연차다.

2016년 취업포털사이트 잡코리아가 발표한 국내 거주 기업 301개 사를 조사한 결과에 따르면 대기업 신입의 연봉은 평균 3,893만 원이었다. 회사마다 승진에 따른 승급분이나 연봉 협상 결과 등에 따른 차이가 있겠지만 보수적으로 잡아 매년 평균 5%씩 월급이 올랐다고 가정했을 때 차오루가 걸그룹이 되기 위해 포기한 기회비용은 대략 2억 6,479만 원 정도다.

연차	액수
1	3,893만 원
2	4,087만 6,500원
3	4,292만 325원
4	4,506만 6,341원
5	4,731만 9,658원
6	4,968만 5,641원
합계	2억 6,479만 8,465원

[그래픽 1] 걸그룹을 선택하며 차오루가 포기한 기회비용

같은 해 국세청이 발표한 연예인의 소득 자료에 따르면 소득을 신고한 가수 4,587명 가운데 상위 10%를 제외한 나머지 90%는 한 해 소득이 800만 원이었다고 한다. 한 달에 60만 원 가량을 벌어 생활하는 셈이다. 다시 말해 우리나라에서 가수가 된다면 매달 100만 원도 벌지 못할 가능성이 90%라는 이야기다(이런 점에서 우리나라 부모들이 "우리 애가 가수 된다고 하면 말릴 거예요"라며 막무가내로 반대하는 것은 합리적인 판단이다).

이 같은 상황을 증언한 것은 차오루뿐만이 아니다.

EXID의 솔지도 한 예능 프로그램에 출연해 "EXID로 데뷔하기 전 발라드 그룹으로 활동했는데, 6년 동안 번 돈은 60만 원이 전부였어요"라고 말하기도 했다. 2012년 데뷔한 타히티는 얼마 전 한 프로그램에 나와 "데뷔 후 지금까지 수입이 0원이에요"라고 밝히기도 했다.

그런데 차오루에게도 변명거리는 있다. 연예인 소득 상위 10% 의 연평균 수입은 6억 4,000만 원이다. 통상적인 걸그룹의 계약 기간인 '7년' 활동하는 동안 한 번만 뜨면 평범한 삶을 포기한 대가를 보상 받고도 남는다는 게 걸그룹을 포기하기 어렵게 만드는 함정인 것이다.

순간의 선택이 평생을 좌우한다

어렸을 때 한 가전제품의 광고 문구(아마도 '이코노 컬러텔레비전'이었던 것으로 기억함)는 "순간의 선택이 평생을 좌우한다"였다. 가전제품을 선택하는 문제치곤 아주 거창한 문구였지만 기회비용의 중요성을 설명할 때는 길게 말할 필요가 없을 정도로 확실한 사례다. (사실 그때 컬러 TV는 고가인데다 우리 집을 비롯해 대부분의 가정은 TV를 사면 십 년 넘게 쓸 각오로 구입했다.)

기회비용 하면 또다시 떠오르는 것이 한때 2세대 걸그룹 시대를 양분했던 소녀시대와 원더걸스의 해외 진출이다. 두 그룹은 2007년에 데뷔했는데, 초기만 해도 히트곡이나 인지도에서 다소 앞섰던 원더걸스가 미국 진출을 전격 선언하면서 활동 무대를 미국으로 옮겼다. 반면 2인자였던 소녀시대는 한국 활동에 무게를

소녀시대	원더걸스
빌립X5	비타500
썬키스트스위닛메이드	공명선거
애니콜 햅틱	EVER W420
예지미인	페리페라
메이플스토리	크라운베이커리
굽네치킨	아이비클럽

[그래픽 2] 데뷔 초 소녀시대와 원더걸스가 출연한 CF(2008년)

두면서 일본과 동남아 진출을 모색했고, 양쪽의 운명은 여기서 갈렸다.

대중적 인지도와 인기의 척도라고 할 수 있는 CF를 비교하면 이들의 엇갈린 운명이 그대로 투영된다. 2008년만 해도 두 걸 그룹의 CF 출연 개수는 비슷했는데 원더걸스가 미국에 진출한 2009년부터 차이가 서서히 벌어지기 시작하더니 2010년에는 돌이킬 수 없는 정도가 됐다.

원더걸스가 미국에 진출하는 대신 국내 활동과 아시아 시장을 선택했다고 한다면 어땠을까? 이런 측면에서 볼 때 인기 절정의 순간에 태평양을 건넌 원더걸스의 기회비용은 대단히 컸던 셈이다.

소녀시대		원더걸스	
	엘리트학생복		베스킨라빈스31
	클린앤클리어		빨간펜
	바나나맛우유		프리스타일
	던전앤파이터	2009년	비타500
	포스트 아몬드 크랜베리 그래놀라		EVER 엑스슬림
	인천세계도시축전		BBQ치킨
2009년	굽네치킨		카페모리
	미에로뷰티엔	2010년	포르테
	신한카드		
	삼양라면		
	싸이언 뉴초콜릿		
	스파오(SPAO)		
	삼양라면		
	삼양라면		
	클린앤클리어		
	싸이언 쿠키폰		
	닌텐도 DS		
	이니스프리		
	굽네치킨		
2010년	싸이언 쿠키		
	비오템 아쿠아수르스		
	캐리비안베이		
	S-Oil		
	도미노 로스트 비프 피자		
	클린앤클리어		
	다음 마이피플		

[그래픽 3] 소녀시대와 원더걸스 광고 비교(2009~2010년)

사드로 제주도가 잃은 기회비용은 2,000억 원?

최근 한국은행에서는 고고도미사일방어체계인 사드(THAAD) 때
문에 제주 지역이 잃어버린 기회비용이 2,000억 원에 달한다는

자료를 발표했다. 한국은행 제주 본부 경제조사팀은 2017년 6월 내놓은 '최근 대내외 여건 변화가 제주 지역의 소비에 미치는 영향'이라는 연구자료에서 사드 논란 등으로 달성되지 못한 소비를 기회비용이라 놓고, 최근 5년 평균치를 바탕으로 한 소비 추세와 실제 소비 간 차이를 따져 봤다. 그랬더니 2017년 1분기 외국인 관광객 소비액은 3,255억 원으로 전년도 같은 기간과 비교했을 때 536억 원 감소했다고 한다. 사드 사태 이후 중국인 관광객이 제주도에 발길을 끊은 것이 결정적 이유였다.

이 기간 중국인이 급감하면서 내국인 관광객이 늘어나긴 했다. 그런데 늘어난 내국인 관광객은 33만 2,000명이고 소비액이 1,245억 원인 반면, 외국인 관광객은 66만 8,000명 감소했고, 소비액도 4,088억 원 줄어들었다고 한다. 관광객의 총 소비액이 2,843억 원 감소한 것이다.

이 자료를 종합해서 한국은행은 사드 사태의 영향을 받지 않았을 경우를 가정하면 기회비용이 1,975억 원에 달한다고 결론을 내렸다.

가보지 않은 길은 늘 아쉽다

걸그룹의 데뷔 시기가 워낙 빠르다 보니 소위 7년차 징크스를 거쳐 팀이 해체되더라도 나이가 의외로 적은 경우가 많다. 예를 들어 지난해 해체한 2NE1의 공민지나 씨엘의 나이는 이제 겨우 24세다. 예전에 포기했던 '가보지 않은 길'을 다시 선택하더라도 얼마든지 가능한 나이다.

실제로 몇몇 걸그룹 멤버는 팀 탈퇴 후 연예인 대신 제2의 인생을 개척하기도 했다. 1세대 걸그룹인 O-24의 안미정은 지방 방송국 아나운서를 거쳐 지금은 유명 영어강사로 활동 중이다. 쥬얼리의 조민아는 베이커리를 운영하고 있다. 그리고 2014년 에이핑크를 탈퇴한 홍유경은 동국대에서 평범한 대학생활을 즐기는 중이다.

그때 그 사람을 잡았다면 어땠을까? 그때 이직했다면 어땠을까? 그때 결혼하지 않았다면 어땠을까? 우리는 늘 가지 않은 기회비용을 따져 보며 아쉬워하곤 한다. 그러나 당시 지금 자신이 딛고 있는 이 지점으로 발길을 내디디지 않았다면 분명 그때의 망설임을 후회하며 시간을 보내고 있을 것이다. 이렇게 생각하며 현실에 순응하며 살아가는 게 정신건강에 더 좋지 않을까. 타임머신이 개발됐다는 소식도 없으니 말이다.

CHAPTER

28

삼촌팬의 한계와 걸그룹의 아쉬움, 아이덴티티 경제학

얼마 전 남자 프로테니스 선수 노박 조코비치(Novak Djokovic)가 인터뷰 도중 "관중 수가 더 많은 남자 대회의 상금이 더 많아야 한다"라고 말해 '설화(舌禍)'에 휘말린 적이 있다. 말의 뉘앙스를 볼 때는 여자 선수보다 남자 선수의 인기가 더 많다는 뜻이었다. 프로테니스는 4대 메이저 오픈(호주·프랑스·윔블던·US)의 남녀 상금이 같다. 남녀 대회의 상금에 차등을 두는 골프나 축구에 비하면 양성평등적 스포츠다.

아마도 당시 세계 랭킹 1위였던 조코비치는 이런 처우가 반(反) 시장적이라고 생각했던 것 같다. 왜냐하면 그다음에 "여자 테니스 선수의 인기가 더 많다면 당연히 여자 대회의 상금이 더 높아야 한다"라고 덧붙였기 때문이다.

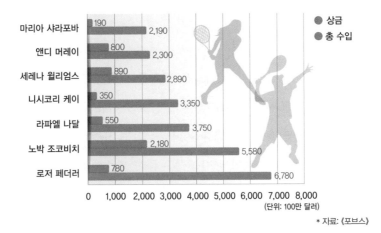

마리아 샤라포바 190 2,190
앤디 머레이 800 2,300
세레나 윌리엄스 890 2,890
니시코리 케이 350 3,350
라파엘 나달 550 3,750
노박 조코비치 2,180 5,580
로저 페더러 780 6,780

● 상금
● 총 수입

0 1,000 2,000 3,000 4,000 5,000 6,000 7,000 8,000
(단위: 100만 달러)

* 자료: 《포브스》

[그래픽 1] 2016년 세계 테니스 선수의 수입 빅7

마리아 샤라포바의 강력한 포핸드 스트로크를 떠올리며 테니스 선수들의 수입 랭킹 자료를 찾아봤는데, 정말 그랬다. 흐음…!

2016년 남녀 테니스 선수의 수입 랭킹 1~7위를 찾아보니 남성이 5명, 여성은 2명이었다. 여성 가운데 가장 높은 세레나 윌리엄스(2,890만 달러)의 수입은 남성 1위인 로저 페더러(6,780만 달러)의 절반도 채 되지 않았다. 상금 수입은 윌리엄스(890만 달러)가 페더러(780만 달러)보다 높았다는 것을 감안한다면 CF 등 그 외 수입에서 차이가 벌어졌다는 이야기일 테니 말이다.

걸그룹의 한계

삼촌팬이라는 블루오션 시장을 개척하고 확장했던 2세대 걸그룹도 비슷한 한계에 직면해야 했다. 걸그룹이 유명해진다고 해도 인기나 수입 면에서 보이그룹을 따라잡기는 사실상 어렵다. 이는 팬덤의 차이이자 마켓의 크기를 결정하는 기준이기도 하다. 일종의 '유리천장'인 셈이다.

예를 들어 2007년 나온 슈퍼주니어의 〈돈 돈!〉보다는 원더걸스의 〈Tell me〉가 분명히 더 히트했고, 카라는 인피니트나 슈퍼주니어가 해내지 못한 일본 오리콘 차트 외국인 음반 최다 판매

[그래픽 2] 보이그룹과 걸그룹의 언급량 차이(2008~2016년 10월)

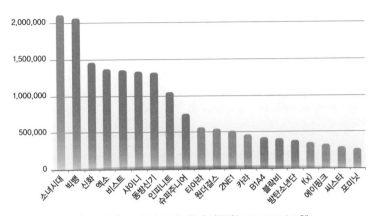

2,500,000

2,000,000

1,500,000

1,000,000

500,000

0

소녀시대 빅뱅 신화 엑소 비스트 샤이니 동방신기 인피니트 슈퍼주니어 티아라 원더걸스 2NE1 카라 B1A4 블락비 방탄소년단 f(x) 에이핑크 씨스타 포미닛

[그래픽 3] 걸그룹과 보이그룹의 언급량(2008~2016년 10월)

량 등의 기록을 갈아치웠어도 팬덤의 응집력과 파워에서는 보이
그룹을 넘어서기 어려웠다.

[그래픽 2, 3]에서 볼 수 있듯 국내 활동 중인 전체 아이돌 가
운데 언급량이 가장 많은 그룹은 소녀시대다. 그러나 소녀시대를
제외한 나머지 걸그룹의 언급량은 보이그룹에 한참 못 미친다.

일본에서 특집 드라마를 찍을 정도로 인기를 모았던 카라나
차세대 걸그룹의 선두주자로 주목받은 에이핑크도 데뷔한 뒤
한 번도 음원 1위를 차지한 적 없는 B1A4나 블락비와 비슷한 수
준이다.

또한 보이그룹은 1위인 빅뱅을 제외하면 나머지 그룹의 격차

가 크지 않다. 팬덤의 분포가 고르다는 것은 시장이 탄탄하다는 반증이기도 하다. 왜 이런 일이 벌어지는 것일까?

아이덴티티 경제학

미국의 경제학자 조지 애커로프(George Akerlof)는 2010년 '정체성(identity) 경제학'이라는 개념을 도입했다. 사람의 경제 활동에는 경제적 고려 못지않게 인종이나 성(性), 직업, 가치관 등 정체성이 큰 영향을 끼친다는 것이다.

예를 들어 미국에서 가장 큰 문제인 인종 문제를 살펴보자. 그

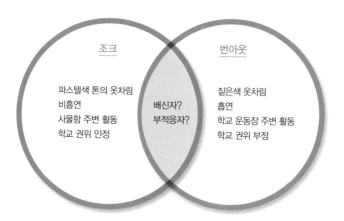

[그래픽 4] 정체성(identity) 경제학에 따른 고등학교의 학생 유형

는 고등학교에서 흑인 학생들의 학업 성적이 낮거나 직업을 갖게
된 뒤 평균 수입이 낮은 이유를 이렇게 설명했다.

　일단 고등학교의 학생 유형을 크게 '조크'와 '번아웃'으로 분류
했다.
　조크는 주로 중상류층 백인 학생이다. 반면 번아웃은 대개 하
류층 흑인 학생이다. 흑인 학생에게는 두 가지의 선택권이 있다.
조크에 진입하거나 번아웃에 머무르는 것이다.
　조크에 들어가면 확률상 우수한 성적으로 졸업한 뒤 좋은 직장
에 취직해 돈을 많이 버는 경제적 기대 수치를 높일 수 있다. 그
러나 정서적으로 거리가 있는 백인 학생들과 어울리기 위해 어느
정도 자신의 정체성과 자존감을 굽힐 수밖에 없다. 또한 또래 흑
인 집단과의 관계 단절도 감수해야 한다.
　이런 현실이 더럽고 아니꼽다는 생각으로 번아웃에 머무른다
면 경제적 전망은 어두워지겠지만 자존심을 지킬 수 있고, 또래
집단과의 유대감도 유지할 수 있다.
　여기서 문제는 조크에 진입하려면 번아웃에 머무르는 것보다
더 많은 노력과 비용이 필요하지만 정작 이런 비용을 치르고도
성공적으로 진입할 가능성이 그리 높지 않다는 사실이다.

　원래 조크에 있던 친구들이 "어서 와, 여긴 처음이지?"라고 하

며 환영할지도 의문인데다 어느 순간 긴장이 풀려 학업을 소홀히 하거나 교칙을 위반했다간 그동안의 노력이 허사로 돌아가기 때문이다.

결국 이런 이유로 대부분의 번아웃에 속한 흑인 학생은 조크에 들어가려는 의지를 접게 된다는 것이 말콤 글래드웰의 이야기였다.

일본 배우 오다기리 죠가 나오는 〈클럽 진주군〉에서도 비슷한 이야기가 나온다. 영화의 배경은 태평양전쟁이 끝난 직후 일본의 도쿄다. '럭키 스트라이커'라는 일본인 재즈 밴드가 주인공이다. 서로 총을 겨누고 싸운 교전국의 음악을 하다 보니 일이 잘 풀릴 리가 없다. 패전의 충격에서 벗어나지 못한 일본인에게 '배신자'로 낙인찍히고, 럭키 스트라이커가 연주하는 클럽을 찾은 미군에게는 어설픈 짝퉁 취급을 당한다.

군군신신부부자자

최근 중고나라에서 소녀시대 굿즈를 거래한 적이 있다. 내가 미처 챙기지 못했던 2011년도 소녀시대 시즌 그리팅 달력과 L백화점에서 고객용으로 제작한 한정판 소녀시대 교통카드였다.

가격이 워낙 괜찮아서 뭔가 불안했다. '꼭 직거래를 해야 한다'
는 외침이 머릿속을 빙빙 돌았지만 차마 판매자를 직접 만날 엄
두가 나지 않았다. '여고생이 분명해'라는 불안한 속삭임이 더 컸
기 때문이다. "급전이 필요해 처분하는 것이다"라는 이유를 대는
걸로 봐서 20대는 아닌 게 분명해 보였다.

어차피 한 번 만나고 말 건데 어떠냐고 생각할 수도 있겠지만
A형인 나로서는 그냥 몇만 원 사기를 당하는 게 낫다는 쪽에 걸
었다. 그러나 걱정과 달리 물건은 잘 받았다. 그 소녀(?)는 정말
급전이 필요했던 모양이다. 나중에는 값이라도 넉넉하게 쳐줄 걸
그랬다는 생각이 들었다.

《논어》에 보면 공자는 일찍이 "군군신신부부자자(君君臣臣父父
子子)"라고 하며 임금은 임금답게, 신하는 신하답게, 아비는 아비
답게, 자식은 자식답게 모두가 각자의 위치에 걸맞게 처신하라는
말을 남겼다. 이런 관념이 수백 년간 이어져 온 우리 사회에서는
아이덴티티를 벗어난 언행을 한다는 게 서양 사회보다 더 어려울
수밖에 없다.

우리나라 사람들이 신분이나 계급적 아이덴티티에 민감한 반
면 중동 사람들은 종교가 의사결정에 큰 영향을 끼치는 것 같다.
얼마 전 우리나라에서 할랄(halal) 식품 단지를 조성하겠다고

했다가 논란이 일었던 적이 있다. 국내에 거주하는 중동 지역 사람이 할랄 음식에 대한 수요가 높다는 점을 염두에 둔 조치였다. 그래서 '도대체 할랄이 뭐길래…'라는 생각이 들어 찾아보니 이슬람교에서 권장하는 방식대로 재료를 다룬 음식이라고 한다. 이슬람 율법에서는 이 외의 방식으로 다뤄진 음식 재료로 음식을 만들어 먹는 것을 엄격하게 금한다고 한다.

몇 년 전 프랑스에서 공부하고 돌아온 건축가를 만날 기회가 있었는데, 세계 건축 시장에서 가장 까다로운 곳이 한국 시장이라고 하며 푸념을 늘어놓았다. "네모반듯하게 만들면 되는데 복잡할 게 있나요?"라고 물었다가 그의 대답을 듣는 순간 고개가 절로 끄덕여졌다.

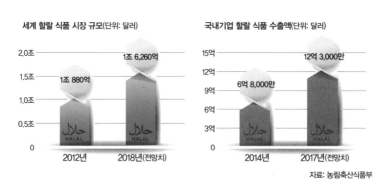

[그래픽 5] 할랄 식품 시장의 규모

"창은 남향으로 내야죠, 큰 산이 뒤에 있어야죠, 땅 아래로 수맥이 흐르면 안 되죠 등등 신경 써야 할 게 한두 가지가 아니에요. 심지어 그런 것 때문에 더 좋은 공간 디자인을 포기할 수밖에 없는 경우도 있다니까요. 남향집이 수천만 원 더 비싼 이유를 프랑스 사람들은 이해하지 못해요."

삼촌팬과 오빠부대의 차이

크리스천인 내가 무슬림의 할랄 같은 열정을 흉내 내지 못하듯, 걸그룹 팬의 입장에서는 좀처럼 보이그룹 팬을 따라 할 용기가 나지 않는다.

보이그룹에 대한 여성 팬의 팬덤이 어느 정도인지 잘 보여주는 사례가 하나 있다. 몇 년 전에 나 같은 샤이 삼촌팬은 상상조차 하기 어려운 행사가 열렸다.

JYJ의 멤버인 시아준수의 팬들을 대상으로 열린 '제주 감성 여행'이라는 행사였다. 1월 첫째 주 2박 3일간 시아준수가 대표인 제주도의 T호텔(현재는 매각됨)에서 숙박하며 여행을 즐기는 행사였다. 당시 프로그램은 이랬다.

첫째 날

- 오후 7시~9시 '나이트 샤워 뷔페': 준수님이 직접 고른 파인애플 소라볶음밥과 준수님이 선택한 와인…
- 오후 10시 'Good night': 준수님이 T호텔에 숙박하는 사람들에게 굿나이트 인사를 드립니다.

둘째 날

- 오전 9시~정오 '새별오름 트레킹': 준수님이 제주도 여행지로 추천한 새별오름에 오릅니다.

  *준수님의 새별오름 트레킹 영상은 T호텔 홈페이지에서 볼 수 있습니다.
- 오후 2시~5시 '주상절리와 색달해변 걷기': 준수님이 추천한 두 번째 여행지 주상절리와 해변을 걸어 봅니다.
- 오후 6시~7시 30분 '이탈리아식 시푸드 만찬': 준수님이 좋아하는 이탈리아식 만찬이 준비되어 있습니다.

이들이 96만 원을 내고 2박 3일간 시아준수와 직접 만나는 것은 사실상 둘째 날 오후 8시로 예정된 2시간 동안의 신년인사, 마지막 날 오전 커피타임의 1시간 정도였던 것으로 기억한다. 물론 이 프로그램이 가치가 없다거나 비싸다는 말을 하려는 건 아니다. 왜냐하면 그 순간이 시아준수를 좋아하는 팬에게는 200만 원 이상의 가치가 있을 테니 말이다.

단지 걸그룹을 좋아하는 삼촌팬이 (그가 설령 한 달에 1억 원 넘게 버는 실력 있는 비뇨기과 의사라고 해도) 과연 96만 원을 주고 2박 3일간 제주도의 호텔에서 다 같이 어울려 시간을 보내려고 할까 하는 생각을 해본 것이다.

최근 아이돌의 진출이 활발해진 뮤지컬을 봐도 이런 열기의 차이가 대번 느껴진다.

예전에 뮤지컬 〈삼총사〉를 보러 갔더니 입구에 이 작품에 출연하는 슈퍼주니어 규현의 팬들이 헌정한 쌀가마(요즘 이런 '조공'이 유행임)가 가득했다.

반면 얼마 후 소녀시대 서현이 출연한 〈바람과 함께 사라지다〉를 보러 갔을 때는 쌀가마는 고사하고 빵 한 덩이 찾아볼 수 없었는데, 단지 공연 후 서현의 팬들이 공연장에서 멀찌감치 떨어진 홀에서 수줍게 모여 있던 장면만 기억난다.

객석 점유율에서도 보이그룹 팬의 구매력이 월등하고, 이런 이유로 개런티에서 차이가 난다는 것은 공연계에 널리 알려진 비밀 아닌 비밀이다. 아이돌 출신으로 남녀 최고 개런티를 받는 김준수와 옥주현의 경우만 봐도 그렇다. 업계 관계자에 따르면 김준수는 1회당 3,000~4,000만 원, 옥주현은 900~1,200만 원을 받는다고 한다.

남녀 개런티 차이에 대해 공연계 관계자는 "남자 아이돌은 대부분 공연 홍보가 필요 없다. 팬들이 알아서 객석을 메워준다. 그러니까 여기서 아끼는 홍보비를 감안하면 그 정도의 개런티가 아깝다고 말할 수도 없다"라고 말했다.

심지어 2010년대 초반 소녀시대 등의 활약으로 삼촌팬의 등장을 다룬 연구 논문을 보면 빠지지 않고 등장하는 단어 중 하나가 '퇴행적 롤리타 콤플렉스의 표출'이었다. 그나마 '덕후'로 봐주면 넙죽 절이라도 할 정도로 긍정적 묘사였다. 똑같이 비용을 지불하고 아이돌 콘텐츠를 구입해도 이를 받아들이는 현미경의 잣대는 다르다. '성의 상품화'라는 사회의 민감하고도 뿌리 깊은 무언가가 작용했을 거라는 생각이 들었다.

걸그룹은 대중성, 보이그룹은 덕후성

바로 이 지점에서 흥미로운 진화가 일어났다.

10년 전쯤의 이야기다. KBS 〈개그콘서트〉의 '봉숭아학당' 코너에서 왕비호 윤형빈이 당시 잘나가던 보이그룹을 제대로 디스한 적이 있다.

"슈퍼주니어의 세계를 강타한 히트곡 〈U〉를 부르며 끝내겠습니다"라며 노래를 한참 흥얼거리던 왕비호는 "자, 다 같이!"라고 하며 마이크를 객석에 앉아 있는 방청객을 향해 돌렸다. 그런데 순간 객석은 적막해졌다. 대부분 이 노래를 몰랐던 것이다. 방송을 보고 있던 나도 전혀 모르는 노래였다.

그리고 보니 소녀시대의 〈Gee〉나 원더걸스의 〈Tell me〉, 트와이스의 〈Cheer up〉 같은 노래는 걸그룹 팬이 아니더라도 많이 알지만 동방신기나 2PM, 방탄소년단 등의 노래는 보이그룹 팬 외에는 잘 모르는 것 같다. 주변에 물어보니 내 예상과 별반 다르지 않았다. 이런 현상에 대한 가요계 관계자의 설명은 이랬다.

"보이그룹은 막강한 팬덤을 보고 가기 때문에 노래가 굳이 좋을 필요가 없어요. 그보다는 내가 좋아하는 오빠가 뮤직비디오에 많이 등장하는 게 중요하겠죠. 반면 걸그룹은 팬덤이 약하기 때문에 대중성 있게 노래를 잘 만들어야 해요. 그래야 성공할 수 있어요."

팬덤의 약점을 극복하기 위해 대중성을 극대화시킨 걸그룹의 노래는 보이그룹의 노래보다 CF나 각종 행사에서 많이 사용된다.

세계사에서도 불리한 환경에 놓인 문명이 약점을 극복하는 과정에서 더 큰 발전을 이룩한 사례가 적지 않다. 세계사에서 배우는 주요 문명을 살펴봐도 기후가 온화하고 먹을 것이 넉넉했던 지역보다는 다소 건조하거나 추운 지역에서 형성되는 경우가 많았다.

아티스트	노래 제목	1위 횟수
빅뱅	마지막 인사	8
빅뱅	하루 하루	7
빅뱅	거짓말	6
FT아일랜드	사랑앓이	6
빅뱅	에라 모르겠다	3

아티스트	노래 제목	1위 횟수
소녀시대	Gee	8
원더걸스	Tell me	7
원더걸스	So Hot	6
원더걸스	Nobody	5
2NE1	Fire	4
2NE1	I Don't Care	4
트와이스	TT	4
트와이스	Cheer up	4
miss A	Bad Girl Good Girl	4
브라운아이드걸스	Love	4
애프터스쿨	너 때문에	4
시크릿	샤이보이	4
걸스데이	Something	4
여자친구	시간을 달려서	4
씨스타19	있다 없으니까	4
마마무	넌 is 뭔들	4
원더걸스	Be My Baby	3
원더걸스	Why So Lonely	3
원더걸스	2 Different Tears	3
2NE1	Lonely	3
씨스타	나 혼자	3
씨스타	Touch My Body	3
씨스타	Give It To Me	3
씨스타	Shake It	3
트와이스	SIGNAL	3
트와이스	KNOCK KNOCK	3
브라운아이드걸스	Abracadabra	3
티아라	너 때문에 미쳐	3
티아라	Lovey-Dovey	3

* 왼쪽은 보이그룹, 오른쪽은 걸그룹

[그래프 6] 멜론 차트에서 3회 이상 1위에 오른 아이돌 음원

팬덤의 약점을 대중성으로 극복한 K-POP 걸그룹의 성공은 결핍을 이겨낼 때 진정으로 강해진다는 하나의 교훈 사례를 보여주고 있다.

언제쯤 데뷔할 수 있을까,
1만 시간의 법칙

영화 〈나인뮤지스: 그녀들의 서바이벌〉은 걸그룹 나인뮤지스의 데뷔하기까지 과정을 다룬 다큐멘터리 작품이다. K-POP에 대한 새로운 시선을 제시하며 암스테르담 국제다큐멘터리영화제, 밴쿠버영화제 등 국제 영화제에도 출품될 정도로 큰 관심을 끌었다.

이 영화가 해외 영화인들의 시선을 사로잡은 것은 K-POP을 상징하는 걸그룹에 대해 마냥 아름답게 묘사하기보다는 멤버 간 갈등과 팀의 분열, 무단 이탈, 가혹한 훈련 방식 등 걸그룹이 탄생하기까지 겪게 되는 만신창이가 된 소녀들의 상황을 사실적으로 담아낸 데 있다.

과거에 곰과 호랑이는 빛을 안 보고 쑥과 마늘만 먹으며 삼칠일을 버티면 사람이 됐다고 하지만 연습생들은 기약도 없이 식사, 연애, 주거의 자유가 군대 훈련소에 가까울 정도로 통제된 상황에서 매일 10시간씩 노래와 댄스, 연기 등을 연습해야 한다. '아무리 걸그룹이 하고 싶다지만 굳이 저렇게까지 해야 하나'라는 탄식이 절로 나올 정도다.

그러나 기획사들의 입장은 다르다. "걸그룹은 얼굴이 예쁘고 노래만 잘한다고 될 수 있는 게 아니다. 팀워크도 중요하고, 예능감도 중요하다. 또한 예능이나 연기 방면으로도 진출할 수 있는 센스가 요구된다. 가수라기보다는 종합 연예인이기 때문에 준비할 것이 많다."

1만 시간의 법칙

스웨덴 출신의 심리학자인 미국 플로리다주립대학교 교수 안데르스 에릭슨(Anderes Ericsson)은 1990년대에 베를린음악아카데미에서 바이올린을 연습하는 학생을 세 그룹으로 나누어 실험을 진행했다.

① 세계적인 솔로 주자의 재능 ② '잘한다' 수준의 평가 ③ 음악교사가 될 자질 등 세 그룹으로 나뉜 학생들에게 연습 시간을

물어봤다. 세 그룹의 학생들은 대부분 5세부터 바이올린을 시작했는데, 연습 시간에서 차이가 있었다. ① 그룹은 1만 시간 ② 그룹은 8,000시간 ③ 그룹은 4,000시간 정도였다고 한다.

이 실험 후 에릭슨 교수는 어떤 분야에서 전문가가 되기 위한 준비 기간으로 '1만 시간의 법칙(The 10,000 Hours Rule)'을 주장했다. 그리고 이것은 말콤 글래드웰의 베스트셀러《아웃라이어(Outliers)》를 통해 대중적으로 알려졌다.

글래드웰 역시 빌 게이츠, 비틀즈, 모차르트 등 시대를 대표하는 천재들(아웃라이어)의 공통점을 찾아봤더니 대개 1만 시간가량 꾸준히 노력했다는 사실을 언급하며 같은 논지를 펼쳤다.

때마침 2009년 1월 16일 승객 155명을 태운 US-에어 소속 비행기가 이륙 4분 만에 미국 허드슨 강으로 추락했는데, 조종사의 기지로 수면을 스치듯 비행하며 승객 전원이 무사히 구출되는 사건이 있었다. 그 후 기장 체슬리 슬렌버거의 비행 시간이 1만 9,000시간이었다는 사실이 알려지면서 1만 시간의 법칙이 미국을 강타했다. 이 사건은 2016년에 영화 〈설리: 허드슨 강의 기적〉으로도 만들어져 다시 한 번 부각됐다.

그렇다면 걸그룹을 꿈꾸는 연습생들은 인고의 시간을 어느 정도 버텨야 데뷔를 바라볼 수 있을까? 물론 여기에는 운과 기획사의 환경 등 여러 가지 요소가 작용하겠지만 각 기획사가 나름 준비됐다고 판단해 내놓은 연습생이 모인 〈프로듀스 101〉을 대상으로 가늠해 봤다.

	나이(세)	연습 기간(개월)
전체	19.6	31.2
I.O.I	18	29.6
탈락	19.7	31.4

[그래픽 1] 〈프로듀스 101〉의 참가자 평균과 I.O.I

일단 전체 101명의 평균 나이는 19.6세, 연습 시간은 31.2개월이었다. 흥미롭게도 평균 연습 시간 31.2개월에 연습생의 하루 평균 훈련 시간인 10시간을 대입해 보니 9,490시간이었다. 1만 시간의 법칙이 여기서도 들어맞은 셈이다.

의도치 않게 발견한 흥미로운 데이터가 하나 더 있는데, 그것은 바로 나이(age)였다. 참가자 101명의 평균 나이가 19.6세였는데, 탈락자 90명의 평균 나이는 이보다 살짝 높은 19.7세였다. 반면 I.O.I로 데뷔한 11명의 평균 나이는 18세였다. 18세는 우리나라에서 고등학교 3학년에 해당되는데, 19.6세면 실제 사회생활에서는 두 살 정도 많은 나이니까 재수하지 않았다면 대학교 2학년 정도에 해당된다.

역시 "나이가 깡패다"라는 만고의 진리를 다시 한 번 확인할

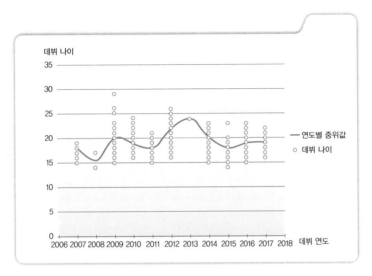

데뷔 나이

[그래픽 2] 걸그룹의 데뷔 나이

수 있었다. 한 살이라도 어릴 때 데뷔해야 유리한 고지에 올라설 수 있다는 것이다.

전성기는 언제 찾아올까

얼마 전 미국의 일간지 《보스턴 글로브》가 흥미로운 통계 하나를 냈다. 야구 선수들은 언제 전성기(prime age)를 맞이하게 되는지를 알아본 것이다. 이를 파악하기 위해 1984년부터 지난해까지 30년 동안 선수들의 WAR(Wins Above Replacement, 대체 선수 대비 승리 기여도)이 언제 2.0 이상을 기록했는지 추적했는데, 26~28세일 때 가장 높았다고 한다. WAR은 평균적인 선수를 배치했을 때보다 얼마큼 팀의 승리에 기여할 수 있는지를 경기 수로 환산한 지수다. 따라서 WAR 2.0에 해당하는 선수는 팀에 2승을 더 안길 수 있다는 의미를 갖고 있으며, 참고로 WAR 1.0은 메이저리그에서 500~700만 달러의 연봉 가치가 있다고 평가된다.

반대로 30세가 넘어가면 WAR 2.0 이상을 기록하는 선수의 비율은 뚝 떨어졌다. 33세의 선수가 WAR 2.0을 기록할 확률은 26~29세 선수의 절반에 불과했다고 한다.

조금 지난 통계이기는 하지만 국내 프로야구에서도 2009년 일간스포츠에서 프로야구(KBO) 선수들을 기준으로 이 같은 조사를 한 적이 있다.

20~35세 10년 이상 뛴 선수로 대상을 좁혀 나이별 성적을 파악해 보니 타자는 27세 때의 기록이 가장 좋았다가 32세부터 급하락했다. 장타율에서 가장 편차가 컸는데 그만큼 힘이 떨어졌다는 뜻일 것이다.

한편 투수는 25세 때 평균 자책점이 3.42로 전성기를 맞이했다. 전반적인 흐름을 살펴보면 24~26세에 가장 좋은 성적을 올리다가 27세부터 떨어지기 시작해 33세부터는 큰 폭으로 떨어졌다. 특히 나이가 들수록 탈삼진이 많이 줄어들었다.

걸그룹의 상황은 어떨까?

기획사 관계자들에게 걸그룹의 전성기가 언제인지 묻자 CF가 많이 들어올 때라는 대답이 돌아왔다. "처음 가요 프로그램에서 1위를 한다고 해서 다음 곡까지 쭉 이어가는 게 쉬운 일이 아니라서 그때를 전성기라고 표현하긴 어려울 것 같고, CF를 비롯해 각종 행사나 축제, 방송, 예능 등 고루고루 찾는 사람이 많으면 그때가 전성기이지 않을까요?"

그래서 5년 이상 활동했고 TV CF를 25개 이상 찍은 걸그룹을 대상으로 조사해 봤더니 결과는 다음 [그래픽3]과 같았다.

다음 그래픽을 통해 알 수 있듯 걸그룹에게 CF가 집중되는 시기는 3~5년차로 볼 수 있다. 물론 뜨는 데 다소 시간이 걸렸던 걸스데이는 6년차에 전성기를 맞이했다. 현존하는 최고 장수 걸

	소녀시대	2NE1	miss A	걸스데이	AOA
1년차	1	4	3	0	0
2년차	6	7	1	0	1
3년차	13	9	15	1	1
4년차	13	4	11	3	11
5년차	11	1	12	7	12
6년차	11	4	9	14	
7년차	5	0	6	9	
8년차	2				
9년차	3				
10년차	5				

[그래픽 3] 주요 걸그룹의 연차별 TV CF 개수

그룹인 소녀시대의 경우 6년차가 지나자 CF 수가 급감하기 시작했다.

팝의 전설 비틀즈는 뜨기 전인 1960년 독일 함부르크에 초대를 받아 그곳 클럽에서 매일 8시간씩 무대에 섰다고 한다. 그때 많은 경험과 연습량을 축적해 돌아온 비틀즈는 1964년 전 세계에서 대성공을 거두며 신화를 써내려 가기 시작했다. 1만 시간의 법칙에서 흔히 쓰이는 사례 중 하나다.

그러나 물리적인 1만 시간은 그리 중요하지 않을지도 모른다. 저자들이 강조하는 것은 1만 시간은 매일 세 시간씩 훈련할 경우 약 10년이 걸린다는 부분이다. 즉 물리적인 시간보다는 오랜 기간 꾸준히 이어간다는 부분에 더 방점이 맞춰져 있다고 보는 게 옳다.

꿈에 그리던 데뷔를 하든, 원하는 자격증을 따든, 대학에 합격하든 거기서 끝이 아니다. 시시포스의 신화처럼 그때부터 또다시 만만치 않은 경쟁과 배움의 시간이 시작된다. 그리고 그 이후를 버티는 힘은 바로 1만 시간의 법칙 동안 쌓인 지혜가 아닐까.

참고로 2012년 제작된 〈나인뮤지스: 그녀들의 서바이벌〉에 등장하는 멤버 9명 가운데 지금까지 남아 있는 사람은 혜미와 경리 두 명뿐이다.

★

CHAPTER

30

걸그룹은 왜 댄스곡을 부를까,
호텔링 모델

소녀시대는 〈Gee〉, 트와이스는 〈Cheer Up〉, I.O.I는 〈Pick me〉.
걸그룹 하면 떠오르는 장르는 댄스 음악이다. 외국인들에게 물
어봐도 이 대답은 마찬가지다. K-POP 하면 댄스 음악이다. 내가
아는 특파원 등 다른 나라의 국적을 가진 지인들과 처음 만났을
때 어색함을 떨치기 위해 걸그룹의 댄스곡을 이야기하며 말문을
열어 갈 때가 종종 있다.

그런데 걸그룹이 처음부터 댄스만 부른 건 아니다. 걸그룹 시
대를 열었다고 해도 과언이 아닌 S.E.S의 타이틀곡이 〈I'm your
girl〉이긴 했지만 라이벌이었던 핑클의 데뷔곡은 촉촉한 발라드
〈Blue rain〉이었다. 또한 2000년대 중반만 해도 다비치나 씨야처

	2005~2009년					2010~2015년		
NO.	아티스트(데뷔)	주 장르	차트 점유		NO.	아티스트(데뷔)	주 장르	차트 점유
1	다비치(08)	발라드	356		1	씨스타(10)	댄스	191
2	2NE1(09)	댄스	323		2	걸스데이(10)	댄스	136
3	소녀시대(07)	댄스	292		3	에이핑크(10)	댄스	117
4	원더걸스(07)	댄스	243		4	miss A(10)	댄스	100
5	브라운아이드걸스(06)	댄스	242		5	오렌지카라멜(10)	댄스	82
6	가비엔제이(05)	발라드	217		6	AOA(12)	댄스	81
7	씨야(06)	발라드	203		7	EXID(12)	댄스	64
8	티아라(09)	댄스	185		8	달샤벳(11)	댄스	55
9	카라(07)	댄스	153		9	15&(박지민,백예린)(12)	R&B/ 소울	34
10	포미닛(09)	댄스	152		–	레이디스코드(13)	댄스	34
11	애프터스쿨(09)	댄스	113		–	레드벨벳(14)	댄스	34
12	f(x)(09)	댄스	112		–	여자친구(15)	댄스	34
13	시크릿(09)	댄스	109		13	씨스타19(11)	댄스	33
14	레인보우(09)	댄스	58		14	나인뮤지스(10)	댄스	30
15	써니힐(07)	댄스	51		–	소녀시대-태티서(12)	댄스	30
16	miss A(08)	댄스	43		–	마마무(14)	댄스	30
17	블랙펄(07)	R&B/ 소울	31		17	크레용팝(12)	댄스	28
18	천상지희 더 그레이스 (05)	댄스	25		18	스피카(12)	댄스	21
19	BGH4(06)	발라드	24		19	HI SUHYUN(14)	R&B/ 소울	16
20	가비 퀸즈(07)	발라드	23		20	F-ve Dolls(11)	댄스	11
21	가비엔제이 프로젝트 그룹[H7미인](06)	R&B/ 소울	22		21	브레이브 걸스(11)	댄스	10
22	브랜뉴데이(09)	발라드	21		22	애프터스쿨 RED(11)	댄스	9
23	걸 프렌즈(06)	댄스	15		–	러블리즈(14)	댄스	9

[그래픽 1] 걸그룹이 발표한 노래 장르(2005~2015년)

럼 발라드를 전문으로 하는 걸그룹도 있었다. 즉 댄스가 우세하
긴 했지만 지금처럼 장르가 댄스 일색은 아니었다는 이야기다.
2세대를 거쳐 3세대로 넘어오면서 상황은 댄스 장르의 일방 독
주로 바뀌었다. 마치 호모사피엔스와 경쟁을 벌이다가 어느 순
간 지구에서 홀연히 사라진 네안데르탈인처럼 발라드 걸그룹은
K-POP에서 자취를 감췄다.

호텔링 모델

바캉스 시즌을 맞아 100미터 정도 되는 해변가에 아이스크림 가게를 내려는 사람이 두 명 있다고 하자. 이런 경우 어느 곳에 가게를 차리는 것이 가장 돈을 많이 벌 수 있을까? 해변의 끝에서 끝을 1~10까지 번호를 매기고 난 뒤 생각해 보자.

주인 A가 2번에 자리를 잡고 B가 4번에 자리를 잡는다고 하면 A의 판매 범위는 최대 1~3인 반면 B는 최소 4~10까지 확보할 수 있다. 반면 A가 7번에 자리를 잡고 B가 8번에 자리를 잡는다면 A는 최소 1~7번까지 시장을 확보하고 B는 시장이 축소될 것이다.

따라서 A와 B가 손님을 최대한 빼앗기지 않으려고 한다면 중간 지대인 5, 6번에 나란히 자리를 잡는 것이 손해를 덜 보는 길이다. 시장을 비슷한 크기로 확보할 수 있기 때문이다.

자리 잡기 전략이라는 점에서 '로케이션 게임'이라고도 알려진 이 이론이 '호텔링 모델(Hotelling's Model)'이라고 불리는 것은 이를 생각해낸 사람이 해럴드 호텔링(Harold Hotelling) 전 노스캐롤라이나대학교 교수이기 때문이다. 호텔과는 무관하다.

숙명여대 경영학과 서용구 교수는 명품 브랜드가 '매스 마켓(Mass

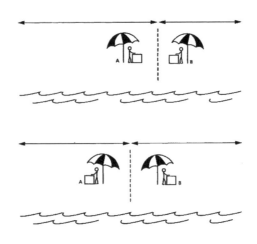

[그래픽 2] 호텔링 모델의 개념

Market, 대중 시장)'에 뛰어드는 것도 비슷한 원리라고 설명했다.

"저가 브랜드 '현대'는 디자인 혁신을 통해, 고가 브랜드 BMW
는 중산층을 겨냥한 '3' 시리즈를 통해 각각 매스 마켓에 진출해
성공했다. 즉 기업들은 특정 고객층만을 상대로 물건을 팔 경우
결국 시장에서 도태될 가능성이 높기 때문에 결국 매스 마켓을
잡으려고 시도한다."

그러나 호텔링 모델에는 한 가지 맹점이 있다. '중간층 공략'이
라는 로케이션을 이용한 시장 확보가 강조되는 경우 제품의 다양
성을 꾀하기보다는 비슷비슷한 제품을 내놓을 확률이 높아진다.
즉 제품과 서비스의 다양성이 하락해 소비자가 얻을 수 있는 후생

이 오히려 줄어들 수 있다는 것이다. 이것이 바로 '호텔링의 역설'이다.

댄스 음악은 '가운데 시장'

걸그룹이 댄스 음악을 고집하는 이유 가운데도 이런 호텔링 모델의 원리가 숨어 있다.

기획사 관계자는 "발라드는 각 나라 특유의 정서를 기반으로 하고 있다 보니 잘 안 먹혀요. 또한 R&B는 미국 시장이라면 몰라도 동남아나 유럽, 남미 시장에서는 별로 통하지 않아요. 이런 식으로 하나씩 지워 나가다 보니 나라와 남녀노소를 불문하고 모두에게 가장 잘 먹히는 댄스만 남은 거죠."라고 말했다. 즉 댄스 장르를 선택하는 것은 더 많은 시장을 확보하기에 용이하기 때문이다. 실제 데이터도 이를 증명해주고 있다.

2006~2015년 걸그룹이 발표한 465곡을 분석한 결과 댄스곡이 383곡으로 압도적으로 많았고, 그 뒤로 발라드(52곡), 일렉트로닉(13곡), R&B(11곡), 힙합(6곡) 순이었다. 댄스곡의 숫자가 압도적으로 많음에도 불구하고 차트 10위 안에 들어갈 확률 역시 36.8%로 가장 높았다. 힙합(33.3%)과 일렉트로닉(30.8%)도 30%대

로 비교적 준수한데, 발라드는 의외로 17.3%에 불과해 맥을 못
췄다. 앨범을 낼 때 걸그룹이 발라드를 부를 바에는 R&B를 연
습시키는 게 낫다는 이야기다. 1위 확률 역시 댄스(12.5%)가 가장
높았다.

이런 이유로 힙합을 내걸었던 O-24를 비롯해 걸그룹 최초의
밴드를 표방했던 AOA 등 댄스 외 음악으로 승부를 걸었던 걸그
룹이 힘 한번 제대로 써보지 못하고 꺾여버린 것은 결코 우연한
일이 아니다.
　올해 1월에 힙합과 R&B를 내건 믹스라는 걸그룹이 데뷔했는
데, 그저 선전을 기원할 뿐이다.

장르	최고 랭킹 기대값	N
발라드	48.21	52
댄스	36.60	383
일렉트로닉	45.15	13
R&B / 소울	34.45	11
랩/힙합	30.50	6

장르	1위 확률	TOP 10 확률	N
발라드	3.8%	17.3%	52
댄스	12.5%	36.8%	383
일렉트로닉	0.0%	30.8%	13
R&B / 소울	9.1%	27.3%	11
랩/힙합	0.0%	33.3%	6

[그래픽 3] 장르별 랭킹 기대값과 확률

선거는 호텔링 모델의 향연장

원래는 경제학 이론으로 등장한 호텔링 모델이 정작 꽃을 피운 것은 정치다.

양당 체제인 미국의 정치 스펙트럼에서 민주당은 진보, 공화당은 보수에 자리를 잡고 있다. 하지만 선거 때 양당은 정책이나 이념 등에서 별다른 차별성 없이 중도보수를 지향하는 것으로 유명하다.

지난 미국 대선 때만 해도 민주당 경선에서 선명한 진보 성향을 보인 버니 샌더스 후보가 돌풍을 일으켰지만 결국 중도보수 성향의 힐러리 클린턴에게 무릎을 꿇었다. 샌더스보다 힐러리에게 본선 경쟁력이 있다고 본 민주당원들이 그에게 표를 줬기 때문이다. 빌 클린턴 전 미국 대통령의 책사로서 역사상 최고의 '천재 책사'로 불리는 딕 모리스(Dick Morris)는 "중도를 선점하는 자가 선거에서 승리한다"라고 했다.

(단지 공화당 경선에서는 중도 보수를 지향하던 전 플로리다 주지사 젭 부시나 상원의원 마르코 루비오 등이 낙마하고 극우보수 성향의 도널드 트럼프가 당선돼 이변을 일으켰는데, 트럼프는 대통령 당선 이후에도 계속 이변을 연출하고 있다.)

영국에서 2000년대 중반 이후 보수당의 장기 집권 체제를 닦을 수 있었던 것은 데이비드 캐머런 전 총리가 사회복지 등을 강화한 '따뜻한 보수'를 내걸었기 때문이라고 한다. 반대로 1990년대 후반부터 2000년대 중반까지 장기 집권한 노동당의 토니 블레어 총리는 자유경쟁, 시장중시 등을 대폭 수용한 '제3의 길'을 앞세워 성공했다.

이 호텔링 모델은 우리나라 정치에서도 위력을 떨치고 있다.

자유한국당과 바른정당으로 나뉘기 전만 해도 한나라당(새누리당)과 민주당은 대선 때마다 정책과 공약에 있어 큰 차이가 없었다. 오히려 18대 대선에서는 보수의 상징과도 같은 박근혜 대통령이 '경제민주화'를 내걸고 과감하게 중간지대로 이동하고, 당의 컬러를 파란색에서 붉은색으로 바꾸는 변신이 성공을 거두며 대선에서 승리했다고 평가됐다. 해변에서 가운데 지점을 선점한 것이다.

그러나 이것이 꼭 바람직하다고 말하기는 어렵다. 각자 '본색'을 드러내지 않고 '위장'으로 속이는 것이기 때문이다. 그래서 한 경제학 교수는 "여야가 원칙적으로는 각자 비교우위를 가진 정책을 갖고 경쟁하는 것이 바람직하다"라고 지적했다.

특히 유럽과 달리 정당이 이념과 계급에 바탕을 두기보다는 유명 인물 중심으로 발달한 우리나라에서 호텔링 모델은 "그 나물에 그 밥이다"라는 정치적 외면으로 이어질 수도 있다.

물론 승자가 모든 것을 독식하는 선거를 두고 싸우는 상황에서 찬 밥과 더운 밥을 가릴 처지일까 싶겠지만 아쉬운 생각이 드는 것도 어쩔 수 없는 일이다.

★

CHAPTER

31

AKB48은 왜 소녀시대를
뛰어넘지 못했을까, 갈라파고스 증후군

　나에게 걸그룹이라는 개념을 처음 접하게 해준 것은 일본의 3인
조 그룹 소녀대(少女隊)였다. 1986년 서울국제가요제 무대에　오
른 소녀대의 공연을 TV로 보며 태어나서 처음으로 '문화 충격'을
받았다. 아니, 저렇게 예쁜 여성 멤버 3명이 춤을 추며 노래를 부
르다니….

　당시 국내에서는 방실이 씨가 멤버로 활동한 여성 3인조 서울
시스터즈가 〈첫차〉라는 노래로 한창 인기를 얻고 있었는데, 어린
내 눈에는 도저히 극복하기 어려운 간극처럼 느껴졌다. 일본에
대한 막연한 비호감이 호감으로 바뀌는 첫 번째 순간이기도 했
다(참고로 소녀대의 당시 공연 실황은 유튜브를 통해 볼 수 있다. https://www.
youtube.com/watch?v=cJvK4kQxc2g).

그런데 20여 년이 지난 뒤 이런 문화적 '열등감'을 극복하게 해준 것 역시 걸그룹이었다. 오리콘 차트 점령에 이어 일본 내에서도 음악 관계자들 사이에서 "수준이 다르다"는 말까지 나오고, 심지어 유명 연예인이 카라나 소녀시대의 팬임을 자처하는 상황이니 내 생애 이런 반전을 보게 될 줄은 정말 몰랐다.

누구나 쉽게 만날 수 있는 아이돌

지금 한국과 일본을 대표하는 걸그룹을 꼽으라고 하면 그래도 단연 소녀시대와 AKB48이다. 그런데 두 걸그룹의 위상은 사뭇 다르다.

일단 두 그룹이 각기 한국과 일본 양국에서 1인자 역할을 하는 것은 논외로 치고, 소녀시대가 동남아와 미국, 유럽, 남미까지 팬덤을 갖고 있는 데 반해 AKB48은 일본 밖으로 넘어가면 인지도가 그다지 높지 않다.

2009년 발매된 소녀시대의 〈Gee〉와 AKB48의 〈River〉 음반 판매량을 비교하면 〈Gee〉는 한국에서 8만 2,000장, 〈River〉는 일본에서 약 50만 장이 팔렸다. 자국에서의 음반 판매량을 보면 AKB48의 압승이다.

그러나 해외로 넘어가면 사정이 다르다. 유튜브 조회 수를 비교한 결과 〈Gee〉와 〈River〉의 조회 수 차이는 87:13의 비율로 〈Gee〉가 압도적으로 많았다.

구글 트렌드를 통해 본 검색량도 마찬가지다. 〈River〉는 일본 외에 인도네시아 정도에서만 검색된 반면 〈Gee〉는 우리나라와 일본, 호주, 사우디아라비아, 프랑스, 미국, 프랑스 등 약 22개국에서 찾아봤다. 또 하나 흥미로운 건 우리나라보다 오히려 싱가포르, 일본, 대만, 인도네시아 등에서 〈Gee〉를 더 많이 검색한 것으로 나타났다는 점이다.

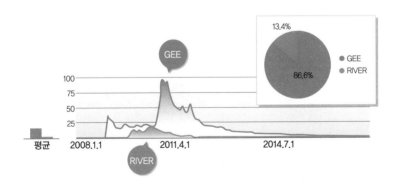

[그래픽 1] 소녀시대 〈Gee〉와 AKB48 〈River〉의 유튜브 조회 수

싱가포르 100, 일본 72, 필리핀 63, 홍콩 61, 말레이시아 59, 대만 53, 인도네시아 47, 한국 41, 태국 25, 베트남 23, 페루 16, 사우디아라비아 7, 호주 7, 칠레 7, 미국 5, 멕시코 4, 프랑스 2, 영국 2, 터키 2, 브라질 2, 독일 2	일본 100, 인도네시아 41

[그래픽 2] 소녀시대 〈Gee〉와 AKB48 〈River〉의 구글 트렌드 검색량

미국의 엔터테인먼트 전문 매체 셀럽믹스(celebmix)가 2015년 발표한 '전 세계 역대 걸그룹 투어 매출 TOP 10'에 따르면 소녀시대는 2014년에 '러브 앤 피스'(4위, 3,160만 달러), '판타지아'(6위, 2,230만 달러), '걸스 앤 피스' 일본 투어(7위, 1,498만 달러), 일본 아레나투어(8위, 1,497만 달러), '걸스 앤 피스' 월드투어(9위, 1,497만 달러) 등 무려 5개의 투어가 역대 TOP 10 안에 들어가는 기염을 토했다(참고로 걸그룹 투어 역대 최고 매출은 TLC가 1999년 '팬메일 월드투어'에서 벌어들인 8,290만 달러다. 2위는 비욘세가 리더이자 센터였던 데스티니차일드, 3위는 스파이스걸스다).

이들 투어 가운데 3개의 공연이 일본에서 열렸다. 반면 일본의 걸그룹은 한국 시장에서 상업적 성공을 거두지 못하고 있다.

앞서 언급했듯이 AKB48은 철저히 '내수용'이다. 얼마 전 만난 일본의 한 언론인은 "솔직히 재능이나 외모 측면에서 AKB48을 소녀시대나 트와이스 멤버들과 비교하면 부족해 보인다"라고 하면서도 "대신 소녀시대나 트와이스가 갖지 못한 다른 것이 하나 있다. 그것은 스토리텔링과 일본 사회가 갖는 일체감이다"라고 말했다.

AKB48은 매년 선거를 열어 이듬해 활동할 멤버를 뽑는 것으로 유명하다. 전체 멤버가 200여 명에 달하는데 이들 모두 무대에 올릴 수 없기 때문에 투표를 통해 1~16위까지 멤버만 선발한 뒤 이듬해에 활동하는 방식이다. 이 투표에 대한 일본인의 관심은 매우 높아서 매년 방송사에서 라이브로 방영할 정도다.

AKB48을 만든 일본 프로듀서 아키모토 야스시는 '만나러 갈 수 있는 친근한 아이돌' '자신이 좋아하는 아이돌의 성장을 가까운 곳에서 지켜볼 수 있다'는 콘셉트를 내걸었다고 한다.

부족한 점을 극복하려는 멤버들의 노력, 우정과 갈등, 이를 격려하는 팬심 등을 AKB48이라는 하나의 스토리텔링에 녹여내는 것이다. 따라서 AKB48에서는 노래를 못하고, 몸치에다가 외모가 내 여자친구보다 별로여도 16위 안에 들어가는 기적이 일어나기도 한다. 그리고 사람들은 여기에 열광하곤 한다.

아키모토 스스로도 한국의 걸그룹과 AKB48을 비교한 적이
있다.

> 한류 걸그룹이 무대에 서기까지 완벽하게 준비하는 모습을 높이 평가
> 한다. 외모가 예쁜데다가 팬들에게 최고 상품을 선사하겠다는 엔터테이
> 너로서의 프로 정신에 박수를 보낸다. 하지만 AKB48은 한류와 다른 식
> 으로 접근해야 한다. 여리고 어리지만 성장하고 매일 발전해 가는 모습
> 을 옆에서 지켜볼 수 있다. AKB48은 완제품이 아니다. 그러나 팬들의 관
> 심과 성원 하에 정지하지 않고 매일 변해가는 것이 AKB48의 매력이다."
>
> _《월간중앙》, '한류에 기죽지 않는 일본 걸그룹의 별난 세계', 2014년 9월호

AKB48의 방식은 일본에서 대성공을 거뒀지만 해외에서는 통
하지 않았다. 투표에도 참여할 수 없고(음반을 구입해야 투표권이 주어
짐) 성장형 스토리를 지켜볼 수 없는 사람에게는 환호하고 응원
할 공간이 없기 때문이다. 또한 칠레의 여학생들은 자기보다 못
생기고 춤도 못 추는 걸그룹 멤버를 우상(아이돌)으로 받아들이는
데 심적 저항을 느낄 것이다.

그래서일까. 얼마 전 미국 《월스트리트저널》에 실린 기사 한
편이 시선을 사로잡았다. 〈한류, 이젠 학문적 연구대상(Academics
Put Spotlight on Korean Pop Culture)〉이라는 제목으로 쓴 기사에는

'한국 걸그룹이 일본 걸그룹보다 인기 있는 이유는 키가 평균 10cm 더 크기 때문일까'라는 작은 소제목이 걸리기도 했다. 길고, 예쁘고, 화려한 군무는 세계 만국에 통하는 공용어다.

일본 경제의 갈라파고스 증후군

갈라파고스(Galapagos)는 남아메리카에서 1,000킬로미터 정도 떨어진 적도 주위의 화산섬들을 일컫는다. 스페인어로 '거북이'라는 뜻이다. 영국의 과학자 찰스 다윈이 방문하여 진화론 집필을 위한 기초 조사를 한 곳으로도 유명하다. 오랜 세월 외부 사람의 발길이 닿지 않다 보니 오래전부터 거주해 온 고유종이 어떻게 환경에 적응하며 진화해 왔는지 연구하기에 적합한 장소가 된 것이다. 그리고 바로 이런 특성 때문에 '갈라파고스 증후군(Galápagos syndrome)'이라는 용어가 만들어졌다.

한때 세계를 호령했던 일본이 1990년대 이후 제조업과 IT산업에서 내수 시장에만 집중하다가 고립화되어 경쟁력을 잃게 된 과정을 설명할 때마다 등장하는 용어다.

이런 환경에서 일본은 1990년대 2세대 휴대폰과 관련한 통신 표준 경쟁에서 유럽에 밀리면서 해외 시장 확대에 실패했고, 이틈을 타서 삼성과 애플 등 후발주자가 성장하면서 세계 시장의

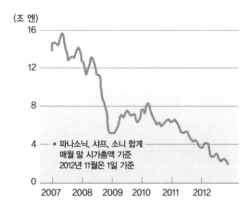

(조 엔)

* 파나소닉, 샤프, 소니 합계
매월 말 시가총액 기준
2012년 11월은 1일 기준

[그래픽 3] '갈라파고스' 현상이 정점에 달했던 2000년대 후반 일본 가전 3사의 매출액

패권을 빼앗기게 됐다.

이를 만회하고자 일본은 최근 사물인터넷(Internet of Things, IoT) 국제 규격과 표준 개발에 박차를 가하고 있다고 한다. 최근 《요미우리신문》 등의 보도에 따르면 토요타, 히타치, NTT 등 약 2,400개 업체와 일본 경제산업성, 총무성이 참여한 'IoT 추진 컨소시엄'은 미국 '산업인터넷컨소시엄(IIC)' '오픈포그컨소시엄'과 IoT의 국제 표준 책정 등에 협력하기로 했다고 한다. 일본 언론은 이를 "갈라파고스 증후군을 다시 겪지 않기 위한 시도다"라고 평가했다.

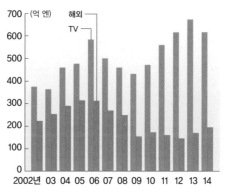

일본 애니메이션 제작사의 매출

[그래픽 4] 해외 비중이 점차 감소하는 일본 애니메이션의 매출액 추이

그럼에도 '갈라파고스 증후군'은 AKB48에서도 나타나듯 산업
계뿐 아니라 일본 사회 곳곳에 녹아든 독특한 정체성이 아닌가
하는 생각도 든다.

또 다른 예가 이민정책이다. 일본은 영구적 · 합법적 이민을 금
지하고 있어 이민자 비율이 세계 최저 수준이다. 또한 일본 내
외국인 비율도 1.63%로 세계 최저인 것으로 나타났다. 이민자
비율이 14.3%에 달하는 '이민자 천국'인 미국과 비교하면 극과
극이다.

이런 상황에서 저출산 현상으로 생산인구가 급속도로 감소하
자 일본은 '1억 총활약사회'라는 모토를 내걸고 국가 차원에서
위기 극복에 나섰다. 일본 이와테현 지사와 총무상을 지낸 마스

다 히로야의 《지방소멸》을 보면 현재 일본의 인구는 1억 2,700만 명에 달하지만 2060년에는 8,674만 명, 2100년에는 4,959만 명까지 줄어들 것으로 전망되고 있다.

그럼에도 일본의 이민정책은 큰 변화가 없다. 이민을 온 사람이 있다고 해도 주변의 배타적 시선 때문에 적응하기가 보통 어려운 게 아니라는 것이 전문가들의 지적이다.

항해왕 엔리케와 대항해시대

스페인과 포르투갈이 대항해시대를 이끌 수 있었던 이유는 당시 '세상의 끝'이라고 여겼던 '헤라클레스의 기둥(지브롤터 해협)' 밖으로 배를 떠나보냈기 때문이다. 동방과의 교역에 욕심이 있었지만 베네치아 공화국, 오스만투르크 등에 밀려 지중해를 통해서는 발을 내디디기 어려웠던 이들은 대서양으로 눈을 돌릴 수밖에 없었다. 그리고 신대륙과 인도로 가는 항로를 발견하면서 세계에서 가장 부강한 국가로 우뚝 서게 되었다.

소녀시대가 AKB48보다 적극적으로 해외 진출을 모색했던 이유도 국내 시장의 규모가 일본보다 작았기 때문이다.

전문가들에 따르면 내수 시장으로 버틸 수 있는 기준은 인구 1억 명이라고 하는데 우리나라는 그 절반 수준인 5,200만 명에 불과하다. 소녀시대 외에 카라, 원더걸스 등 국내 걸그룹이 적극적으로 해외 진출을 꾀한 가장 큰 이유도 이와 무관하지 않다.

이후에는 아예 f(x)나 트와이스처럼 외국인 멤버들을 적극적으로 포함시키는 방식이 등장했다. 그리고 이 결과는 앞서 언급했듯이 두 걸그룹의 국제 시장의 규모로 확인되고 있다. 또한 해외 시장의 개척은 국내 걸그룹의 수명을 연장시키는 데도 큰 역할을 했다.

S.E.S나 핑클이 높은 인기에도 5년을 채 버티지 못한 반면 2세대 걸그룹은 7년 이상을 버티고 있다. 물론 대부분 계약 기간이 7년이기도 하지만 국내에서 다소 부침이 있어도 해외 시장 활동

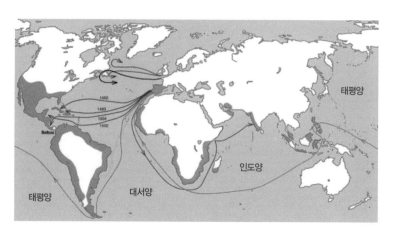

[그래픽 5] 15~16세기 대항해시대 스페인과 포르투갈의 진출 영역

을 통해 보충할 수 있기 때문이다. 실제로 국내에서 화영 사건으로 한동안 활동이 어려웠던 티아라는 이 기간 중국 활동으로 버텼다고 한다. "위기는 기회다"라는 말처럼 국내 시장의 한계는 오히려 소녀들에게 날개를 달아준 역설이 됐다.

부록

대한민국 주요 걸그룹 평균 데이터
2009~2016년 걸그룹 세력도

Girl group economics

대한민국 주요
걸그룹 평균 데이터

2세대 걸그룹의 시작점은 소녀시대와 원더걸스, 카라가 데뷔한 2007년으로 산정했다. 그리고 3세대 걸그룹의 시작점은 레드벨벳이 데뷔한 2014년을 시작점으로 잡았다(1세대는 데이터가 충분치 않아 프로필에서는 제외했다). 또한 각 그룹 멤버 수는 데뷔 시점을 기준으로 했기 때문에 본문과는 다소 차이가 있을 수 있다. 예를 들어 걸스데이는 4인조로 유명하지만 데뷔 당시에는 5인조였다.

2세대에서 3세대로 넘어가면서 데뷔 나이는 19.6세에서 18.5세로 1년 가까이 낮아졌다. 대부분 고등학교 재학 기간에 데뷔하는 셈이다. 신장은 0.5센티미터 정도 작아지고 몸무게는 1.2킬로그램이 줄어들었다는 점도 의미심장한데, 보다 어리고 마른 여성을 선호하는 트렌드가 반영됐을 것으로 보인다. 또한 신장과 몸무게가 모두 줄어든 것은 엔터테인먼트 산업이 정착되면서 '하루 1,200 칼로리'로 상징되는 소위 저칼로리 식단이 영향을 끼쳤을 것이다. 성장기에 충분한 영양을 섭취하지 못한다는 우려까지 낳고 있다.

3세대 걸그룹의 시작점에 대해선 논쟁적일 수 있다. 우리가 레드벨벳의 데뷔를 3세대의 시작으로 본 이유는 아이돌 시대의 개막을 알린 H.O.T를 비롯해 1세대 걸그룹 S.E.S, 2세대 걸그룹 소녀시대에서 보듯 SM엔터테인먼트의 움직임이 큰 줄기를 만든다는 점을 부정하기 어렵기 때문이다. 3세대는 2015년 트와이스, 여자친구가 데뷔하면서 본격화됐다(AOA와 EXID가 데뷔한 2012년을 3세대 걸그룹의 시작으로 보기도 한다).

한편 걸그룹 멤버 수는 세대가 넘어갈수록 늘어나고 있다. 1세대 때 평균 멤버는 3.8명이었지만 2세대 때는 5.4명이었고, 3세대는 7.9명이다. 결론적으로 걸그룹 엔터테인먼트 산업은 보다 어리고 마른 여성이 많이 등장하는 방향으로 가고 있다. 비주얼이 강조되면서 나타나는 결과라고 해석할 수 있다.

조사 대상

• **2세대:** 소녀시대, 카라, 원더걸스, 레인보우, 포미닛, 시크릿,

f(x), 티아라, 2NE1, 애프터스쿨, 나인뮤지스, 걸스데이, miss A, 씨스타, 에이핑크, 달샤벳, 크레용팝, 헬로비너스, 스피카, 피에스타, AOA, EXID

• **3세대:** 레드벨벳, 러블리즈, 마마무, 에이프릴, 여자친구, 트와이스, 우주소녀, I.O.I, 블랙핑크, 프리스틴, 이달의 소녀, 다이아, 구구단, 엘리스

2·3세대 걸그룹 평균 프로필

세대	현재 나이	데뷔 나이	키	몸무게
2세대	26.5	19.6	165.1	47.3
3세대	19.8	18.5	164.6	46.1

프로필에 가장 어울리는 멤버

• **2세대:** 포미닛 전지윤(27세, 데뷔 나이 19세, 165센티미터, 47킬로그램)
• **3세대:** 트와이스 미나(20세, 데뷔 나이 18세, 163센티미터, 46킬로그램)

세대별 걸그룹 멤버 수

1세대		2세대		3세대	
S.E.S	3	원더걸스	5	마마무	4
핑클	4	카라	4	레드벨벳	5
베이비복스	5	소녀시대	9	러블리즈	8
쥬얼리	4	다비치	2	여자친구	6
밀크	4	애프터스쿨	5	트와이스	9
디바	3	2NE1	4	I.O.I	11
클레오	3	포미닛	5	블랙핑크	4
샤크라	4	티아라	6	우주소녀	13
슈가	4	f(x)	5	이달의소녀	12
평균 멤버 수	3.8	시크릿	4	구구단	9
		레인보우	7	프리스틴	10
		씨스타	4	다이아	9
		miss A	4	에이프릴	6
		걸스데이	5	엘리스	5
		나인뮤지스	9	평균 멤버 수	7.9
		달샤벳	6		
		에이핑크	7		
		스피카	5		
		EXID	5		
		헬로비너스	6		
		크레용팝	5		
		AOA	7		
		피에스타	6		
		레이디스코드	5		
		평균 멤버 수	5.4		

* 데뷔 연도 기준

지역별 걸그룹 배출

	걸그룹 멤버 수	지역 여성 인구 (15~29세)	걸그룹 1명당 여성 인구 (15~29세)
서울	72	957,305	13,295.9
경기	39	1,118,434	28,677.8
인천	16	263,588	16,474.3
부산	16	300,866	18,804.1
광주	14	150,405	10,743.2
전북	9	154,091	17,121.2
대구	7	217,744	31,106.3
충북	6	139,589	23,264.8
대전	5	154,707	30,941.4
제주	4	321,677	80,419.3
충남	3	179,758	44,939.5
강원	5	122,521	24,504.2
경북	3	203,915	67,971.7
전남	3	125,907	41,969.0
울산	2	95,679	47,839.5
경남	2	253,000	126,500.0

* 해외 출신 제외

걸그룹이 가장 많이 배출된 지역은 서울이다. 하지만 걸그룹 데뷔 기대 연령(15~29세) 여성 수로 나눠 보면 배출 비율이 가장 높은 지역은 광주다. 광주는 15~29세 여성 1만 1,569.6명당 1명꼴로 걸그룹으로 데뷔해 이름을 알렸다. 광주가 배출한 가장 유명한 걸그룹 멤버는 miss A의 수지일 것이다. 서울은 1만 3,483.2명당 1명꼴로 만만치 않은 비율을 나타냈다. 서울은 소녀시대 윤아, 에이핑크 손나은, 트와이스 나연 등 주요 센터급 멤버들이 상당수 배출됐다.

2009년 걸그룹 세력도

시크릿
카라
원더걸스
포미닛
소녀시대
f(x)
티아라
애프터스쿨
레인보우
2NE1

2010년 걸그룹 세력도

나인뮤지스

시크릿

f(x)

걸스데이

카라

포미닛

소녀시대

씨스타

miss A

티아라

애프터스쿨

2NE1

레인보우

2011년 걸그룹 세력도

2012년 걸그룹 세력도

2013년 걸그룹 세력도

원더걸스
달샤벳
씨스타
f(x)
타이니지
라니아
스피카
걸스데이
소녀시대
시크릿
카라
크레용팝
파이브돌스
피에스타
나인뮤지스
레이디스코드
miss A
AOA
티아라
디유닛
포미닛
애프터스쿨
에이핑크
레인보우
2NE1
써니힐
헬로비너스

2014년 걸그룹 세력도

나인뮤지스
스텔라
브레이브걸스
타이니지
라니아
시크릿
레드벨벳
카라
원더걸스
씨스타
f(x)
스피카
걸스데이
소녀시대
크레용팝
러블리즈
달샤벳
포미닛
레이디스코드
지피베이직
파이브돌스
애프터스쿨
AOA
브라운아이드
걸스
EXID
miss A
피에스타
디유닛
에이핑크
티아라
2NE1
써니힐
레인보우
마마무
헬로비너스

2015년 걸그룹 세력도

브레이브걸스
스텔라
나인뮤지스
타이니지
라니아
f(x)
스피카
걸스데이
시크릿
레드벨벳
카라
원더걸스
씨스타
러블리즈
소녀시대
트와이스
달샤벳
포미닛
레이디스코드
EXID
크레용팝
애프터스쿨
디유닛
여자친구
AOA
브라운아이드
걸스
miss A
파이브돌스
피에스타
에이핑크
티아라
레인보우
2NE1
마마무
써니힐
헬로비너스

2016년 걸그룹 세력도

f(x)
씨스타
걸스데이
시크릿
레드벨벳
카라
원더걸스
블랙핑크
러블리즈
여자친구
소녀시대
트와이스
구구단
I.O.I
크레용팝
포미닛
애프터스쿨
EXID
miss A
에이핑크
AOA
티아라
브라운아이드
걸스
2NE1
마마무

KI신서 7258

걸그룹 경제학

1판 1쇄 발행 2017년 12월 18일
1판 2쇄 발행 2019년 2월 27일

지은이 유성운 김주영
펴낸이 김영곤 박선영 **펴낸곳** ㈜북이십일 21세기북스
출판사업본부장 정지은
실용출판팀장 김수연 **실용출판팀** 이보람 이지연
디자인 강수진 **교정교열** 나무의자
마케팅본부장 이은정
마케팅1팀 나은경 박화인 **마케팅2팀** 배상현 신혜진 김윤희
마케팅3팀 한충희 김수현 최명열 **마케팅4팀** 왕인정 김보희 정유진
홍보기획팀 이혜연 최수아 박혜림 문소라 전효은 염진아 김선아
제작팀 이영민

출판등록 2000년 5월 6일 제406-2003-061호
주소 (10881) 경기도 파주시 회동길 201 (문발동)
대표전화 031-955-2100 **팩스** 031-955-2151 **이메일** book21@book21.co.kr

㈜북이십일 경계를 허무는 콘텐츠 리더

21세기북스 채널에서 도서 정보와 다양한 영상자료, 이벤트를 만나세요!
장강명, 요조가 진행하는 팟캐스트 말랑한 책 수다 〈책, 이게 뭐라고〉
페이스북 facebook.com/jiinpill21　　　포스트 post.naver.com/21c_editors
인스타그램 instagram.com/jiinpill21　　　홈페이지 www.book21.com

서울대 가지 않아도 들을 수 있는 명강의! 〈서가명강〉
네이버 오디오클립, 팟빵, 팟캐스트에서 '서가명강'을 검색해보세요!

© 유성운 김주영, 2017

ISBN 978-89-509-7305-6 (03320)